中国粮食经济与安全丛书

国家出版基金项目
NATIONAL PUBLICATION FOUNDATION

中国跨国粮食供应链构建的现实逻辑与路径优化

关浩杰　著

中国农业出版社
北　京

总　序

粮食事关人民健康、经济发展、社会稳定，粮食安全直接影响人民生命安全、经济安全乃至国家安全。粮食安全影响中国，也影响世界；影响当前，也影响未来。

新中国成立 75 年来创造了中华民族农业史上的四个里程碑：彻底摆脱了持续数千年的饥饿困扰，彻底结束了持续 2 000 多年交"皇粮"（农业税）的历史，基本结束了持续数千年"二牛抬杠"依靠畜力耕地的历史，彻底消除了现行标准下的绝对贫困。2021 年，我国人均粮食占有量已经达到 483 千克，超越了联合国粮食及农业组织规定的人均 400 千克粮食占有量的温饱线（吃饱线），但距发达国家人均消费粮食 800 千克左右的"吃好线"还差 317 千克。可见，"吃饱没问题，吃好要进口"是中国粮食安全的基本国情，粮食安全问题将长期存在，我国必须走出一条具有中国特色的农业发展、粮食安全的发展道路，牢牢地把饭碗端在自己手中。

未来，粮食安全问题将更为突出，粮食安全鸿沟将长期存在，粮食安全将长期困扰人类生存与发展。当前，世界上 78.9 亿人中仍有 8.28 亿人没有吃饱，未来还将出生的 25 亿人吃什么？世界粮食安全期待第三次绿色革命，期待填平粮食安全鸿沟，期待人类粮食命运共同体的诞生！

在国际环境日益复杂多变的形势下，推动粮食产业高质量发展、稳住"三农"基本盘是应对国内外各种风险挑战、保障国家经济安全的战略要求。确保国家粮食安全，既需要足够的粮食产量和合理库存作为前提，又离不开相应的加工流通能力和产业链掌控能力。在复杂的地缘政治环境和不确定的贸易政策形势下，我国 1 亿多吨的粮食进口面临着国际粮源与供应链中断风险；在农业资源约束趋紧、粮食供需错配的背景下，6 亿多吨的消费量、3 亿多吨的存储量、2.4 亿吨的跨省物流量，给国内粮食生产、收储、加工、流通带来了巨大压力和挑战。我国既可能面临国际市场风险加剧、国际供应链中断所带来的防御型安全威胁，又可能面临"谷贱伤农""米贵伤民"在粮食生产、流通领域的管理型安全威胁，必须统筹好粮食生产、储备、流通、贸易，大力发展粮食产业经济、健全粮食产业体系。

第七次全国人口普查数据表明，我国人口总量将在 2025—2030 年达到峰值 14.5 亿人，以人口老龄化为核心的人口结构性矛盾日益突出。为应对人口峰值和老龄化所形成的粮食安全保障与消费新需求，必须谋划粮食安全保障新战略和粮食产业发展新方式。同时，随着居民收入增长与消费升级，口粮直接消费（面粉、大米）逐步减少并趋于稳定，肉蛋奶的消费总体仍呈上升趋势，未来我国粮食消费结构中，除了主粮、饲料粮，蛋白饲料、能量饲料等需求将呈持续增长趋势。2021 年我国人均国内生产总值（GDP）已达到 12 551 美元，但距高收入国家标准还有不小的差距。经验表明，进入高收入国家，食物消费结构将发生较大变化。目前，我国粮食需求仍然处于上升通道，保障粮食供应的任务十分艰巨，但同时也为粮食产业链的转型升级、高质量发展提供了战略性机遇。

产业强、粮食安，习近平总书记多次对粮食问题作出重要指示，强调抓好"粮头食尾""农头工尾"，抓住粮食这个核心竞争力，延伸粮食产业链、提升价值链、打造供应链，深入推进优质粮食工程，做好粮食市场和流通的文章，为保障国家粮食安全、加快粮食产业高质量发展指明了正确方向，提供了根本遵循。

为深入贯彻习近平总书记关于保障粮食安全的重要论述，全面系统研究中国粮食经济与安全领域的关键性理论问题，更好地支撑粮食经济与安全发展，中国农业出版社组织编写了"中国粮食经济与安全丛书"。该丛书围绕"立足新发展阶段、贯彻新发展理念、构建新发展格局、推进高质量发展"，在粮食产业高质量发展评价体系设计与应用的基础上，从流通、贸易、金融化、储备、基础设施、经济史等方面按照"高质量发展及支持政策的问题识别→解决短板、实现高质量发展的路径设计与机制识别→保障高质量发展的推进策略"的思路，进行流通、贸易、金融、储备、基础设施等关键环节的政策效果评估和路径优化研究，有利于构建链条优化、衔接顺畅、运转高效、保障有力的粮食产业体系，进而实现我国粮食安全保障战略和粮食产业高质量发展。该丛书共7册，分别为《粮食安全视角下中国粮食储备管理制度与风险防范研究》《"双循环"下中国粮食流通体制改革与创新研究》《地缘政治风险影响中国粮食价格的传导机制与实证研究》《中国跨国粮食供应链构建的现实逻辑与路径优化》《中国粮食生产高质量发展研究》《粮食安全战略下农业基础设施建设对粮食增产效应的研究》《中国粮食经济史》，是国内首套中国粮食经济与安全的系统性著作。

该丛书的顺利出版，对于构建具有中国特色的粮食安全与产业高质量发展理论体系、深化对以粮食为客体的若干重大关系的认识、破解粮食产业高质量发展政策目标错位的难题、指导粮食产业高质量发展评价等都具有重要意义。该丛书既可为我国粮食战线广大干部职工和科技人员学习研究提供参考，又可为政府部门制定与完善我国粮食安全战略和推动粮食产业高质量发展政策措施提供借鉴。

手中有粮，心中不慌。我国粮食安全问题是一个需要持续关注的兼具理论性和现实性的战略问题。该丛书对于相关问题的研究不免挂一漏万，希望更多的专家学者关注、研究中国粮食安全问题，为"中国人的饭碗任何时候都要牢牢端在自己手中，我们的饭碗应该主要装中国粮"作出新贡献。

清华大学国际生物经济中心主任

前　言

　　近年，受自然环境和国际经济形势变化的影响，世界粮食市场和贸易格局正在发生深刻变化。无论是解决粮食供应和饥饿问题，还是反对贸易保护主义，维护全球产业链、供应链稳定，都需要国际社会加强合作形成合力，为维护全球粮食安全创造良好的环境。自新冠疫情暴发以来，劳动力短缺、食品供应中断及交通运输成本上升等因素，影响到许多国家的粮食生产，而俄乌局势的持续紧张进一步对全球粮食供应体系造成较大冲击，使国际粮价出现大幅波动。受新冠疫情冲击，目前全球粮食供应链、物流链的稳定面临巨大挑战，增加了我国粮食进口安全的风险和我国跨国粮食供应链的脆弱性。

　　随着世界政治经济环境变化，逆全球化趋势加剧，单边主义、保护主义抬头，我国一直积极与其他国家和国际组织开展合作，打造强有力的粮食供应链，增强跨国粮食供应链管理能力，确保进口粮食买得到、买得起、运得回。但是，我国跨国粮食供应链构建过程中面临的不确定性因素增多，如何保障我国跨国粮食供应链在上述背景下仍能够"转得动、产得出、送得到"，增强跨国粮食供应链韧性，成为目前亟须解决的重要现实问题。

　　本书共 8 章内容，第一章从机遇、挑战和发展趋势三个方面对新形势下我国跨国粮食供应链构建的时代背景进行剖析，明晰当前我国跨国供应链构建的新形势；第二章对粮食贸易与跨国供应链内在机制进行分析，对跨国粮食供应链特点、跨国粮食供应链构建的内在机制及粮食贸易与跨国供应链之间的逻辑关系进行探讨，为本书提供理论支撑；第三章通过对全球粮食贸易形势和粮食物流通道进行分析，洞察当前全球粮食贸易形势和主要粮食物流通道，明晰我国跨国粮食供应链构建的现实性和可行性；第四章对我国粮食贸易和国际物流通道建设情况进行研究，厘清我国粮食贸易现状以及我国国际粮食物流通道布局，揭示我国跨国粮食供应链构建的现实必要性、必然性和重要性；第五章通过对共建"一带一路"国家粮食贸易变化趋势、格局和特征进行分析，研判我国拓展跨国粮食供应链的客观性和可行性；第六章新形势下站在新的历史方位回望我国跨国粮食供应链取得的成就并总结经验，从历史、现实、问题三重向度对其进行深刻剖析，明确我国跨国粮食供应链的历史演进，总结不同时期的不同特征，以史为鉴，并对构建跨国供应链面临的客观现实问题进行探讨；第七章对双循环格局下我国跨国粮食供应链构建路径进行分析；第八章明晰我国跨国粮食供应链优化的总体目标和具体目标，并提出有针对性的优化策略。

本书的学术价值和应用价值：从学术价值讲，该成果较为系统地对我国跨国供应链问题进行研究，构建了系统的研究框架，解析跨国粮食供应链结构特点和组织特点，辨析跨国粮食供应链的特殊性，透视跨国粮食供应链构建的内在机制，并揭示了粮食贸易与跨国粮食供应链之间的内在逻辑关系，丰富了相关理论研究内容；从应用价值讲，该成果能有针对性、可操作性地为我国跨国粮食供应链的构建和优化提供总体思路和具体策略。在系统梳理我国跨国供应链构建的时代背景基础上，对全球和我国粮食贸易、粮食物流通道进行现实扫描，剖析我国跨国粮食供应链的三重向度，印证我国跨国供应链构建的历史必然性、客观现实性和实践合理性，明晰我国跨国粮食供应链构建的发展目标和政策取向，夯实优化我国跨国粮食供应链的策略建议，为强化我国跨国粮食供应链韧性和拓展跨国粮食供应链提供金钥匙，为相关部门政策建议的提出提供客观、科学、合理的现实依据。

本书的创新之处：一是理论创新。深度剖析跨国粮食供应链特殊性、内在机制、粮食贸易与跨国粮食供应链之间的内在逻辑关系，为我国跨国粮食供应链高质量构建提供科学的理论基础。二是研究系统。已有文献主要从跨国粮食供应链脆弱性、风险、风险预警等方面展开研究，研究问题比较具体，但是缺乏系统性，本书从时间、空间和产业三个维度定位跨国粮食供应链问题研究，系统研究新形势下我国跨国供应链构建的内在机制和现实逻辑，既有理论支撑，为实践应用提供理论基础，又通过实践应用检验理论的合理性，通过供应链实践深化跨国粮食供应链理论研究。三是学术观点创新。增强我国跨国粮食供应链稳定性和韧性是保障我国粮食安全的一项战略性工程，也是外力驱动背景下当前我国粮食产业高质量发展的内生要求；我国跨国粮食供应链从历史演化来看，取得了明显成效，从现实考量仍存在较多的问题和制约因素，比如话语权弱、进口依赖度较高、进口来源地集中、供应链风险控制能力有限等问题，不利于我国跨国供应链的稳定，保障国家粮食安全的重要基础，亟须确保跨国供应链的稳定性。

著　者

2022 年 4 月

目　录

第一章
新形势下中国跨国粮食供应链构建的背景审视

　　随着我国农业科技水平的不断进步、国家对粮食产业政策支持力度和精度的明显提高，我国粮食产量稳步增加。2021 年，我国粮食和农业生产再获丰收，粮食产量创历史新高，达到 1.37 万亿斤[①]，在高基数上较上年增加了 267 亿斤，保障国家粮食安全的基础巩固向好。但是，消费者消费结构的升级，导致我国粮食结构性不平衡，为了满足国内粮食加工和消费的需求，每年我国仍需从国外进口大量的粮食，尤其是对大豆的进口。2020 年，我国大豆进口量超过 1 亿吨，约占全球大豆贸易量的 60%，对外依存度高达 85%，且进口来源国高度集中。2021 年大豆进口量虽有下降，但是仍保持高位（9 651.8 万吨）。2021 年，中国进口粮食 16 453.9 万吨，相当于粮食总产量（68 285 万吨）的 24.1%，中国粮食对外依存度为 19.4%[②]。

　　2001 年我国加入世界贸易组织（WTO）后，履行承诺降低农产品关税，粮食进口量逐年增加。2004 年开始，我国从农产品对外贸易净出口国转变为净进口国，尤其是 2009 年以后，贸易逆差持续扩大，"大进小出"已成常态。随着新冠疫情全球蔓延，地缘政治、民族主义和逆全球化等问题有恶化趋势，未来一段时间国际粮食市场供需形势的变数增加，市场供应趋紧，粮油价格易涨难跌，国际贸易面临的不确定因素较多。由于全球气候变暖，极端气候频发及强度增大造成突发性自然灾害增加，全球粮食安全形势愈发严峻。面对世界百年未有之大变局，习近平总书记指出，"面向未来，我们要把满足国内需求作为发展的出发点和落脚点……逐步形成以国内大循环为主体、国内国际双循环相互促进的新发展格局"。双循环新发展格局是应对当

---

　　①　1 斤＝500 克。——编者注
　　②　数据来源：第一财经，《2021 中国粮食进口量再创新高，食物自给率持续下降"大进小出"已成常态》，https://www.sohu.com/a/517683449 _ 121123898。

前全球化趋势受阻、新冠疫情冲击等情况导致的国际经济环境突变、粮食全产业链循环受阻与国内经济改革的现实逻辑，也是解决新时期国内主要矛盾转变下的居民消费升级与粮食绿色需求间的供需结构不平衡问题、化解国际国内粮食安全风险的现实需求。粮食安全是夯实双循环战略的重要根基，在双循环格局下剖析当前全球粮食贸易变化趋势，研判现阶段我国粮食跨国供应链构建面临的新形势、新机遇和新挑战，剖析我国跨国供应链特点、内在机制及粮食贸易与跨国供应链的逻辑关系，准确识别我国跨国供应链面临的风险，设计基于粮食安全保障能力提升的我国跨国粮食供应链优化路径和保障机制，有助于增强我国粮食跨国供应链稳定性，有利于保障我国粮食有效供给和粮食安全。

第一节 中国跨国粮食供应链构建面临的新机遇

一、全球经济贸易合作的热情高涨

随着世界一体化进程的加快，各国之间经济贸易往来日益紧密，在世界经济不确定性增强背景下，为了保障本国经济稳定发展，各国加强经济贸易合作的热情高涨，构建了各种经济贸易合作体系，比如东盟自由贸易体、中日韩经济自由贸易谈判、《区域全面经济伙伴关系协定》（RCEP）等，这为我国对外贸易的高质量发展提供了前所未有的发展机遇。

"一带一路"倡议提出以来，中国与共建"一带一路"国家的农产品贸易规模不断提升。共建"一带一路"国家作为中国大米、小麦以及大豆等农产品的重要进口来源地，近年，尤其是中美贸易摩擦发生以来，我国不断加强与共建"一带一路"国家经贸合作，并形成共建"一带一路"国家经济贸易合作机制，农产品贸易合作也不断加强。同时，我国也加强双边贸易和自贸区建设，优化与强化东盟国家投资布局，加强与东盟国家贸易往来。东盟作为"一带一路"农产品贸易的主要区域，加强同这些区域国家贸易往来，在粮食进口的同时出口我国具有比较优势的产品，实现资源优势互补。积极加入 RCEP 和《全面与进步跨太平洋伙伴关系协定》（CPTPP）等自贸区协定，通过开拓一体化的统一大市场畅通国内国际双循环，为确保我国获得稳定的进口粮源创造良好的大环境，通过产业链和价值链的重构，增强我国粮食跨国供应链的稳定性。

二、数字经济赋能粮食供应链管理转型

世界经济论坛发布的《2020 年未来工作报告》中提到，"全球超过 80％的企业正在加速布局，推进工作流程数字化，而 50％的企业则希望加快实现部分岗位的自动化"。由此可以看出，当前数字经济的发展已经步入快车道，数字技术已经融入各个行业中，为助推经济高质量发展发挥着重要作用。数字经济的快速发展和粮食行业数字化转型是粮食行业推动全产业链、各企业数字化建设的过程，其目的就是依托新一代信息技术，建设数字经济时代粮食行业发展新型能力、重塑粮食产业价值体系，提升粮食品质和保障粮食安全。将区块链和人工智能应用于粮食和油籽交易后运营过程的自动化，不仅能够提高交易的效率和透明度，同时还能够有效降低成本。比如，2018 年 1 月，路易达孚集团联手另外四家公司通过荷兰国际集团（ING）开发的 Easy Trading Connect（ETC）区块链平台，首次将大豆从美国运往中国；2019 年 6 月，中俄举办的粮食数字经济走廊项目洽谈会，实现了中俄通过搭建数字化平台，扩大在粮食生产、供应链、跨境电商及其金融领域合作的广度和深度；ADM、邦吉、嘉吉、路易达孚世界四大粮商也计划将区块链技术整合到供应链的不同层面。

随着数字经济的快速发展，数字技术在诸多领域已经广泛应用并取得明显成效，成功赋能相关领域的高质量发展。跨国粮食供应链的构建也应该积极顺应科技化、数字化发展趋势，推动全球粮食供应链高质量发展。随着 5G 技术、数字经济时代的到来，全球农业产业将进入新一轮的转型升级期，要积极运用数字信息技术，加快提升农业信息化水平，为全球粮食产业发展注入新动能。目前，加强现有数据资源的统筹整合、融合应用，解决数据资源"碎片化""孤岛化"问题，进一步推动数据资源的共享共用，已经成为业内共识。"十四五"时期，国家粮食和物资储备局将聚焦"数字粮储"建设，进一步加快 5G、人工智能、大数据等新一代信息技术与粮食的产、购、储、加、销深度融合，实施"上云用数赋智"，建设国家粮食和物资储备数据安全中心，推动数据赋能粮食全产业链协同转型。数字技术的应用也将有助于提升粮食供应链条中物流、信息流和资金流的效率和效益，优化跨国粮食供应链的管理，增强跨国粮食供应链的稳定性和韧性。

三、双循环格局带来新的发展契机

粮食和物资储备是保障国民经济和社会发展的重要物质基础。从中长期

看，我国粮食供需的总体态势是"紧平衡"，保障国家粮食安全这条底线在任何时候都不能放松。2013年，在中央农村工作会议上习近平总书记明确指出，"在国内粮食生产确保谷物基本自给、口粮绝对安全的前提下，为了减轻国内农业资源环境压力、弥补部分国内农产品供求缺口，适当增加进口和加快农业走出去步伐是必要的，但要把握好进口规模和节奏，防止冲击国内生产，给农民就业和增收带来大的影响"。在国内国际双循环相互促进的背景下，粮食企业"走出去"的进程将不断加快，粮食和重要农产品在生产、加工、仓储、物流、装备制造等供应链海外建设能力将不断增强，全球粮食产业链布局得以逐步形成。

当前，我国正处于较好的发展时期，世界经济发展正值百年未有之大变局。从国内来看，我国社会多个领域皆迈入提质转型的重要时期，新型城镇化和乡村振兴战略同步推进，在这一阶段，我国粮食安全不仅需要巩固已经取得的丰富成果，而且需要补齐诸多短板，从而为经济社会进一步发展提供保障。从国际来看，国际局势的复杂变化与新冠疫情常态化，迫使一般资本与市场的逻辑将在一定时期让位于政治逻辑，我国粮食安全的外部环境在短时间内还不容乐观。双循环新发展格局正是在上述背景下提出来的，新发展格局的提出对我国粮食产业高质量发展提供了前所未有的机遇，同时也提出了更高的要求。国内粮食安全要同国际粮食市场加强联系，通过国际大循环为国内大循环注入新的动力。目前，我国玉米和大豆仍存在明显的产需缺口，需要适度进口以满足国内需求，因此，我国粮食进口需要进一步拓展来源渠道，提高进口粮源稳定性和多元性，增强粮食跨国供应链的稳定性。双循环格局下，我国将继续坚持和平发展、合作共赢的原则，积极参与全球粮农治理，推动农业国际合作，分享中国农业农村发展的经验和实践，不断增强国际粮食市场的话语权。

四、RCEP 增强粮食供应链稳定性

RCEP是全球最大的一个自由贸易协定，其成员国大多是农产品生产或贸易大国，因此，农产品贸易问题也成为RECP谈判的焦点问题之一。成员国之间贸易自由化、便利化的提升有助于实现要素和产品在各国之间的流动，提高要素配置效率，更有助于各国发挥各自比较优势，也有助于农业更稳、更好地"走出去"。在当前全球经济复杂性和不确定性增强的背景下，RCEP的签订促使成员国之间的经贸往来更加紧密，加强了各国之间的合作，降低了对外贸易

的不确定性，有助于提高跨国粮食供应链的安全性和稳定性。

新冠疫情期间全球农产品供应链受阻，RCEP 成员国多为地理上距离我国比较近的国家，有助于我国以安全为前提优化农产品贸易供应。再者，RCEP 成员国的农业发展各具特色，兼具竞争性与互补性，在丰富和稳定我国农产品供应的同时，也可能对我国农产品生产形成较大冲击，例如热带水果、畜牧产品等。需要在 RCEP 框架下助推解决我国农产品供应不稳、供给不足、竞争力不强等安全问题。同时，在 RCEP 框架下，各国之间允许农业领域的投资进入，优化了投资环境，贸易便利化程度的提高也有助于粮食出口贸易的发展，提升粮食跨国物流的效率。农业走出去能够充分有效利用国际国内两种资源和两个市场，充分发挥我国农业企业比较优势，更好地"走出去"，提高国外资源利用效率和效益，有效保障农产品有效供给，增强粮食供应链的稳定性；并积极融入区域农业价值链分工体系，维护农业供应链、产业链稳定。

第二节　中国跨国粮食供应链安全面临的新挑战

一、中国跨国粮食供应链的敏感性和脆弱性加剧

当今世界正经历百年未有之大变局，新技术革命、中美贸易摩擦和新冠疫情三重叠加冲击从产业链、价值链、供应链和服务链等多个维度向贸易、科技和金融等领域扩展和蔓延，大国之间的贸易关系复杂因素增加，全球价值链的脆弱环节不断凸显。2015 年，我国粮食进口量超过万亿吨，近年一直保持在 1.4 万亿吨上下，成为全球最大的粮食进口国。2021 年，我国粮食进口量达到 1.6 万亿吨，其中玉米（2 835 万吨）和小麦（977 万吨）进口量创历史纪录，大豆进口总量（9 651.8 万吨）和占比（58.6%）较上年均有小幅下降。在新冠疫情、贸易保护主义等影响下，国际粮食供应链持续受到冲击，粮食贸易面临的外部环境日趋复杂，粮食进口面临的不确定性增加。再者，国际粮价持续走高。2021 年，联合国粮农组织食品价格指数同比上涨 27.2%，达到十年来最高水平，植物油价格同比上涨 65.8%，创历史新高[1]，粮油价格的上升直接增加了我国粮食相关企业的成本。新冠疫情肆虐全球直接造成全球贸易中断，多国出台措施限制进出口，海洋运输成本骤升。越南、泰国、俄罗斯等国为保

---

①　数据来源：联合国粮农组织（FAO）报告。

护国内粮食供应也陆续宣布暂停或禁止粮食出口，这几个国家也都是我国重要的粮食进口来源国。全球粮食供应由于商业运输能力受限而进一步恶化，商业船只可能需要遵守不同国家的不同程序以限制新冠疫情的传播而受到广泛拖延。从全球化与逆全球化趋势角度来看，2008年的国际金融危机之后，国际贸易保护主义抬头。尤其是2020年新冠疫情的暴发与蔓延对全球化的经济增长模式提出了严峻的挑战，同时也凸显了以全球价值链为代表的全球化进程存在着脆弱性。

2022年初以来，俄乌冲突爆发，加剧了全球粮食系统的脆弱性，严重打击了高度依赖粮食和农资进口的国家，俄乌冲突叠加多种因素令全球粮食不安全形势长期化。当前，全球粮食供给总体形势似乎陷入了一个恶性循环：地缘政治冲突引发粮食危机—加剧贸易保护主义—带来更多地缘政治风险。俄乌冲突导致俄乌"欧洲粮仓"作用下降，进而全球能源价格上涨，印度等国也发出了出口禁令，同时伴随的还有北美地区的干旱等。上述诸多因素叠加无疑增加了我国跨国粮食供应链的敏感性和脆弱性。面对单边主义和贸易保护主义抬头、新冠疫情全球蔓延以及国际农产品市场价格剧烈波动等挑战，要在开放合作中不断完善和强化全球粮食安全治理，构建高质量、多元化、可持续的粮食发展体系，确保全球粮食供应链有效运转，推动粮食贸易的健康稳定、可持续发展，更好增进全球人民福祉。我国应加强与联合国粮农组织、世界粮食计划署等国际相关机构和平台的交流合作，进一步提升中国粮食产业发展质量和国际合作水平，建立全球粮食合作新机制，确保全球粮食供应链实现高水平协作；中国粮食企业要积极融入全球农业产业链、供应链和价值链，通过贸易合作、产业投资等多种形式提升粮食生产水平和流通效率，探索国际粮食合作新模式，促进农业资源在全球范围内有序自由流动，增强我国跨国供应链的韧性，确保我国跨国供应链稳定和安全，同时也为全球粮食产业发展注入新动能。

二、中国粮食结构性不平衡矛盾突出

随着人民生活水平的提高，消费者对小麦、大米等基本主食的需求不断下降，而对肉类、蛋类、水产品等副食品的需求日益增加。副食品需求的增加刺激了养殖业的发展，而豆粕就是这些动物的主要食物和营养来源，这也是导致我国大豆进口不断增加的原因之一。我国是粮食消费大国，通过进口弥补国内缺口，解决国内粮食结构性短缺问题，对保障国内粮食安全意义重大。

我国普通品种稻谷、小麦连续多年产大于需，库存积压，而优质小麦、大米则产不足需。近年，持续增长的粮食进口中，进口的小麦主要是强筋优质小麦，进口的稻谷主要是从泰国、日本等国进口的高端大米。2021 年，受小麦、玉米价格倒挂等因素影响，小麦饲用替代明显增多，产需形势由宽裕转为趋紧，对于这两个品种，进口主要是弥补缺口，国内外价差扩大会刺激进口量。目前，结构性不平衡和种粮经济效益变差已经成为我国粮食安全的重大隐患，我国粮食供应链"外"有发达国家在质量和价格方面的双重竞争，"内"有消费者不断提高的品质要求，可谓是"内忧外患"。

三、疫情暴发致使粮食政治属性凸显

2019 年末新冠疫情的暴发，不仅对全球卫生安全、世界经济和国际合作带来了艰巨挑战，也对全球粮食安全造成较大的冲击。为了应对疫情带来的冲击和全球经济不确定性保障本国的粮食安全，部分国家开始收紧粮食出口或抬高出口价格，再加上非洲与南亚地区遭受蝗灾等其他因素，粮食成为国际战略物资。随着新冠疫情全球蔓延，地缘政治、民族主义和逆全球化等问题有恶化趋势，未来一段时间国际粮食市场供需形势的变数增加，市场供应趋紧，粮油价格易涨难跌，国际贸易面临的不确定因素较多，由于全球气候变暖极端气候频发及强度增强造成突发性自然灾害增加，全球粮食安全形势愈发严峻。作为重要的战略资源，粮食本身就是政治权力的构成要素和重要来源，在俄乌冲突、新冠疫情等冲击之下，考虑到粮食大量出口对本国粮食供给的不利影响，再加上当前国际粮食市场剧烈波动以及极端高温天气等影响，全球已有 20 多个国家实施了粮食出口"禁令"。

我国粮食进口集中度较高，主要从美国、巴西、乌克兰、缅甸、法国等国进口。2020 年，我国大豆主要从巴西（占比为 64.08%）、美国（占比为 25.80%）、阿根廷（占比为 7.43%）三个国家进口。这三个国家大豆进口总量占比达到 97.31%。我国小麦主要从法国（占比为 29.24%）、加拿大（占比为 28.18%）、美国（占比为 20.26%）、澳大利亚（占比为 14.99%）。这四个国家小麦进口总量占比达到 92.67%。我国稻谷主要从缅甸进口，占比达到 96.96%。我国玉米主要从乌克兰（占比为 55.76%）和美国（占比为 38.44%）

进口，进口总量占比达到 94.20%①。通过上述数据可以看出，我国粮食进口集中度过高，在当前国际经济复杂性增强的背景下，一旦与主要粮食进口来源国出现贸易摩擦，就可能造成国际市场粮食供给不足或者粮食价格上涨，对我国粮食安全也造成一定的隐患。比如，由于中美贸易摩擦，我国自美进口大豆成本上升，导致自美进口大豆份额锐减，自巴西进口大豆份额增加，使得卖方市场掌握主动权，进口大豆成本上升②。

四、全球粮食供应链的脆弱性加剧

新冠疫情全球暴发，国际粮食市场出现较大波动，加之蝗虫灾害、极端天气等因素影响，全球粮食安全形势愈发严峻。联合国世界粮食计划署与粮农组织近期共同发布的《严重粮食不安全热点地区早期预警分析》中指出，"全球粮食 25 个面临风险的国家主要集中在非洲地区，同时包括亚洲的阿富汗和孟加拉国，中东的伊拉克、叙利亚、黎巴嫩和也门，以及拉丁美洲和加勒比地区的部分国家"。目前，全球粮食供应链受到较大冲击，尤其是对粮食进口依赖严重的国家影响更大，粮食供应链的脆弱性直接关乎这些国家粮食安全。新冠疫情全球蔓延，使全球粮食供应链的脆弱性更为显现，维护全球粮食安全，亟须各个国家参与应对，积极参与到全球粮食安全治理中来，筑牢粮食安全屏障，打造全球粮食命运共同体。

粮食是海上干散货运输的主要货物之一，占整个海上干散货运输总量的 10% 以上，仅次于铁矿石及煤炭。目前，全球粮食贸易航线以太平洋航线、大西洋航线和印度洋航线为主，这些贸易线路一旦受阻，就会成为全球粮食供应链的堵点③。我国粮食运输通道集中，主要集中于中国沿海到北美洲东海岸、南美洲东海岸及澳大利亚三条航线，粮食海上运输通道过度集中影响海上运输通道的脆弱性，进一步加剧了航线相关国家的地缘政治风险。运输安全是全球贸易的生命线，2021 年 3 月，位于埃及境内的苏伊士运河接连发生两次货船堵塞事故，让已经遭受重创的全球贸易供应链雪上加霜。作为全球航运的咽喉要道，苏伊士运河的断航凸显全球供应链的脆弱性，对全球粮食市场也产生较大的影响。运输安全对于确保粮食进口安全至关重要，我国必须着眼于长远，树立底线

---

① 数据来源：根据联合国商品贸易统计数据库 http://comtrade.un.org 数据计算得到。
② 资料来源：国际食物政策研究所（IFPRI）统计。
③ 资料来源：中华粮网，http://www.cngrain.com/Publish/1/678397.html。

思维，增强全球粮食供应链管理能力，确保进口粮食买得到、买得起、运得回。

五、俄乌冲突搅动国际粮食市场

新冠疫情大暴发致使全球物流几乎陷入瘫痪，加剧全球粮食供应链的脆弱性和不稳定性，严重影响到全球粮食供应链的正常运行。俄乌冲突正产生蝴蝶效应，加大了全球粮食供给和贸易的不确定性。例如，乌克兰每年超过其总产量40％的玉米和小麦，系出口到严重依赖进口的中东或非洲，也凸显农业供应链需多元化的重要性。为求自保，阿根廷、土耳其、匈牙利、保加利亚、印度尼西亚等国纷纷对国内重要农产品实施管制出口，优先确保其国内粮商可获得充足且价格稳定的农产品，其他国家若争相效仿，将严重影响国际谷物的正常交易及运作[1]。俄罗斯和乌克兰都是粮食生产大国和出口大国，主要生产小麦、玉米、大麦、燕麦、葵花籽、油菜籽，在世界粮食贸易中的地位举足轻重。从全球贸易来看，2021年大麦全球出口市场份额中，俄罗斯与乌克兰的占比为30.67％；2021年小麦全球出口市场份额中，俄罗斯与乌克兰的占比为27.53％[2]。如果俄乌冲突在短时间内得不到解决，一些主要依赖俄乌两国粮食进口的国家可能会寻找替代粮源，势必会进一步加剧全球粮食供应紧张、粮价上涨，增强全球通胀预期，影响全球粮食安全。值得注意的是，俄乌两国不仅是粮食生产大国和出口大国，也是世界上重要的化肥生产大国和出口大国。在全球化肥价格持续上涨的态势下，俄乌冲突有可能影响全球化肥供应，引发全球化肥价格波动[3]。

在"一带一路"倡议下，我国与共建"一带一路"国家经贸往来日益紧密，其中与俄罗斯和乌克兰粮食贸易也逐渐加强，从两个国家进口粮食逐年增加，逐渐成为我国粮食进口来源的重要国家。2021年，我国从俄罗斯进口小麦占比为0.5％，占比虽然不高，但是也是主要进口国之一，位居我国小麦进口来源国第七位。从乌克兰进口玉米占比为27％，位居我国玉米进口来源国第二位，成为我国玉米进口重要来源国。从乌克兰进口大麦占比为25.75％，位居大麦进口来源国第三位。葵花籽进口占比乌克兰则排在首位，占比达到64％。由此可以看出，近年俄罗斯和乌克兰在我国粮食进口来源国中的重要性，成为

---

① 资料来源：华夏经纬，https://www.huaxia.com/c/2022/03/14/1050207.shtml。
② 数据来源：《国信证券—粮食安全深度报告：粮食安全可控，新技术推升农业强国》。
③ 资料来源：经济日报，《俄乌冲突搅动国际粮食市场》，2022年3月3日。

我国粮食重要来源国。目前，俄罗斯与乌克兰发生冲突的区域恰好就是粮食主产区。如果当前军事行动持续时间拉长，必将影响正常农业生产，使两国主产的大麦、小麦、玉米、葵花籽等产量下降，进一步加剧全球粮食供应紧张局面，从而导致全球粮价继续上升。

第三节　全球粮食供应链发展的新趋势

一、全球粮食产业链重新布局

2020 年新冠疫情暴发以来，全球粮食供应链中断，导致全球供需错配，粮食等大宗商品价格上涨，创下新高。新冠疫情对全球供应链的影响可能经历三个阶段：一是中国供应链按下"暂停键"后，冲击全球供应链某些环节；二是随着新冠疫情蔓延，海外供应链梗阻与需求回落，反过来冲击中国产业链；三是全球供应链面临中断风险。受到国际经济贸易摩擦等影响，已出现跨国企业重新布局全球供应链，将部分生产环节转移到其他国家的情况，新冠疫情蔓延将加剧全球供应链重新布局的趋势。2022 年，俄乌战争的爆发将再次引发全球粮食市场深刻变局。俄罗斯和乌克兰两个国家作为全球主要粮食出口国，先后暂停港口航运，对全球粮食供需格局造成较大冲击，尤其是对粮食资源禀赋相对稀缺的国家，需要重新选择新的进口粮源，全球粮食竞争可能将更加激烈。在新冠疫情蔓延、全球经济复杂性增强和俄乌冲突等诸多因素叠加下，全球粮食供应链也将有重新布局趋势。

俄乌冲突削弱俄罗斯、乌克兰对全球粮食供应链的影响力，推动全球粮食供应链的重塑。据农业研究公司 AgResource 评估，如果俄乌冲突持续至 2022 年底，2022 年第三季度俄乌两国的小麦出口总量将下降超过 60％。许多进口商开始将目光转向小麦的另一个主产国印度。2022 年 4 月，印度出口了创纪录的 140 万吨小麦，埃及也首次同意从印度采购小麦。联合国世界粮食计划署也从印度采购小麦，以援助索马里、肯尼亚和吉布提。2022 年 3 月，保加利亚和罗马尼亚等国的小麦出口有所增长，巴西和阿根廷等南美国家小麦出口量增长一倍多，澳大利亚出口增长近 75％。当前，国际社会围绕粮食安全的博弈正在展开，国际秩序也因为粮食危机而开始变化。每个国家都需要重构和完善本国的粮食供给系统，使其在更长时期保持韧性，在气候、冲突和经济风险不断上升的情况下稳保粮食安全。

二、数字化和智能化

数字化是目前全球供应链重新构建、结构优化的最突出特征，能够有效推动供应链全球化，同时对区域化的并行发展也意义重大。只有实现以下四个方面，才能称之为数字化：一是实时性，在供应链运作中，资产方的任何活动都可以在零延迟状态下获得；二是透明度，让相关各方都能看到；三是场景化，供应链的多环节、多代理可以相互检查确认；四是可追溯性。当前，全球供应链构建、重塑与创新的最突出特征是数字化，互联网、物联网、大数据、人工智能、5G、区块链、云计算技术与供应链的深度融合，促进了供应链面向客户需求的柔性化，推动供应链智能化从前端向后端延伸，组织形式从链式结构向平台化、网格化演进。数字智能技术在促进粮食供应链全球化的同时，也为区域化的并行发展提供了支持。新冠疫情对全球诸多产业和企业产生较大的冲击，同时也加速众多产业数字化转型，粮食产业也不例外。因此，推动全球粮食供应链向数字化模式变革，提升粮食供应链效率，打造稳定的粮食跨国供应链，增强供应链抗风险能力，对保障我国乃至全球粮食安全显得尤为必要和重要。通过数字化赋能，实现物流管理透明化、库存可视化，可提高全球粮食仓储、物流效率和效益。

智能化在全球供应链中运用越来越广泛，其中最突出的便是物联网与人工智能技术的运用，有效帮助了供应链的高效管理，让可视化、可感知、可调节等人们曾经的预想成为现实。粮食供应链从数字化到智能化转变也是生产组织结构和方式的大变革。随着物联网、大数据、人工智能等高科技发展，以数字化、智能化为标志的产业革命正席卷整个供应链行业，为其带来加速发展的重大机遇。

三、多元化和区域化

随着我国消费者消费结构转型升级，对肉蛋奶产品、优质粮食和进口食品的需求日益增加，随着跨境电商的快速发展，已经实现"买全球"和"卖全球"。进口来源国家、进口粮食和食品的种类、进口方式等均呈现出多元化的趋势。粮食生产及流通过程，涉及将粮食提供给最终用户的上游与下游企业，所形成的网链结构也呈现多元化特征。近年，虽然全球粮食总量供给并未出现实质性不足，但粮食危机依然在一些贫穷国家出现。影响国际粮食市场的不确定因素也日益增多，如气候变化、粮食"能源化""金融化"等因素，加上投机炒作推波助澜，全球粮食价格波动更趋剧烈。利用国外资源、通过国际市场来弥补一国粮食缺口对维护本国粮食安全具有重要意义，要做到供应链多元化，对供应商选择要有风险管控的意识，采取多元化战略来分散境外粮食供应的结构性风险。

随着全球供应链重塑动力增强，区域化属性也日益增强。麦肯锡全球研究院的研究报告发现，"2013—2017 年，区域间贸易在全球货物贸易总额的占比增加了 2.7 个百分点"。亚洲国家正更加紧密地聚合在以中国为中心的供应链，中国更为仰赖东亚和东南亚的供应链，而美国会更加依赖《北美自由贸易协定》（NAFTA），加强与墨西哥、加拿大的联系。如果要让供应链维系，除去劳动力成本等还要取得利润，人们将会选择区域合作，不再愿意承担远程的成本，因此，粮食跨国供应链会变得更脆弱。

四、绿色化和透明化

绿色供应链管理重心在于实现可持续发展，供应链的构建尽可能减少对生态环境的影响。粮食供应链绿色化主要体现在粮食生产过程绿色化、粮食流通过程尽可能避免资源浪费、生产资料可降解、产品绿色有机等方面。绿色供应链管理贯穿于绿色生产、绿色物流、绿色包装、绿色销售等供应链整个流程。绿色价值链可以通过在供应商、贸易商、买方、出口国和进口国之间就行动和目标达成共识来增强软性商品供应的安全性，重建对全球商品贸易的相互信任并填补全球治理中的空白。目前，欧盟和其他主要经济体已开始向其商品价值链绿色化迈进。许多跨国粮商也在制定和实施绿色供应链战略。此外，我国及其他地区的消费者已开始关注环境和社会可持续性问题。

在增强全球粮食供应链抗冲击方面，应进一步提高供应链的透明度，比如尝试双重采购和信息分享，各环节主体要明确自己所需的粮食来源，这样才能更好地对冲风险。近年，射频识别（RFID）技术逐渐成熟，广泛应用于诸多领域，比如金融、医疗、供应链及粮食产业，该技术的应用大幅提高了粮食供应链管理水平，提高了物流效率和透明度，成为企业核心竞争力的重要手段之一。随着全球化分工日益深化，全球粮食供应链也在不断延长，呈现出零碎化、复杂化、地理分散化等特点，粮食供应链管理也面临较大挑战，但是 RFID 技术的应用，能够快速、实时、准确地追踪到粮食产品的信息，把信息、物流和资金链记录在链上，实现粮食相关产品高效准确溯源，保障粮食安全、有效供给。

第二章
粮食贸易与跨国供应链理论阐释

粮食贸易与跨国供应链的构建两者之间紧密联系，各国间粮食贸易往来有助于跨国间粮食企业的合作，跨国供应链的构建也有助于推动粮食贸易的发展。跨国粮食供应链的优化，需要厘清跨国粮食供应链的特点及构建的内在机制，明晰粮食贸易与跨国粮食供应链之间的逻辑关系，为指导跨国粮食供应链构建的实践提供理论支撑。

第一节　跨国粮食供应链特点

跨国粮食供应链是一个国家与另一国家进行粮食进出口贸易时涉及生产、物流、销售等环节的一系列活动，通过粮食进出口形式实现粮食所有权的跨国转移，在此过程中实现资金流、信息流的国际化流转（图 2-1）。粮食供应链应该保证供应链各环节的信息通畅，整合粮食供应链、食品产业和政府战略，形成一个有机整体。

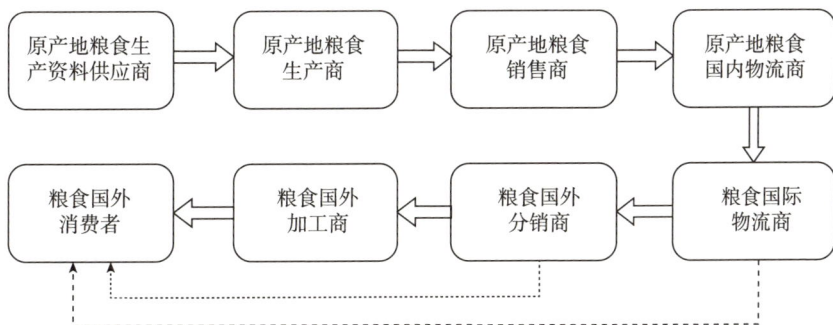

图 2-1　跨国粮食供应链结构

一、跨国粮食供应链结构特点

1. 复杂性

跨国供应链是复杂的系统，涉及多个合作伙伴，一个典型的供应链模型中包括供应商、制造商、分销商和零售商。这些主体处在不同国家，国家制度、经济发展水平、营销环境、粮食贸易政策等诸多方面都存在不同，物流基础设施、物流管理水平和技术能力等方面也有很大差异；而供应链操作又必须保证其目的的准确性、行动的快速反应性和高质量服务性，这便不难看出供应链复杂性的特点。通常情况下跨国粮食供应链比国内供应链更为复杂，产品线较多和业务板块较多的企业供应链更复杂，然而导致复杂性的根源主要是数量上的差异。供应链上数量级越大，供应链就越复杂，因此导致跨国粮食供应链复杂性的第一个因素就是数量级。

数量级较大的情况下，如果下游客户需求比较单一，对产品要求单一，那么供应链复杂程度也不会很高。但是不同国家对粮食需求有差异，对粮食数量、质量和品种要求不同，现在几乎所有的企业为了满足各个细分市场的需要和终端需求的快速变化不断开发出产品，也就是SKU（最小库存单位）数量级的增长，其根本的动力是寻求市场份额的扩大和利润的增长。因此，第二个驱动跨国粮食供应链复杂性的因素就是多样性。

跨国粮食供应链是一个涉及多环节、多主体的一个并发系统，每一个环节主体的经济决策对链上其他主体都会存在影响，即"牵一发而动全身"，这就能够形象地揭示出供应链之间密切的关联关系，概括来说就是供应链的关联性、相关性的基本要求。因此，驱动跨国粮食供应链复杂性的另外一个重要因素是关联性。这种关联性导致供应链上的任何一个环节的变化和业务需求，均会影响其他环节。

"未来的竞争是企业供应链与供应链的竞争"。那就是整条供应链的合作成员都处于不断适应外界竞争环境和争夺终端客户的动态调整中，这就带来另外一个增加供应链复杂性的重要因素——动态性。前端的需求可以很快地传递到后端，因为数字经济的发展和区块链技术的广泛应用，实现了订单信息的及时传递。和传统商业模式相比，订单信息几乎没有延迟，包括资金流也是这样，供应链中的三个基本流有两个流几乎是实时的。这就促使了供应链上所有企业必须及时地应对和互动，从而及时响应前端需求，这就是动态性引发的变化。

跨国粮食供应链上各环节主体都是根据自己了解到的信息进行判断，作为理性的经济主体，基于成本最小化或者利益最大化做出决策，其决策行为对上下游合作伙伴都有影响。链上各环节主体就像一列动车中不同的车厢，每节车厢就像是一个动力单元。如果每节车厢动力相互协调，则动车就能够正常运行；如果出现不一致，则动车就无法顺利向前行驶，就会出现各种问题造成资源浪费。最典型的就是著名的"牛鞭效应"——需求信息沿供应链向上游传递而逐级放大，最终导致整个供应链上所有成员的损失。每个供应链成员企业都是"链"中的一个环节，都要与整个链的动作一致，绝对服从于全局，做到方向一致、动作也一致，这样才能增强跨国粮食供应链的稳定性和抗风险能力。协调的基础是透明，反过来导致供应链复杂性的因素是不透明。因此，不透明是导致跨国粮食供应链复杂性的因素之一。

然而，粮食作为一种特殊的商品，具有公共物品、商品、金融、能源、政治和外交等多重属性，因此，这也是导致跨国粮食供应链复杂性的重要原因。几千年来，粮食属性基本固定在公共物品和商品上，偶尔也赋予其政治和外交的属性，但在当代世界，粮食的属性逐渐向金融化和能源化转变。进入21世纪，随着金融全球化进程的推进，粮食市场与货币市场、外汇市场、期货市场以及金融衍生品市场的联动关系日趋紧密，国际主要粮食市场价格的大幅波动也愈演愈烈。当前，粮食价格已不再简单地仅仅由粮食的供求关系所决定，而是越来越多地受到货币和资本的影响，粮食的金融属性日益凸显，粮食这一传统产业正面临非传统因素的威胁。

2. 系统性

跨国粮食供应链是一个系统，指为客户提供粮食产品，从最初的生产资料供应商一直到最终用户的整条链上的企业的关键业务流程和关系的一种集成，是由相互作用、相互依赖的若干组成部分结合而成的具有特定功能的有机整体。围绕粮食产业链中供应链上中下游企业，通过对商流、物流、资金流、信息流的控制，实现粮食种植、粮食采购、粮食运输、粮食仓储、粮食销售以及粮食消费过程进行集成。其系统性主要体现在整体利益和功能上，整体功能是跨国供应链上各合作伙伴共同实现的，而非简单的加总。因此，粮食跨国供应链各环节主体应该是战略合作关系，各主体应该站位更高，在自身利益最大化前提下兼顾供应链各环节主体的利益，实现合作共赢，共同应对供应链内部和外部的风险，提高风险应对能力，只有这样才能增强跨国粮食供应链稳固性。

3. 虚拟性

在供应链的虚拟性方面，主要表现在它是一个协作组织，而并不一定是一个集团企业或托拉斯企业。这种协作组织以协作的方式组合在一起，依靠信息网络的支撑和相互信任关系，为了共同的利益，强强联合，优势互补，协调运转。由于供应链需要永远保持高度竞争力，必须是优势企业之间的连接，所以组织内的吐故纳新、优胜劣汰是必然的。跨国粮食供应链犹如一个虚拟的强势企业群体，通过粮食产业链上下游主体形成粮食供应链条，随着外部环境和供应链内生动力的不断变化，在不断地优化组合。

4. 交叉性

跨国粮食供应链的节点企业可能为多个供应链上的节点企业提供粮食，形成了众多供应链相互交叉的特征。跨国粮食供应链节点企业同时可能在不同供应链条上，比如国外的粮商同时在为不同国家进口商提供粮食，在不同的链条上功能可能存在一定的差异。现在国际粮商业务板块越来越多，产业链也在延伸，比如新冠疫情暴发后，越南、泰国、俄罗斯等农业大国纷纷暂停粮食出口，对国际粮食供应链带来巨大冲击。在此大背景下，世界粮食巨头采取应急措施，将联手利用区块链电子新技术，改善全球农产品供应链。中粮集团联合ADM、邦吉、嘉吉、路易达孚、嘉能可农业五大国际粮商，在瑞士日内瓦成立了名为 Covantis S. A（诺华 S. A）的数字化农业国际贸易公司，致力于大宗农产品的国际贸易标准化、数字化和现代化，取代依赖纸质合同、发票和人工付款的交易流程，使全球粮食贸易变得简单、安全和高效。

二、跨国粮食供应链组织特点

1. 开放性

新冠疫情加快了全球粮食产业链的演变，疫情使得一些国家和跨国粮商重新审视粮食产业链安全问题，在效率与安全之间寻求新的平衡。全球粮食产业链、供应链区域化、多元化的特征更趋明显。新发展格局，立足国内大循环，但绝不是封闭的国内循环，而是开放的国内国际双循环。跨国粮食供应链与传统供应链的明显区别就是跨国界，通过不同国家间的粮食相关企业构建而来，因此具有开放性特点，链上不同国家的节点企业加强合作，实现粮食资源优化配置，保障全球粮食安全。通过高水平的开放保持产业链的竞争力，越是面对围堵打压，越要推进改革开放。我国从改革开放特别是加入世界贸易组织（WTO）以后已经深度融入经济全球化和国际分工体系，新发展格局下强调扩大内需、国内大循环，同时也离不开国际粮食产业链、供应链的协同配合。粮食产业的技术进步更离不开参与国际合作和竞争，封闭起来脱离世界主流只会拉大与国际先进水平的差距，也不利于保障国家粮食安全。因此，更应该坚定不移地扩大开放，在高水平开放中提高产业链的竞争力，强化粮食供应链的稳定性和韧性。

从我国粮商层面来看，应该加强与国内外粮食、物流、运营企业的合作，实现优势互补和协同效应，提高规避风险的能力，增强全球粮食供应链管理能力。同时积极参与共建"一带一路"国家农业合作，可以通过多方式，如技术服务、建海外仓，当地建加工企业、码头等方式，维护全球粮食产业链和供应链稳定、高效和畅通，同时增强我国跨国供应链稳定性，拓展进口来源，降低进口风险，提升国家粮食安全保障水平。

2. 专业化

跨国粮食供应链与其他产业供应链相似，具有较强的专业化特点。主要围绕粮食生产、加工、存储、销售、物流等环节展开，粮食具有多重属性和自身特点，其生产、加工、流通等各环节都有较强的专业性，比如粮食生产种植、粮食加工、粮食仓储、粮食流通环节都需要专业的技术和专家指导，并且需要专业的机器设备，只有这样才能保住粮食高产、稳产、优质，保障粮食加工产品的品质，降低粮食仓储和流通过程中的损耗，提高流通效率和效益。跨国粮食供应链的管理也需要专业化的方法，只有这样才能够促使链上节点企业加强协作，实现交易顺利实现。粮食相比其他商品具有自身特殊性，具有多重属性。因此，在粮食生产、加工、仓储、管理等各环节都需要专业化的指导。跨国粮食供应链相比国内粮食供应链更加复杂，涉及跨国主体，粮食流通周期长，粮食仓储运输也需要专业化的机器设备，粮食贸易也亟须贸易相关专业人才的参与。

3. 创新性

目前，美国ADM、邦吉、嘉吉、路易达孚国际四大粮商作为龙头企业均已形成"农场—中转库—港口—出口"的商业模式，借助良好的经营管理能力，将农产品协会、农产品信贷公司、农商联合体、产地市场或中间市场的批发商、零售商、代理商、加工商、储运商等整合起来，进行合理的供应链管理规划，形成了粮食供应链管理模式。国际粮商供应链管理的经验为我国粮食企业创新供应链管理模式提供了较好的经验借鉴。跨国粮食供应链的创新性主要体现在创新粮食质量和物流等相关标准，引用先进的数字技术和设备，创新合作的战略。比如跨国供应链节点企业运用区块链技术，构建粮食供需安全、风险预警系统和追溯应用系统。供应链管理模式方面，改变过去"B2B"的模式，创新为"N＋N"模式。比如，目前玉米的流通主要是以港口为主，对港口的依赖程度很高，所以有港口的国家可以以港口为重要节点向两端延伸，真正为客户解决港口和物流的需求，提高粮食物流效率。

4. 信息化

粮食供应链控制塔将从供应链的粮食种植、加工、运输、销售等全供应链过程，对物流、资金流、信息流进行数字化管理，打造从田园到餐桌的"安全链"，融合供应链控制、管理模型和数字供应链网络等技术，提供端到端整体可视化和灵活决策。运用区块链技术，整合跨国粮食供应链中物流、资金流和信息流，实现全流程信息化、透明化。结合"区块链＋物联网"技术采集端到端的粮食相关数据，便于了解供应链业务流程和信息的变化，实现供应链上业务数字化管理，提升跨国粮食供应链运行效率，降低不确定性风险。基于RFID技术可以追溯粮食供应链来源，减少粮食在运输储存过程中的损失，以此构建粮食供应链跟踪系统，要防范粮食供应链风险，保证粮食供应链的安全，粮食供应链中的信息流、物流、资金流的快速反应非常重要。因此，利用网络信息覆盖广、维度多和传递迅速的特点，将信息化管理渗透到跨国粮食供应链管理之中将成为其发展的必然趋势。

5. 标准化

随着世界经贸局势和国际政治经济环境不确定风险的日趋复杂，目前许多企业的供应链也正遭遇严峻考验，开展供应链安全标准化工作对构建安全可控持续的供应链非常重要。当前全球粮食安全形势也面临诸多不确定性，致使国际粮食供应链愈加脆弱。跨国粮食供应链管理标准化能够将粮食供应链安全管理的实践经验上升为行为准则，为跨国粮食供应链上各节点企业提供安全和韧性的指南指引，全面提升跨国粮食供应链稳定性和安全性，降低其面临的风险。目前，美国、加拿大、澳大利亚、日本等国粮食物流体系比较健全，粮食物流节点设计理念较为先进，并且物流设备标准化程度比较高。因此，我国跨国粮商应该加强与发达国家交流，对国际大粮商标准化的物流体系进行考察和研讨，增强我国国际粮食物流效率和效益，提升我国粮食物流体系标准化水平，强化我国跨国粮食供应链标准化管理。

第二节　跨国粮食供应链构建的内在机制

一、跨国粮食供应链构建的机制分析

在此主要将供应链和交易成本结合，运用经济学理论探索两者之间的内在机制，从运行过程、交易主体行为和交易成本三方面进行分析。

1. 粮食跨国供应链运行过程

粮食跨国供应链的构建有利于粮食供应链各个节点之间的协调，并有助于降低交易成本，强化各个节点经济主体之间的利益联结，加强其合作，降低交易风险，并且粮食供应链构建的成功可与运行机制形成良性循环系统。供应链内部交易的治理根本上不同于市场机制下的治理，在供应链合作伙伴的关系中，各节点企业为了换取长期的合作协议、可预测的收益或其他利益，同意在一般范围内（切斯特·巴纳德称之为"无关心区域"）按供应链整体有利的契约进行交易，而不是按一个完全确定的契约交易。因此，粮食跨国供应链构建就把产生冲突的解决机制转移到供应链内部管理层面，从更深层次能够强化粮食跨国供应链构建对交易成本控制的有效性。在运行过程中一旦出现纠纷，通过构建的粮食供应链各环节主体内部协商就可以解决，这就避免了因为诉讼给各方带来的额外的无效费用。

2. 粮食跨国供应链上交易主体行为

跨国粮食供应链的构建通过形成的内部治理机制，动态调整各环节经济主体的有限理性和契约条件的复杂性（不完备契约带来的不确定性和复杂性）。比如，粮食产业供应链上的交易主体可以要求上下游的主体提交具体的、标准的粮食交易相关信息，契约中应明确各方权利和义务，这就能够降低交易过程中因为信息不对称带来的风险。同时，粮食跨国供应链的构建也能够使各环节主体观察其他相关主体交易行为，有助于减弱双方机会主义行为。粮食供应链各环节主体之间长期合作，能够增强彼此的信任程度，提高供应链的稳定性。如果供应链某节点经济主体出现违约行为，将会失去其他主体的信任，受到失去合作伙伴的惩罚，在粮食跨国供应链上将无法生存。

3. 交易成本的三因素

（1）交易的频率。跨国粮食供应链的构建能够将各节点经济主体通过利益联结机制联系起来，各主体之间交易频率越高，意味着粮食交易量就越大、交易的频次越多，也能够增加各经济主体的信任程度，增强供应链的稳定性，降低不确定性。随着全球各个国家经贸往来日益紧密，进出口国家粮食贸易数量和企业交易频率均明显提升。

（2）交易的不确定性。各节点交易主体行为不确定性和外部环境的多变性，无疑会增加交易风险和交易成本。供应链恰恰是一种有效的组织形式和适宜的制度安排，通过非正式组织代替市场机制。跨国粮食供应链的构建使各节点交易主体处于同一非正式组织，能够减弱交易主体机会主义行为，处于同一链条中的企业能够加强合作，进而实现链条利益最大化。百年未有之大变局遭遇新冠疫情，世界粮食安全挑战依然严峻，国际粮食贸易面临着保护主义和单边主义的干扰，疫情下各国贸易政策不确定性对粮食的可供性、获取性和稳定性产生了一定的冲击。目前，俄乌冲突加大了全球粮食供给和贸易的不确定性，"欧洲粮仓"春播面积大幅减少，多个粮食出口国已相继颁布限制出口新规，地缘政治因素或将推动国外大宗农产品价格继续上行。

（3）资产专用性。资产专用性是交易成本三个因素中最关键的因素。跨国粮食供应链上的企业主要从事粮食生产、加工、销售等方面业务，专业性较强，只有这样才能够增强链条上下游企业合作的稳固性，如果一方资产专用性较弱，意味着其可能选择链条以外进行投资，增强合作方的风险，合作方也会根据其资产专用性情况进行判断，进而做出是否与其合作或者是否与其长期合作的决策。通常情况下资产专用性越强，交易频率和交易规模就越高，进而会增加资产规模，推动资产专用程度的提高，形成良性循环。

二、跨国粮食供应链构建的原则

1. 链接性原则

供应链构建首要原则就是具有连接性，通过供应链把粮食贸易各个环节、主体、节点连接起来，多方主体为了供应链的稳定加强合作，达成战略同盟。粮食跨国供应链涉及公司、供应商、第三方服务提供商等主体，以及主体之间的战略、策略和操作连接。链接性包括供应链合作伙伴间信息技术、互联网和其他形式通信的重要作用。该原则实际上是其他原则的基础，在实施中具有战略性，因为它处理供应链关系的规划连接、可见性、架构。在每日运作水平上，它是策略性的，为处理供应链合作伙伴之间的策略性决策制定过程。

肯尼特等最早提出粮食供应链的概念，并且结合面包加工对小麦质量等级管理进行研究，提出小麦供应链应加强垂直合作。麦道夫较早发现，发达国家跨国粮商对粮食生产和流通垄断力量逐渐增强，通过合并、收购、生产专业化等方式对其他国家粮食产业实施垂直一体化战略，逐渐控制原粮、粮食价格及流通整个链条。目前，构建粮食跨国供应链在国际上已经成为比较通行的做法，发展中国家应构建以自身粮食产业安全为中心的粮食供应链，走出在"中心—边缘"结构的金字塔式"世界体系"中的边缘化阴影。

2. 协同性原则

协同性主要考察的是供应链上各环节主体战略、策略或运作决策制度是否协调，该原则使供应链伙伴通过整合组织间的规划和决策制定，建立他们之间更近的连接。需要所有的参与者更好地理解每个供应链合作伙伴的角色、业务过程和期望。协同不仅在好的时期出现，而且更可能在差的时期出现。当外部环境发生变化时，供应链各主体之间决策更应该协同，否则就会增加供应链的脆弱性和风险性，不利于供应链的长期管理。

在新冠疫情全球暴发、粮食安全问题引发各方担忧和高度关注的特殊时期，探讨全球粮食产业国际投资与合作，促进粮食现代供应链创新发展，对于强化危机防控合作、守护粮食安全意义重大。面对单边主义和贸易保护主义抬头、新冠疫情全球暴发以及国际农产品市场价格剧烈波动等挑战，各方要在开放合作中不断完善和强化全球粮食安全治理，构建高质量、多元化、可持续的粮食发展体系，确保全球粮食供应链有效运转，推动粮食贸易的健康稳定、可持续发展，更好增进全球人民福祉。在发生重大疫情和金融危机时，部分政府的出口管制措施不仅会导致供应链运行不畅，还将加剧市场对粮食供应的担忧。粮食出口政策的频繁调整会增加贸易的不确定性和风险，从而加剧市场波动。因此，应打通供应链堵点，提升供应链效率，并利用期货、期权等风险管理工具规避风险，以更精准、更顺畅的方式将粮油产品运送到最需要的地方。坚持互利共赢，深化粮食供应链韧性的国际合作。在推动共建"一带一路"高质量发展、中非合作论坛、南南合作等框架下，开展多种形式的交流合作。鼓励中粮集团等各方，依托即将成立的"国际粮食现代供应链联盟"，培育新模式、新业态，促进粮食贸易便利化，强化供应链上下游协同。支持联合国粮农组织、世界粮食计划署等国际组织发挥作用，加强信息共享、经验交流、技术合作和政策协同，推动国际粮食供应链健康、稳定、可持续发展①。

3. 同步性原则

在粮食跨国供应链中，需要供应链上各主体的外部和内部进行类似的协调努力。供应商、加工企业、物流企业和营销、财务、客户服务都在供应链的"交响乐团"中扮演重要的角色。在内部和外部的供应链合作伙伴间，界面必须是无缝的、无摩擦的和透明的。通过链接和协同，同步性在战略、策略和运作层次发生。同步性原则提供了将供应链作为水平流动模型而不是传统的"命令—控制"结构进行思考的方法。这一模型的完全实现将允许公司和供应链伙伴减轻系统中的瓶颈、消除缓冲库存。这一原则需要尽早抓住原始需求数据，尽可能获得需求时间——同时在供应链网络中分配这些信息。为了确保同步模型，第一层、第二层和第三层都可能需要数据。此数据也可能对第三方物流提供商有用，因为他们可以有效配置运输能力，准确地估算仓储需求。

4. 动态性原则

粮食跨国供应链面临的不确定性增强，尤其是当前国际经济复杂性加剧，供应链上各主体面临的外部环境不断发生变化，不确定性增加，国际粮食市场供求关系动态变化。因此，供应链构建中要有对各种不确定性的预见性，以减少供应链运行过程中信息传递的延迟或失真，增强供应链透明性，降低不确定性的影响。

新冠疫情之下，全球粮食市场也无法独善其身，粮食价值链的复杂性以及贸易和运输的重要性，致使全球粮食市场变得更加脆弱。地缘政治和国际贸易存在很大不确定性，俄乌冲突如何影响全球粮食流动和价格还是未知数。俄乌冲突后续发展如何，其对世界经济格局尤其是全球农产品市场将产生重要影响。短期来看，国际能源和粮食价格将受供给溢价推动，全球通胀风险加剧。长期来看，大国寻求能源、科技以及食品安全的需求上升，全球产业链和供应链将面临进一步重构。

俄乌冲突对我国粮食进口的影响已经显现，我国从俄乌两国进口小麦、玉米、葵花籽、菜籽及压榨品的难度加大，但俄乌冲突对中国粮食安全的影响总体可控。俄乌冲突引发世界粮食、能源、食用油价格的全面上涨，我国是人口

---

① 光明网：《我国协同联动，增强粮食供应链韧性》，http://m.gmw.cn/baijia/2021-09/07/1302558704.html。

大国、粮食生产大国，也是粮食进口大国，俄乌冲突必然对我国粮食安全产生一定的影响。尽管近几年我国从俄罗斯和乌克兰进口的农产品数量在不断增加，但从绝对数量上看，并未形成依赖。过去几年，新冠疫情已经给全球粮食安全带来了诸多挑战，而俄乌冲突的程度和持续时间仍不确定。在全球农业生产面临多重不利因素的背景下，政府施策应注重长短期结合，既做好农产品价格监测预警，防范短期风险，也要探索农业进口替代，激发行业协会和企业积极性，打造充满韧性的粮食供应链，保障国内粮食安全。

三、跨国粮食供应链的发展动因

1. 客观基础：科技进步提供前提

随着全球各个国家农业科技的发展，优质粮食种子的培育，粮食产量稳步提升，优质粮食产量快速增长，不同国家和地区在粮食生产方面比较优势显现，为粮食贸易提供了基础条件。比如南美玉米和大豆的生产、东盟国家稻谷的生产及共建"一带一路"国家小麦的生产。随着消费者消费结构升级，对优质粮食、工业用粮和饲料用粮的需求增长较快，为满足国内消费者对优质粮食的需求和加工企业需求，我国每年从国外进口大量的粮食，尤其是大豆的进口，增幅更快。技术革命也加快了运输行业的变革，海洋远洋技术、物流技术和数字技术的发展，大大提高物流的效率和安全性，降低物流成本和时间成本。尤其是信息技术的快速发展推动了信息革命，为全球粮食供应链的发展提供了重要的条件，为粮食供应链各环节主体提供了信息资源，也增强了粮食供应链的稳定性。粮食现代供应链发展和投资促进是实现全球粮食安全的重要路径，同时供应链的发展和投资促进也离不开技术革命和服务创新，大数据、云计算、人工智能、现代物流等技术和服务已经广泛应用于农业种、肥、产、学、研、耕、养、收、加、售、服供应链和价值链每一个环节和角落。

2. 外生动力：市场驱动提供可能

随着社会经济的发展和变迁，各个国家对粮食需求量稳步上升，为了保障国内粮食有效供给和粮食安全，受国内需求增加、调剂余缺和国内外粮食价格差等方面影响，国内对进口粮食需求量快速上升。全球粮食市场的驱动来自海外粮商竞争者的挑战和海外消费者所提供的机会。即使是一家没有海外业务的公司，也会受到外国公司出现在本土市场上时所造成的影响。为了成功地捍卫本土市场，进军海外市场也会是公司的必然选择。企业作为微观经济主体，生产经营过程中首先考虑的就是成本收益问题，即在资源禀赋既定的前提下如何实现自身利益最大化。在当前全球一体化日趋明显的背景下，各个国家经贸往来日益紧密，跨国经营企业为了自身利益最大化也在积极探索国际市场，寻找国际战略合作伙伴，粮食跨国供应链上的企业也不例外。随着社会经济发展，消费者收入水平提高，消费结构升级，各国为了保障国内粮食有效供给，优化国内粮食结构，满足国内需求，就会从国际市场进口粮食。市场强劲的需求促使跨国粮食经营企业加强合作，为保障跨国供应链的稳固性提供了外生动力。

3. 必然结果：国际分工深化起着决定性作用

粮食跨国供应链的产生和发展是国际分工深化的必然结果。分工理论是经济学中的一个重要理论，其对供应链的出现更具有决定性作用。国际分工包括行业间分工，这种分工格局形成了以垂直分工为特征的国际分工合作体系；行业内分工，即不同国家同一产业内部的专业化分工；产品内分工，其突破了产品的界限，深入了产品生产过程中，是国际分工的新形式，是国际经济化的展开结构。不同国家农业科技水平和资源禀赋都存在差异，根据比较优势理论，不同国家生产的粮食数量和质量都存在差异，都有一定的比较优势，这也是国家产生粮食贸易的重要原因。我国正处于传统农业向现代农业转型过程中，粮食生产和流通等各环节还存在各种各样的问题，比如生产成本高、生产规模有限、粮食流通体系待完善等问题，导致国内粮食与国际市场粮食价格差异，这也是我国每年从国外进口大量的玉米和大豆等产品的重要原因。不同国家产品内分工不同，比如泰国香米，近年国内需求量也日益增加，虽然价格高但是需求量却逐渐增加。但是，近年，单边主义、贸易保护主义抬头，退群、脱钩等逆全球化的行为将威胁着国际分工协作，干扰了全球供应链、产业链有效运转，全球安全问题更是雪上加霜。

在全球化的进程中，各国产业链形成了复杂分工的格局。我国不仅要高度重视防范供应链和需求链风险，也要关注产业链跨境转移态势和产业链、供应链的稳定性和协同性，既要防止短期风险，也要避免中长期风险，这是增强安全系统韧性的关键所在。

在粮食和农业领域，亚非拉多国普遍存在人多地少或人多水少的问题，在人均资源上和以澳大利亚、美国、巴西和俄罗斯为代表的农业大国差距悬殊，由此催生了分工明显的全球粮食贸易格局。在这样的贸易格局下，亚非拉多国难保粮食安全，国内供给高度依赖进口。从全球谷物贸易格局来看，国际贸易分工明显，美国、加拿大、巴西、阿根廷等国依靠丰富的农业资源成为谷物的主要出口国，而沙特阿拉伯、日本、埃及、墨西哥等亚非拉国家在资源方面难与上述国家竞争，因此成为谷物的主要进口国，国内供给高度依赖进口。

4. 变革重构：保护主义抬头和风险增加因素叠加

党的十八大以来，以习近平同志为核心的党中央把粮食安全作为治国理政的头等大事，提出了"确保谷物基本自给、口粮绝对安全"的新粮食安全观，确立了"以我为主、立足国内、确保产能、适度进口、科技支撑"的国家粮食安全战略。近年，贸易摩擦下全球经济复杂性增强，经济增速持续放缓，全球贸易依赖度下降，诸多因素叠加加速了我国粮食跨国产业供应链重构。受新冠疫情冲击，目前全球粮食供应链、物流链的稳定面临巨大挑战，增加了我国粮食进口安全的风险。随着世界政治经济环境变化，逆全球化趋势加剧，单边主义、保护主义抬头；新冠疫情对粮食生产、物流中转、终端配送等造成一定影响，引发了预期不稳和传导性恐慌，带来全球粮食价格和食品价格上涨。我国在全球粮食市场上尚未形成一个完整的粮食供应链，大宗农产品贸易主要通过跨国大粮商进行采购。

俄罗斯和乌克兰是欧洲乃至全球重要的粮食产地，俄罗斯是世界上最大的小麦出口国，乌克兰是世界第五大小麦出口国。它们提供世界上占比为19％的大麦、14％的小麦和4％的玉米，占全球粮食出口的1/3以上。两国的冲突给全球粮食供应格局带来的风险不断升级。乌克兰紧急叫停了谷物和小麦等粮食出口，优先供应国内。由于粮食供应链条受阻，库存或将减少的预期持续推高食品价格并屡次刷新创纪录高位，这不仅让粮食进口国忧心忡忡，而且连粮食出口国也开始提高警惕。俄乌冲突扰乱全球食品供应链，食品价格飙升至创纪录高位。世界各国政府都开始实施保护主义措施，以保障国内粮食供应，其中包括世界上最大的加工豆制品出口国阿根廷。根据阿根廷农业市场部长签署的一份备忘录，阿根廷为了加强对本地农产品的控制，将暂停豆粕和豆油出口。

目前，约有50个国家依赖从俄罗斯和乌克兰进口小麦，其中大部分是最不发达国家或北非、亚洲和地中海东部沿岸地区的低收入缺粮国。对于这些国家来说，粮食安全形势尤其严峻。其中，有20个国家依赖从俄罗斯和乌克兰进口以保障本国30％以上的小麦供应。在此局势下，多国已开始禁止粮食出口。比如，匈牙利正在禁止粮食出口。阿根廷和土耳其也采取措施加强对当地产品的控制。乌克兰也宣布，在 2022 年年底之前禁止包括大麦、糖和肉类在内的多种农产品出口。俄罗斯则表示在 2022 年 7 月份之前禁止向邻近的欧亚经济联盟国家出口小麦、黑麦、大麦和玉米。俄乌局势再度严重恶化，必将会"重创"全球粮食供应链。因此，一些以往依赖于俄乌两国粮食供给的国家可能会受到影响，不得不另寻其他粮食来源，而这也将使全球粮食供需格局发生转变。

第三节　粮食贸易与跨国供应链之间的逻辑关系

粮食跨国供应链是由将粮食商品从一国供应商转移到另一国客户手中的一系列相互连接的供需环节构成的链条。粮食贸易是指一国能采取有效措施抵御粮价大幅波动、粮食禁运、国际政治和经济危机等外部因素的冲击，通过贸易途径获得弥补国内粮食缺口所需的粮食。两者存在着天然的内在联系。粮食贸易能够在更大的范围内进行粮食生产和消费，从而扩大交易的范围。

如图 2-2 所示，粮食贸易可以看成是跨国粮食供应链条中交易活动的一部分，原产地粮食销售商与国外分销商签订贸易合同，通过国内外物流商将粮食运到国外，送到国外分销商手中，这就完成了粮食贸易活动。粮食贸易通过原产地销售商和国外分销商签订贸易合同，完成交易活动，原产地销售商从生产商手中收购粮食，而生产商为了粮食稳定生产需要从生产资料供应商手中购买农资和种子等生产资料；国外分销商将粮食卖给加工商，加工商再将商品送到用户手中，这就完成了整个跨国粮食供应链交易活动。物流方向从供应链上游到下游，而资金流方向与物流方向恰好相反，信息流则双向

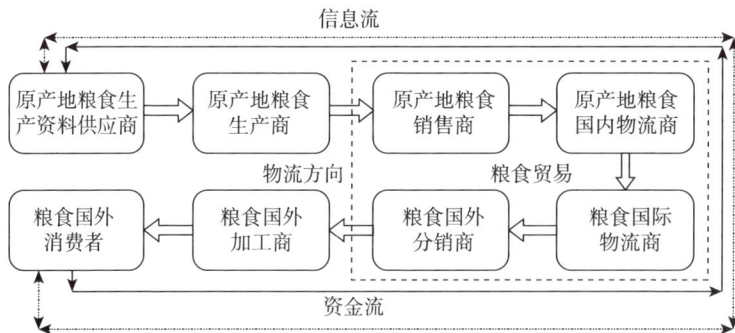

图 2-2　跨国粮食供应链与粮食贸易内在关联

流动，通过供应链上的交易活动买卖双方均能够了解到相关的信息，比如供求关系变化、物流信息等，有利于各环节主体做出理性决策。供应链稳定性越强，各环节主体能够达成战略同盟，协同性增强，则能够推动粮食贸易的发展，而粮食贸易的发展也能够增加各环节主体交易的频率和数量，使上下游之间更能够建立稳固的合作关系。

一、粮食贸易与跨国供应链整个链条高度重合

粮食贸易活动通过粮食生产、仓储、流通等环节将粮食由生产领域输送到消费领域，在这个过程中交易的多方主体通过利益联结机制形成跨国粮食供应链。伴随着进出口贸易活动过程，会产生商流、信息流和物流。链条上的供应商、销售商通过协作方式共同完成产品的生产和销售，呈现一种链条结构。供应链上每个环节都是供应与需求的关系，每个企业既是链中某个企业的客户，又是另一个企业的供应商。粮商从粮食生产经营主体手中收购粮食，然后将粮食卖给分销商或下游企业，最终通过国内的分销商将产品卖给消费者，从而完成供应链每个环节商流过程，商品流动就会伴随着资金流和物流，物流方向和商流是一致的，从上游到下游，而资金流与商流方向相反。资金流、商流和物流过程均伴随信息的流动，信息流是双向的。粮食贸易各主体和跨国粮食供应链主体是一致的，伴随着贸易活动，供应链主体之间就会产生交易行为，两者之间是高度重合的过程，贸易活动是链上各环节主体交易的结果，贸易活动又能够增强各主体之间的合作，促使跨国供应链的整个链条上交易主体产生交易行为。因此，两者是相互促进的。

美国 ADM、邦吉、嘉吉和法国路易达孚四大粮商控制着全世界 80％的粮食交易量。四大粮商都是"一条龙"的集团化运作，从种子、化肥等生产环节到自己的运输通道等流通环节，是农业领域全产业化的供应链巨头。比如，邦吉能成为全球四大粮商之一，得益于其构建的"农资＋农场＋终端"一体化供应链。该链条注重"从农场到餐桌"的每个环节，以市场为导向，主营业务与物流服务协同发展。

二、跨国供应链为粮食贸易提供服务支撑

粮食贸易活动也是粮食流通的一个过程，粮食流通过程中流通主体通过流通载体与客体构成联系，流通主体在特定的环境下完成交易，保障流通顺利进

行。在粮食跨国供应链上，交易主体是供应商和分销商，交易客体是粮食产品，而供应链条则提供流通载体服务，保障粮食送到下游分销商或者加工企业手中。粮食跨国供应链构建的本质就是为流通活动服务，流通过程中流通的效率高低取决于跨国供应链各环节合作伙伴，如果各环节贸易伙伴能够形成战略同盟，则各主体交易行为会考虑供应链整体利益最大化，提高物流效率，降低流通成本，实现流通过程高效运转，反之则会影响物流的效率和效益。粮食跨国供应链上各环节主体应该加强合作，共同建设高效的物流体系，为保障粮食的流通提供高质量的服务，降低供应链各环节交易成本、物流成本，同时为下游客户提供优质的服务，提升自身核心竞争力。

三、跨国供应链构建影响到粮食流通的效率

流通的效率可以从经济角度和资源配置效率角度两个方面考量，经济角度即成本最小化或利益最大化，从该角度考查流通效率可以用流通成本和流通时间比衡量，而从资源配置效率角度考查可以用客户满意度来衡量。如果供应链顺畅，供应链上下游协调较好，粮食流通效率就会比较高，流通成本就会越低。供应链构建是以各环节经济主体为单元，通过经济活动将其联系起来，实现链条的统一性，链条上的各经济主体相互合作，更注重的是粮食供应链整体利益最大化而非自身利益最大化。加强粮食供应链管理，能够有效对各环节经济主体进行监督，对其决策行为进行约束，在保障供应链整体利益最大化前提下进行决策，有利于缩短各环节交易时间和粮食流通时间，同时还能够降低流通成本，提高粮食流通效率。

如果国际粮食市场供求关系发生变化，信息就会双向进行传递，如果需求发生变化，分销商或者加工、仓储企业就会敏感捕捉到，然后就会向上游发出信号，从而上游的供应商和生产商就会调整决策，实现短期利益最大成本最低；反之如果粮食供给发生变化，信息流也会从上游逐层向下游传递，下游经济主体就会形成理性预期，制定相应的决策。通过上述分析，可以看出，供应链条如果畅通，信息流就会通过链条顺利传递，经济主体会根据获得的信息制定相应决策，有利于实现资源的优化配置，提高资源配置效率，减少资源浪费，进而提高粮食流通的效率。

四、粮食贸易和跨国供应链的构建通过流通紧密联系

现代流通体系作为连接经济社会运行的纽带，其作用达成更与供应链密切

相关。社会再生产经过生产、分配、交换（流通）和消费，完成一个循环过程，其中生产与流通、分配与流通、消费与流通之间有着既相互影响又相互决定的关系。作为独立经济活动的流通，一方面由生产决定，另一方面又反作用于生产，进而引领生产。马克思指出，当经济社会综合水平发展到一定程度，"生产的过程已经完全建立在流通的基础上"。流通调节分配，从生产到消费的过程中，有两个中间环节，即分配和交换，交换不仅调节着分配的数量和结构，而且对分配是否能够进行起着至关重要的作用。粮食贸易活动的完成离不开流通，粮食从生产者手中送到加工企业或者消费者手中离不开流通，而供应链各环节主体相互间交易的完成，也是粮食流通的过程，经济主体通过商流带动物流、资金流和信息流的流动。供应链条各环节主体配合越紧密，越有利于提高粮食流通效率和效益，粮食流通又能进一步促进粮食贸易的发展。

第三章
全球粮食贸易与粮食物流通道

粮食是人类生存和发展的基础，正如美国前国务卿基辛格所说，"谁控制了石油，谁就控制了所有国家；谁控制了粮食，谁就控制了全人类"。近100年来，全球粮食生产和贸易体系逐步形成。但随着全球化的演进、地缘政治摩擦加剧，国际粮食贸易竞争更为激烈复杂，粮食贸易格局也在随之不断发生变化。

第一节　全球粮食出口贸易概况

一、全球粮食出口贸易规模变化

总体来看，除个别年份出现波动，全球粮食出口贸易规模呈现出稳步上升的趋势（图 3-1）。1990 年，全球粮食出口量共 4 205.24 万吨，2020 年增至 55 383.83 万吨，年均增速为 8.97%。从增速来看，除个别年份外，大多数年份增速波动较为平稳。1991 年，粮食出口增速为历史最高，主要原因是 1990 年粮食出口量基数较小，1991 年粮食出口量迅速增加导致当年增速达到 191.46%，从 1993 年开始增速相对稳定。2000 年，出口量大幅下滑，增速下滑达到谷底（−49.17%）。造成当年出口量大幅度下滑的主要原因有以下三方面：一是部分粮食进口国家本国粮食产量增加，对粮食进口需求下降，比如印度尼西亚、孟加拉国、巴基斯坦等国；二是欧盟受 WTO 规则的限制，小麦出口量较上年减少，同时欧盟饲养业不景气导致对饲料粮需求降低；三是石油价格上涨引致相关产品价格升高，进口成本增加，为保持外汇储备规模，部分国家限制粮食的进口。随后出口规模稳步扩大，增速反弹，2002 年达到峰值（93.88%），主要原因可能有以下两方面：一是非主要粮食出口国小麦出口量快速增加，比如印度、乌克兰、俄罗斯等国，在一定程度上改变了小麦传统国际出口市场格局；二是受厄尔尼诺现象影响，全球粮食产量连续六年减产，但是当年中国玉米产量达到历史最高（1.33 亿吨），较上年增加 1 100 万吨。

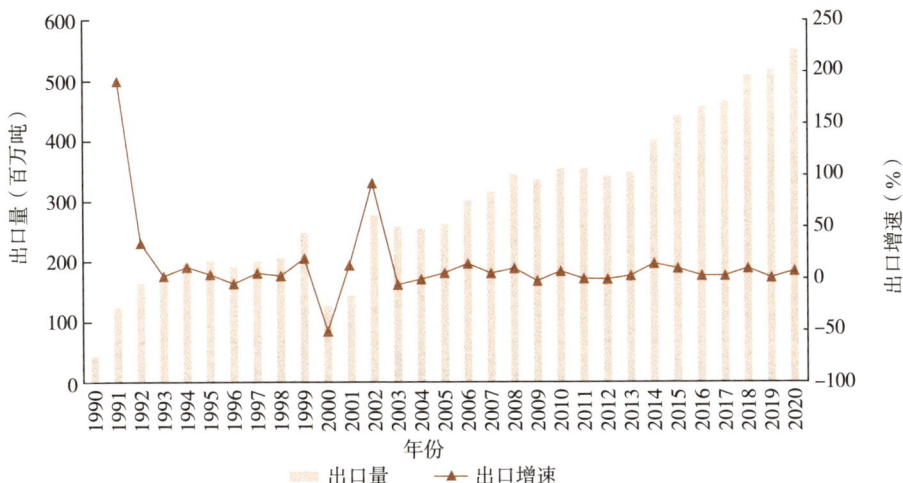

图 3-1　1990—2020 年全球粮食出口规模变化趋势

数据来源：根据联合国商品贸易数据库搜集整理得到[①]。

　　如图 3-2 所示，小麦出口增速变化与粮食出口增速总体变化趋势比较相似，在 2000 年跌至谷底，2014 年以来波动也较为明显，主要原因是小麦出口量占粮食出口量比重较大，小麦出口波动变化引起粮食出口同向变化。小麦出口量变化明显呈现阶段性变化特征，大致可以分为五个阶段：1992—2001 年，该阶段小麦出口量基本稳定在 8 000 万～10 000 万吨，增速波动较大；2002—2007 年，该阶段小麦出口量基本稳定在 12 000 万～14 000 万吨；2008—2017 年，该阶段小麦出口量在 14 000 万～16 000 万吨，大多年份接近 16 000 万吨；2018 年以来，小麦出口量较第一阶段翻了一倍，均在 1.8 亿吨以上；2020 年达到 1.93 亿吨。

　　由图 3-3 可以直观看出，大豆出口量也呈现稳步增长趋势，增长幅度相比其他几个品种更为明显，由 1992 年的 2 586.2 万吨增至 2020 年的 17 300.99 万吨，年均增速达到 6.77%。大豆出口量波动相对较为明显，呈现出明显大起大落特征，在 2000 年和 2012 年跌至谷底，增速分别为 -49.56% 和 -34.92%，这两年也是 1992 年以来跌幅较大的两个年份。

---

　　①　数据说明：粮食出口量数据是根据 1990—2020 年全球小麦、稻谷、玉米和大豆四个品种出口量加总得到。

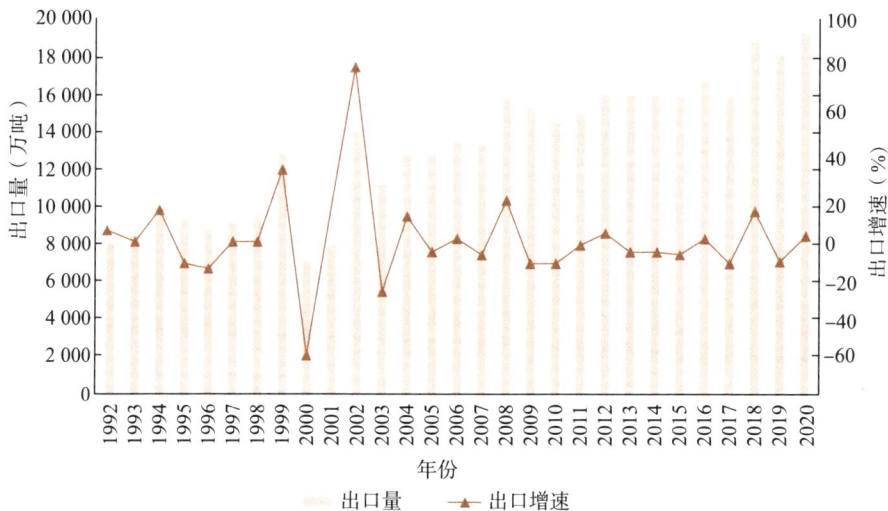

图 3 - 2　1992—2020 年全球小麦出口规模变化趋势

数据来源：根据联合国商品贸易数据库搜集整理得到。

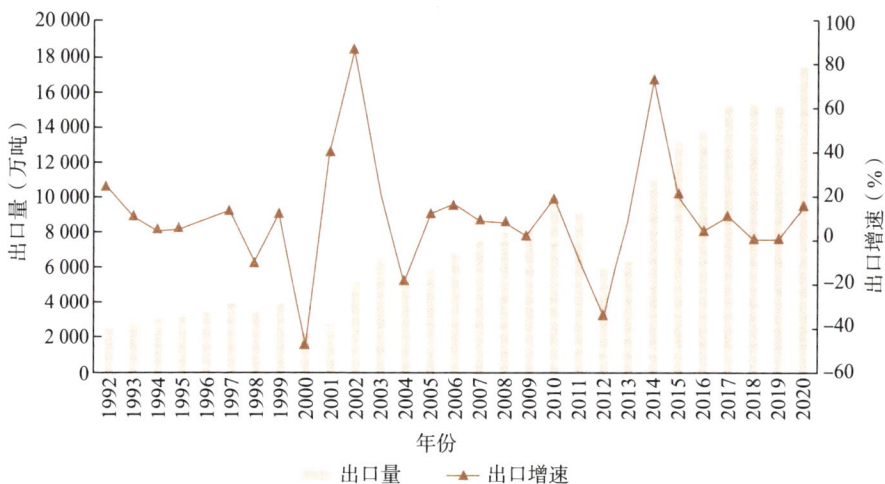

图 3 - 3　1992—2020 年全球大豆出口规模变化趋势

数据来源：根据联合国商品贸易数据库搜集整理得到。

随着对玉米消费需求的增长，世界玉米出口量总体保持稳步增长态势。如图 3 - 4 所示，全球玉米出口量也存在明显阶段性变化特征，1992—2005 年，该时期玉米出口量增长缓慢，有一定波动，基本维持在 6 000 万～8 000 万吨，

2006 年开始玉米出口量开始稳步上升，2020 年达到最大值（18 500 万吨），增速相对较为平稳。2010 年以来，玉米出口量均保持正增长。

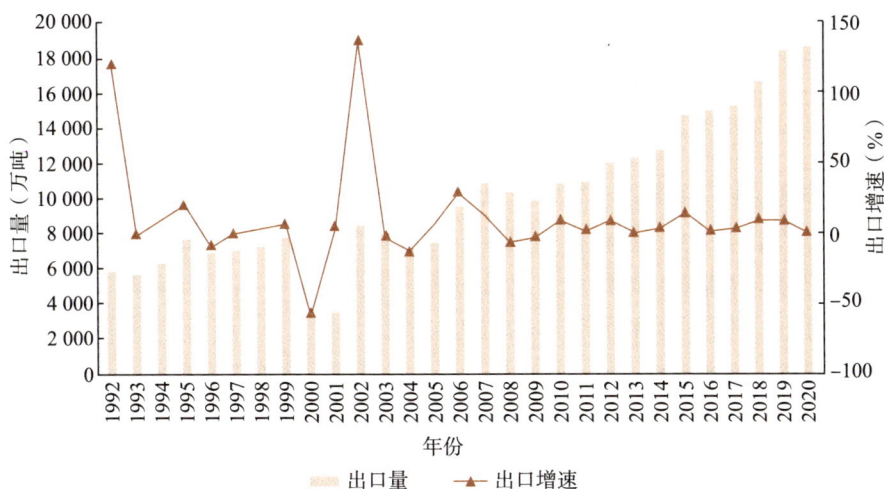

图 3 - 4　1992—2020 年全球玉米出口规模变化趋势

数据来源：根据联合国商品贸易数据库搜集整理得到。

通过图 3 - 5 可以看出，全球稻谷出口量总体呈现增长态势，但是波动比较明显。1992—1999 年出口量波动幅度较大。总体来看，1992 年以来全球稻谷

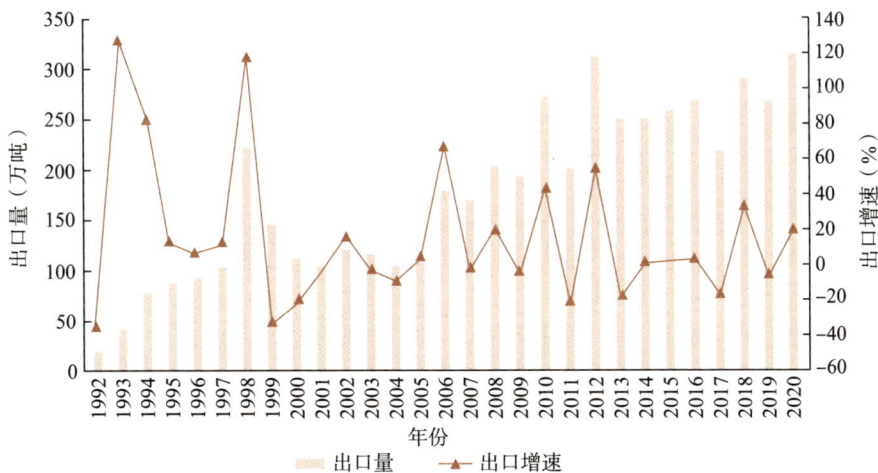

图 3 - 5　1992—2020 年全球稻谷出口规模变化趋势

数据来源：根据联合国商品贸易数据库搜集整理得到。

出口量变化大致可以分为两个阶段：1992—2005 年为第一阶段，该阶段明显特点是出口量除 1998 年之外都在 150 万吨以下，大多年份维持在 100 万吨左右，增速波动频率较低，但是波幅较高；2006—2020 年为第二阶段，该阶段稻谷出口量稳步上升，出口量由 2006 年的 177.5 万吨增至 2020 年的 313.65 万吨。

二、全球粮食出口品种结构

全球粮食出口主要以小麦、玉米、大豆和稻谷为主，高粱、燕麦、荞麦等杂粮出口量相对较小，杂粮种类多样，但是其营养价值高，所含的营养素各有所长，淀粉、纤维素、矿物质，以及 B 族维生素含量丰富，近年需求量也稳步增长。因此，其可作为粮食贸易的有力补充。如图 3 - 6 所示，2000 年小麦出口占比最高，达到出口总量一半以上（56.02%），是粮食贸易最主要的种类，其次为玉米，占比为 27.13%，大豆为 15.97%，稻谷为 0.88%，稻谷出口量相对较少。

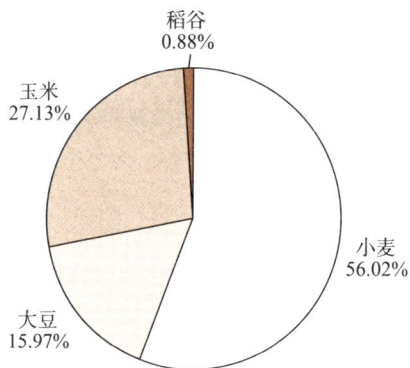

图 3 - 6　2000 年全球主要粮食出口结构

数据来源：根据联合国商品贸易数据库搜集整理得到。

通过图 3 - 6 和图 3 - 7 对比分析，可以发现，全球主要粮食出口结构存在明显变化，小麦出口量占比呈缩小趋势，由 2000 年的 56.02% 降至 2020 年的 34.77%；大豆出口量占比呈稳步扩大趋势，由 2000 年的 15.97% 增至 2020 年的 31.24%，增幅比较明显；玉米出口所占比重也呈现出扩大趋势，由 2000 年的 27.13% 增至 2020 年的 33.42%，增幅相比大豆而言较小；稻谷所占比重呈缩小趋势，由 2000 年的 0.88% 降至 2020 年的 0.57%，因为稻谷出口量相对较小，出口量虽然也逐年增长，但是相比其他三种粮食增量而言，占比变化不明显。

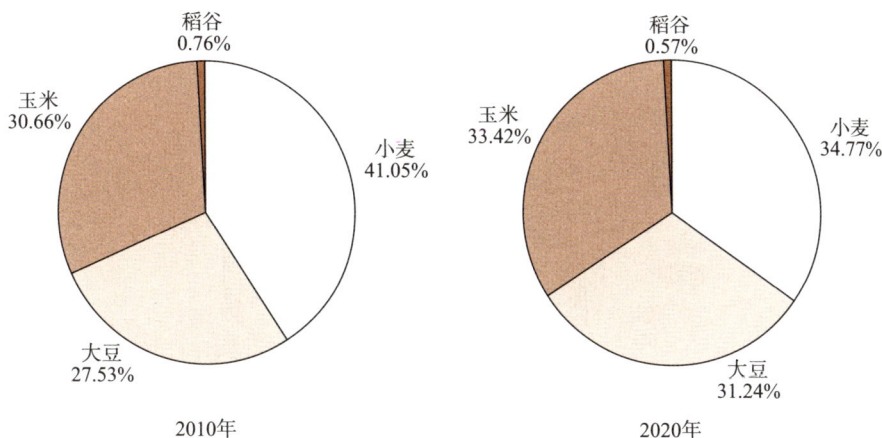

稻谷 0.76%
玉米 30.66%
小麦 41.05%
大豆 27.53%
2010年

稻谷 0.57%
玉米 33.42%
小麦 34.77%
大豆 31.24%
2020年

图 3-7　2010 年和 2020 年全球主要粮食出口结构对比
数据来源：根据联合国商品贸易数据库搜集整理得到。

总体来看，全球主要粮食出口中大豆和玉米占比呈上升趋势，小麦占比明显下降，而稻谷出口占比也有所下降，但是总体比重较小。主要原因是随着消费结构升级，消费者对肉蛋奶的需求增加，各国饲料用粮和工业用粮需求大幅上升，对大豆和玉米的需求量稳步攀升。

三、全球粮食贸易的地理特点

1. 粮食主要出口国家

（1）小麦主要出口国家。小麦出口国家相对稻谷、玉米和大豆而言较为分散。如图 3-8 所示，全球小麦出口主要国家有美国、俄罗斯、加拿大、法国、澳大利亚、乌克兰、哈萨克斯坦、德国、阿根廷、英国等。2010 年和 2020 年小麦出口国家和排名有所不同，其中，2010 年，小麦出口量排名前十位国家为美国、法国、加拿大、澳大利亚、俄罗斯、德国、哈萨克斯坦、乌克兰、阿根廷、英国，十个国家的小麦出口量之和占全球小麦出口总量的 83%；2020 年，小麦出口量排名前十位国家为俄罗斯、美国、加拿大、法国、乌克兰、澳大利亚、阿根廷、德国、波兰、罗马尼亚，十个国家的小麦出口量之和占全球小麦出口总量的 88%。其中，俄罗斯小麦出口量位居第一，占比为 20%；乌克兰出口量占比升至第五位，占比为 10％。2010 年，哈萨克斯坦小麦出口量位居全球第七位，2020 年因为新冠疫情原因，自 3 月 22 日起禁止小麦、荞麦、土豆等农产品出口，致使当年哈萨克斯坦小麦出口量大幅下滑。

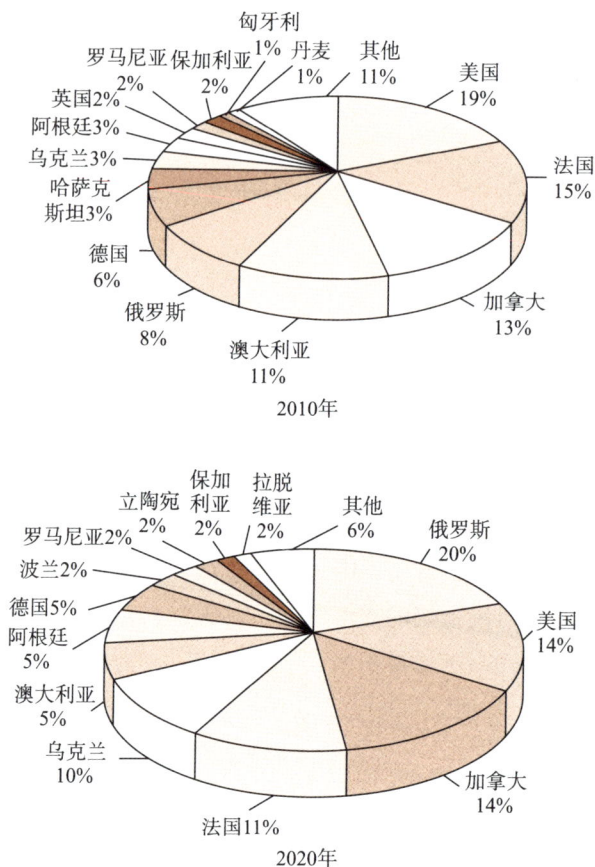

图 3-8　2010 年和 2020 年小麦主要出口国家对比
数据来源：根据联合国商品贸易数据库搜集计算得到。

（2）稻谷主要出口国家。全球稻谷出口相对比较集中。如图 3-9 所示，2010 年，稻谷出口国家中美国占绝对比重，达到 73％，其余还包括南非、俄罗斯、阿根廷、西班牙、巴拉圭、罗马尼亚、苏里南等，但是这几个国家除南非和俄罗斯外，稻谷出口量占比都在 5％以下，其他国家只有零星出口，占比为 7％；2020 年，稻谷出口国家占比相对分散，美国仍占据出口量第一位，但是占比降至44%，巴西和印度稻谷出口量增加，占比分别位居第二位和第三位，占比分别为17%和14%；巴拉圭和乌拉圭升至第四位和第五位，占比分别为8%和5%；其余包括圭亚那、希腊、俄罗斯、保加利亚和西班牙，上述十个国家稻谷出口量位居全球前十位。随着我国稻谷出口量的增加，2020年我国稻谷出口量为2.3万吨，同比增长31%，占比为1%，居全球第十一位。

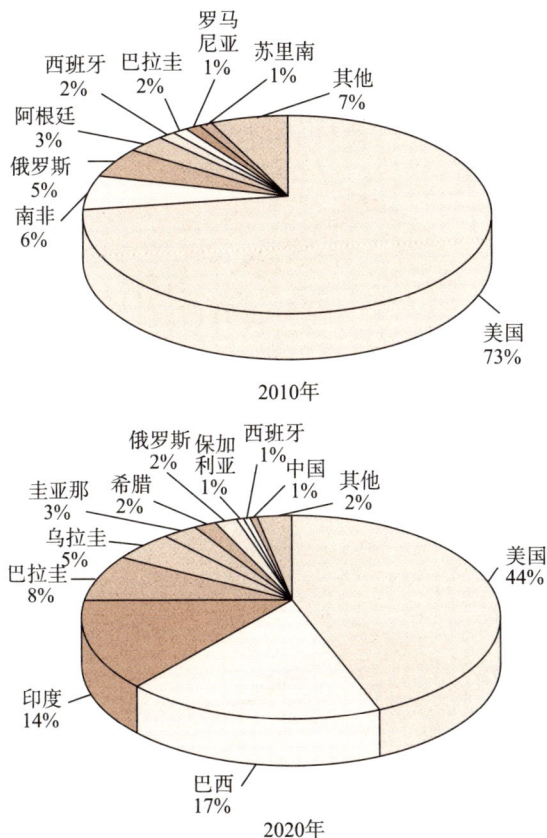

图3-9 2010年和2020年稻谷主要出口国家对比

数据来源：根据联合国商品贸易数据库搜集计算得到。

（3）玉米主要出口国家。全球玉米出口相对比较集中，主要在南美洲和北美洲。如图3-10所示，全球玉米出口国主要为北美洲的美国、南美洲的阿根廷和巴西三个国家，三个国家玉米出口量之和占全球玉米出口量的70%左右。2010年，玉米出口量前三位国家分别为美国、阿根廷和巴西，三个国家玉米出口量之和占比达到 73％；法国和乌克兰分别位居第四位和第五位，占比分别为 6％和 4％；之后为匈牙利、罗马尼亚、印度、巴拉圭和加拿大，其他国家只有零星出口，占比为 7％；2020 年，玉米出口量前三位国家仍为美国、阿根廷和巴西，三个国家玉米出口量占比达到 67％，其中美国出口量占比大幅下滑至 28％，阿根廷和巴西分别增至 20％和 19％；乌克兰位居第四位，出口占比增至 15％；之后为罗马尼亚、法国、塞尔维亚、保加利亚、俄罗斯和巴拉圭，其他国家只有零星出口，占比为 7％。

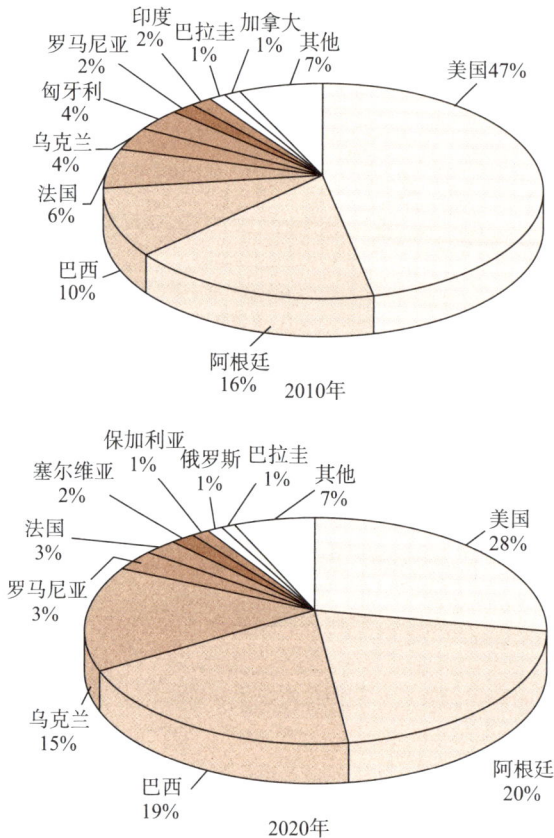

图 3-10　2010 年和 2020 年玉米主要出口国家对比

数据来源：根据联合国商品贸易数据库搜集计算得到。

（4）大豆主要出口国家。大豆相比小麦、稻谷和玉米而言，出口更为集中。如图 3-11 所示，全球大豆出口国主要为北美洲的美国、南美洲的阿根廷和巴西三个国家，三个国家出口的大豆之和占全球总量的近 90%。2010 年，大豆出口国家前三位分别为美国、巴西和阿根廷，占比分别为 43%、30% 和 14%，三个国家大豆出口量之和占全球大豆出口总量的 87%，之后为巴拉圭、加拿大、乌拉圭和荷兰，其他国家只有零星出口，占比为 2%；2020 年，大豆出口量前三位的国家分别为巴西、美国和巴拉圭，其中巴西和美国两个国家大豆出口量之和占比达 85%，巴拉圭虽然位居大豆出口第三位，但是出口份额较少，仅为 4%；之后为阿根廷、加拿大、乌拉圭、乌克兰。2020 年，巴西大豆出口量超过美国，已经成为全球最大的大豆出口国；阿根廷受干旱天气、新冠疫情、河流水位下降及出口税上升等因素叠加，造成大豆出口量下降，出口占比也大幅下滑；而南美乌拉圭和巴拉圭两个国家大豆出口量稳中有升。

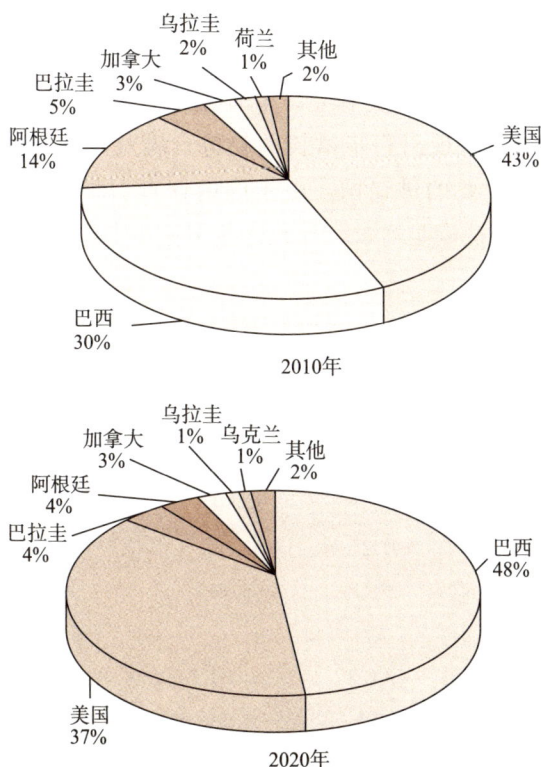

图 3-11　2010 年和 2020 年大豆主要出口国家对比

数据来源：根据联合国商品贸易数据库搜集计算得到。

2. 全球粮食出口贸易流向

（1）小麦主要进口国家。相比出口而言，小麦的消费和进口国比较分散，小麦贸易呈现量大、交易范围广和参与国家多等特点。如表3-1所示，近年全球小麦进口国家排名顺序发生明显变化。2010年，埃及为全球进口小麦最多的国家，进口占比达到7.84％；意大利进口占比为5.93％，位居第二位；巴西进口占比为5.00％，位居第三位；进口前十位的国家还有日本、荷兰、阿尔及利亚、印度尼西亚、韩国、德国和比利时，十个国家小麦进口量之和占当年小麦进口总量的44.85％；墨西哥、摩洛哥、孟加拉国、也门和土耳其五国进口量占比均在2％以上。2015年，阿尔及利亚小麦进口位居全球第一位，占比为6.30％，印度尼西亚进口量上升至第二位，占比5.49％；意大利、荷兰、日本、德国、比利时等国进口占比相比2010年则较为稳定。2020年，印度尼西亚小麦进口升至第一位，占比为9.19％。埃及进口位居第二位，占比为8.55％。中国小麦进口则升至第三位，占比为7.28％。日本、比利时、韩国等国进口占比相比2015年较为稳定。总体来看，2010年以来，小麦进口排名靠前的国家进口量呈现出稳步增长的趋势，埃及、印度尼西亚、土耳其、巴西等是全球小麦主要的进口国，由于国内饮食习惯和饲料需求的不断增加，当地小麦产量无法满足需求，导致这些国家小麦进口量不断攀升。

表3-1　小麦主要进口国家及其进口情况统计

	2010年			2015年			2020年	
国家	小麦进口量（吨）	占比（％）	国家	小麦进口量（吨）	占比（％）	国家	小麦进口量（吨）	占比（％）
埃及	9 926 578.119	7.84	阿尔及利亚	8 504 848	6.30	印度尼西亚	10 299 702	9.19
意大利	7 499 775.002	5.93	印度尼西亚	7 412 019	5.49	埃及	9 579 701	8.55
巴西	6 323 206.264	5.00	意大利	7 226 983	5.35	中国	8 151 572	7.28
日本	5 475 620.862	4.33	荷兰	5 963 350	4.42	菲律宾	6 184 538	5.52
荷兰	5 254 583.577	4.15	西班牙	5 591 791	4.14	巴西	6 159 926	5.50
阿尔及利亚	5 232 372.429	4.13	日本	5 530 693	4.10	摩洛哥	5 521 529	4.93
印度尼西亚	4 810 538.500	3.80	巴西	5 170 439	3.83	日本	5 373 862	4.80
韩国	4 384 385.476	3.46	泰国	4 556 090	3.38	荷兰	4 307 158	3.84
德国	4 306 870.178	3.40	德国	4 550 243	3.37	西班牙	4 159 807	3.71

（续）

2010 年			2015 年			2020 年		
国家	小麦进口量（吨）	占比（%）	国家	小麦进口量（吨）	占比（%）	国家	小麦进口量（吨）	占比（%）
比利时	3 547 541.354	2.80	土耳其	4 248 164	3.15	韩国	3 709 068	3.31
墨西哥	3 495 480.244	2.76	韩国	4 021 838	2.98	比利时	3 684 888	3.29
摩洛哥	3 236 619.650	2.56	比利时	3 854 199	2.86	越南	3 147 629	2.81
孟加拉国	2 792 817.478	2.21	孟加拉国	3 832 242	2.84	泰国	3 096 832	2.76
也门	2 654 890.637	2.10	菲律宾	3 384 635	2.51	乌兹别克斯坦	2 799 621	2.50
土耳其	2 554 188.665	2.02	伊朗	3 319 207	2.46	巴基斯坦	2 490 628	2.22
美国	2 494 597.998	1.97	摩洛哥	3 212 570	2.38	秘鲁	2 271 157	2.03
越南	2 220 547.944	1.75	中国	2 971 794	2.20	南非	2 214 587	1.98
菲律宾	1 976 475.576	1.56	沙特阿拉伯	2 896 055	2.15	哥伦比亚	1 934 625	1.73
突尼斯	1 914 864.072	1.51	也门	2 817 211	2.09	美国	1 909 895	1.70
以色列	1 710 007.659	1.35	美国	2 483 770	1.84	以色列	1 554 203	1.39
泰国	1 699 560.445	1.34	越南	2 328 720	1.73	其他	23 529 315	21.00
秘鲁	1 687 203.871	1.33	南非	2 196 963	1.63	总计	112 044 358	100.00
其他	41 764 457.890	32.70	其他	38 899 110	28.82			
总计	126 558 963.300	100.00	总计	134 972 622	100.00			

数据来源：根据联合国商品贸易数据库搜集计算得到。

（2）稻谷主要进口国家。稻谷进口国家也较为分散，但是相比小麦进口量而言略显集中。如表 3-2 所示，近年全球稻谷进口国家排名顺序发生了明显变化。2010 年，稻谷进口前两位国家分别为墨西哥和土耳其，两个国家进口量之和占比达到 52.81%；排名前十位的国家还有洪都拉斯、尼加拉瓜、巴拿马、哥斯达黎加、危地马拉、萨尔瓦多、沙特阿拉伯和越南，十个国家稻谷进口总量占全球总量的 82.21%。2015 年，稻谷进口国家相对分散，前两位国家分别为尼泊尔和土耳其，两个国家进口量之和占比达到 27.37%；排名前十位的国家还包括洪都拉斯、尼加拉瓜、危地马拉、哥斯达黎加、哥伦比亚、萨尔瓦多、意大利和巴基斯坦，十个国家稻谷进口量之和占全球总量的 72.06%，各个国家当年进口量相对比较均衡。2020 年，稻谷进口国家相对更为集中，排在前四位的国家进口占比都在 10%以上，分别为巴西、哥斯达黎加、土耳其和哥伦比亚，巴西当年稻谷进口量位居全球首位；排名前十位的国家还包括越南、危地马拉、尼加拉瓜、萨尔瓦多、葡萄牙、中国，十个国家稻谷进口量之和占全球总量的 87.86%。

表 3-2　稻谷主要进口国家及其进口情况统计

2010 年			2015 年			2020 年		
国家	稻谷进口量（吨）	占比（%）	国家	稻谷进口量（吨）	占比（%）	国家	稻谷进口量（吨）	占比（%）
墨西哥	772 326.770	34.52	尼泊尔	241 501	14.80	巴西	244 804	15.78
土耳其	409 199.038	18.29	土耳其	205 144	12.57	哥斯达黎加	184 509	11.89
洪都拉斯	111 714.866	4.99	洪都拉斯	139 175	8.53	土耳其	179 494	11.57
尼加拉瓜	105 609.692	4.72	尼加拉瓜	119 792	7.34	哥伦比亚	177 863	11.46
巴拿马	103 623.522	4.63	危地马拉	96 483	5.91	越南	152 291	9.82
哥斯达黎加	84 478.148	3.78	哥斯达黎加	95 893	5.88	危地马拉	147 293	9.49
危地马拉	67 585.141	3.02	哥伦比亚	76 831	4.71	尼加拉瓜	113 305	7.30
萨尔瓦多	66 622.227	2.98	萨尔瓦多	74 673	4.58	萨尔瓦多	85 619	5.52
沙特阿拉伯	59 789.000	2.67	意大利	71 508	4.38	葡萄牙	50 766	3.27
越南	58 292.518	2.61	巴基斯坦	54 768	3.36	中国	27 311	1.76
巴西	58 026.066	2.59	巴西	48 914	3.00	意大利	20 062	1.29
孟加拉国	35 757.003	1.60	葡萄牙	48 304	2.96	菲律宾	18 642	1.20
布基纳法索	27 971.780	1.25	也门	36 603	2.24	肯尼亚	16 455	1.06
牙买加	27 542.462	1.23	苏丹	35 306	2.16	保加利亚	11 498	0.74
尼泊尔	24 337.748	1.09	越南	28 473	1.74	沙特阿拉伯	11 046	0.71
意大利	21 291.641	0.95	沙特阿拉伯	27 090	1.66	法国	10 687	0.69
萨摩亚	20 140.400	0.90	菲律宾	14 450	0.89	阿拉伯	10 264	0.66
法国	17 310.350	0.77	孟加拉国	14 356	0.88	巴基斯坦	9 390	0.61
葡萄牙	17 121.389	0.77	法国	11 321	0.69	西班牙	9 288	0.60
苏丹	13 336.041	0.60	埃斯瓦蒂尼	10 662	0.65	乌干达	9 222	0.59
也门	11 595.131	0.52	中国	10 254	0.63	其他	61 800	3.98
英国	9 054.318	0.40	德国	8 687	0.53	总计	1 551 609	100.00
其他	114 554.333	5.12	其他	161 818	9.92			
总计	2 237 389.320	100.00	总计	1 632 006	100.00			

数据来源：根据联合国商品贸易数据库搜集计算得到。

（3）玉米主要进口国家。饲料供应不足的国家对肉类产品需求快速增长，饲料需求仍是驱动粗粮进口增长的主要因素，玉米在全球粗粮贸易中的份额逐步提高。如表3-3所示，玉米出口主要市场集中在东亚、非洲和中东地区，玉米进口的国家相对也比较分散。2010年，玉米进口前三位国家分别是日本、韩国和墨西哥，进口占比分别为16.52%、8.72%和8.01%，三个国家玉米进口量之和约占全球进口总量的1/3；排名前十位的国家还包括埃及、伊朗、哥伦比亚、马来西亚、荷兰、阿尔及利亚和意大利，十个国家玉米进口量之和占全球总量的57.15%。2015年，玉米进口前三位国家分别是日本、韩国和越南，进口占比分别为12.95%、9.11%和6.71%，三个国家玉米进口量之和占全球进口总量的28.77%；排名前十位的国家还包括伊朗、荷兰、中国、哥伦比亚、阿尔及利亚、意大利和马来西亚，十个国家玉米进口量之和占全球总量的57.26%，前十位国家进口量之和占比同2010年比较相近；2015年，由于养猪业快速发展，进口商需尽快满足生猪行业不断增长的需求，越南和中国对玉米的进口快速增加，分别位居当年玉米进口国家第三位和第六位。2020年，玉米进口前三位国家仍然是日本、越南和韩国，进口占比分别为12.58%、9.69%和9.30%，对比2015年，日本和韩国进口比重相对稳定，越南进口比重明显提高，由2015年的6.71%增至9.69%，位次也由2015年第三位上升至第二位，三个国家玉米进口量之和占全球进口总量的31.57%；排名前十位的国家还包括中国、埃及、哥伦比亚、意大利、荷兰、马来西亚和秘鲁，十个国家玉米进口总量之和占全球总量的67.90%，对比2015年，玉米进口排名前十位的国家进口占比明显增加；埃及和秘鲁对玉米进口量增加，分别位居玉米进口国家第五位和第十位。

表3-3 玉米主要进口国家及其进口情况统计

2010年			2015年			2020年		
国家	玉米进口量（吨）	占比（%）	国家	玉米进口量（吨）	占比（%）	国家	玉米进口量（吨）	占比（%）
日本	16 188 055.090	16.52	日本	14 708 191	12.95	日本	15 770 004	12.58
韩国	8 540 967.173	8.72	韩国	10 349 626	9.11	越南	12 144 713	9.69
墨西哥	7 848 998.382	8.01	越南	7 622 377	6.71	韩国	11 663 975	9.30
埃及	5 197 963.104	5.30	伊朗	6 166 080	5.43	中国	11 294 156	9.01

（续）

2010 年			2015 年			2020 年		
国家	玉米进口量（吨）	占比（%）	国家	玉米进口量（吨）	占比（%）	国家	玉米进口量（吨）	占比（%）
伊朗	3 626 642.636	3.70	荷兰	4 955 162	4.36	埃及	8 507 975	6.79
哥伦比亚	3 613 900.064	3.69	中国	4 728 587	4.16	哥伦比亚	6 162 363	4.92
马来西亚	3 076 957.222	3.14	哥伦比亚	4 717 637	4.15	意大利	5 994 603	4.78
荷兰	2 901 435.146	2.96	阿尔及利亚	4 417 613	3.89	荷兰	5 936 183	4.74
阿尔及利亚	2 783 089.916	2.84	意大利	3 804 338	3.35	马来西亚	3 848 547	3.07
意大利	2 225 794.554	2.27	马来西亚	3 577 736	3.15	秘鲁	3 792 111	3.02
阿拉伯	1 923 762.815	1.96	印度尼西亚	3 267 694	2.88	沙特阿拉伯	3 070 882	2.45
叙利亚	1 918 721.556	1.96	秘鲁	2 684 197	2.36	摩洛哥	2 866 673	2.29
秘鲁	1 917 115.715	1.96	沙特阿拉伯	2 678 345	2.36	英国	2 670 571	2.13
摩洛哥	1 897 352.406	1.94	德国	2 506 660	2.21	葡萄牙	1 899 506	1.52
越南	1 872 799.366	1.91	摩洛哥	2 081 263	1.83	以色列	1 609 048	1.28
其他	22 419 240.030	33.12	英国	1 986 627	1.75	泰国	1 598 921	1.28
总计	87 952 795.175	100.00	土耳其	1 880 368	1.66	危地马拉	1 467 948	1.17
			葡萄牙	1 793 806	1.58	巴西	1 372 309	1.09
			罗马尼亚	1 622 164	1.43	罗马尼亚	1 338 839	1.07
			智利	1 530 283	1.35	爱尔兰	1 314 397	1.05
			以色列	1 528 136	1.35	其他	21 312 137	16.77
			比利时	1 430 989	1.26	总计	125 365 510	100.00
			其他	23 531 356	20.72			
			总计	113 568 319	100.00			

数据来源：根据联合国商品贸易数据库搜集计算得到。

（4）大豆主要进口国家。大豆的进口相对于小麦、玉米和稻谷比较集中。近年，中国一直都是全球最大的大豆进口国，中国大豆产量的增加依然远不能满足国内消费升级所带来的需求。因此，中国大豆进口量占全球总量的一半以上，并且呈现稳步上升趋势。2010 年，中国进口大豆占比 57.77%，2020 年上升至 67.38%，远远高于其他国家。中国进口大豆主要用于生产饲料豆粕和食用豆油：在食用豆油方面，中国人均食用豆油年消费已经从 20 世纪 80 年代初的 2.6 千克增加到目前的 22 千克以上；而在饲料豆粕方面，消费者对肉禽蛋奶的消费增加带动了国内养殖业饲料需求的激增，对豆粕的需求愈加旺盛。

如表 3-4 所示，2010 年，大豆进口国家除中国外，墨西哥、日本、荷兰、德国、西班牙五国大豆进口量比较接近，占比为 3.5%～4.0%，泰国、土耳其、印度尼西亚和意大利四个国家也位居大豆进口国家前十位，进口占比为 1.5%～2%，十个国家大豆进口量之和占全球进口总量的 83.40%；韩国和俄罗斯紧随其后，大豆进口量占比也在 1% 以上，分别为 1.29% 和 1.12%，上述国家为大豆主要进口国，其他国家大豆进口量占比均在 1% 以下。2015 年，中国大豆进口量占比明显增长，而其他大豆进口量前十的国家占比均有所下降，荷兰和德国位居大豆进口国家第二、三位，进口量占比分别为 3.44% 和 3.02%；西班牙、日本和泰国三个国家进口量占比在 2% 以上；土耳其、印度尼西亚、俄罗斯和越南四个国家进口占比均在 1% 以上；上述大豆进口量前十位的国家大豆进口量之和占全球进口总量的 85.65%，较 2010 年略有上升。2020 年，中国大豆进口量占比升至 67.38%，阿根廷和荷兰大豆进口量位居第二、三位，均在 3% 以上；泰国、西班牙、日本、土耳其四国大豆进口量占比均在 2% 以上，印度尼西亚、意大利和巴基斯坦也位居大豆进口量前十位，进口量占比在 1% 以上；大豆进口量前十的国家大豆进口量之和占全球进口总量的 87.70%；俄罗斯和越南当年大豆进口量占比也在 1% 以上。通过上述分析可知，全球大豆出口主要流向亚洲和欧盟国家。

表 3-4　大豆主要进口国家及其进口情况统计

2010 年			2015 年			2020 年		
国家	大豆进口量（吨）	占比（%）	国家	大豆进口量（吨）	占比（%）	国家	大豆进口量（吨）	占比（%）
中国	54 797 749.500	57.77	中国	81 689 724	64.74	中国	100 327 174	67.38
墨西哥	3 772 163.084	3.98	荷兰	4 344 956	3.44	阿根廷	5 317 336	3.57
日本	3 455 632.888	3.64	德国	3 810 488	3.02	荷兰	4 533 405	3.04
荷兰	3 447 414.665	3.63	西班牙	3 575 793	2.83	泰国	4 044 715	2.72
德国	3 415 935.989	3.60	日本	3 242 619	2.57	西班牙	3 335 262	2.24
西班牙	3 374 002.101	3.56	泰国	2 557 385	2.03	日本	3 163 364	2.12
泰国	1 818 705.074	1.92	土耳其	2 510 055	1.99	土耳其	3 040 452	2.04
土耳其	1 756 064.832	1.85	印度尼西亚	2 256 932	1.79	印度尼西亚	2 475 288	1.66
印度尼西亚	1 740 504.690	1.83	俄罗斯	2 179 119	1.73	意大利	2 211 876	1.49

（续）

2010 年			2015 年			2020 年		
国家	大豆进口量 （吨）	占比 （%）	国家	大豆进口量 （吨）	占比 （%）	国家	大豆进口量 （吨）	占比 （%）
意大利	1 549 981.765	1.63	越南	1 707 600	1.35	巴基斯坦	2 139 976	1.44
韩国	1 225 886.395	1.29	伊朗	1 667 275	1.32	俄罗斯	2 072 058	1.39
俄罗斯	1 066 346.987	1.12	韩国	1 316 219	1.04	越南	1 871 563	1.26
葡萄牙	873 122.398	0.92	孟加拉国	1 065 656	0.84	葡萄牙	1 392 051	0.93
英国	864 791.794	0.91	意大利	1 006 803	0.80	韩国	1 328 146	0.89
伊朗	856 445.869	0.90	美国	869 360	0.69	巴西	821 992	0.55
马来西亚	637 725.520	0.67	葡萄牙	781 798	0.62	英国	814 995	0.55
法国	541 430.240	0.57	英国	777 515	0.62	马来西亚	732 070	0.49
叙利亚	540 676.132	0.57	沙特阿拉伯	728 309	0.58	沙特阿拉伯	652 285	0.44
比利时	539 282.167	0.57	马来西亚	726 586	0.58	法国	620 340	0.42
埃及	496 094.778	0.52	法国	719 566	0.57	白俄罗斯	599 852	0.40
以色列	484 768.375	0.51	哥伦比亚	580 264	0.46	其他	7 402 401	4.97
美国	445 267.809	0.47	突尼斯	514 389	0.41	总计	148 048 023	100.00
其他	7 162 214.512	7.55	其他	7 557 120	6.00			
总计	4 862 207.560	100.00	总计	126 185 531	100.00			

数据来源：根据联合国商品贸易数据库搜集计算得到。

第二节　全球粮食贸易主要特征

进入 21 世纪以来，全球粮食贸易网络日趋复杂，逐渐遍布世界各地，国家和地区之间的粮食贸易联系随着全球化的发展快速增强，相互作用和相互依赖程度不断加深，2000—2019 年平均每年约有 200 个国家或地区参与全球粮食贸易。本节将从全球粮食贸易规模变化、发展中国家粮食贸易发展迅速、全球粮食贸易出口集中而进口分散、全球粮食贸易与金融联系日渐紧密、全球粮食贸易秩序更新和全球粮食贸易价格波动幅度加大等方面分析全球粮食贸易的主要特征。

一、全球粮食贸易规模涨幅明显

粮食贸易是农产品贸易的核心部分，对世界粮食安全及供求平衡均至关重要。第二次世界大战后至今，随着国际局势整体趋于稳定，世界农业发展态势也逐渐向好，从而不断促进全球粮食贸易规模的扩大和贸易网络的深化。全球谷物类粮食贸易量 1961 年为 1.59 亿吨（其中，进口 0.8 亿吨，出口 0.79 亿吨），1981 年为 4.66 亿吨（其中，进口 2.32 亿吨，出口 2.34 亿吨），涨幅明显；20 世纪 80 年代初至 20 世纪末，随着乌拉圭回合谈判达成的《乌拉圭回合农业协议》，加强了对全球农产品贸易配额、出口补贴等方面的约束，一定程度上限制了全球粮食贸易发展，导致 2001 年世界粮食贸易量为 5.32 亿吨（其中，进口 2.63 亿吨，出口 2.69 亿吨），与 1981 年相比规模变化不大；进入 21 世纪以来，随着全球化进展加速和世界经济腾飞，全球农业水平不断提高，新型农业技术广泛应用，从而不断扩大粮食需求，促进粮食生产和贸易，截至 2019 年，全球谷类粮食贸易规模达 9.35 亿吨（其中，进口 4.67 亿吨，出口 4.68 亿吨），与 21 世纪初相比增速明显，如图 3-12 所示，排除不确定影响因素，全球粮食贸易近几十年间总体保持稳定增长态势。

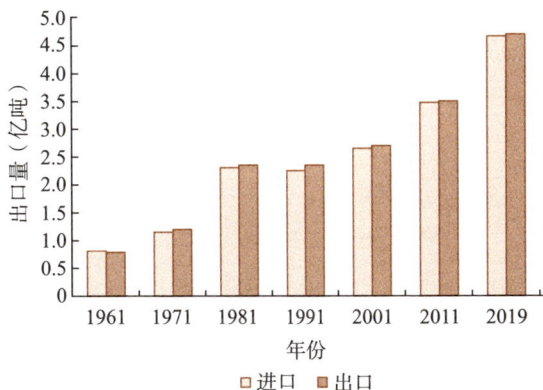

图 3-12　1961—2019 年全球谷物粮食进出口量

数据来源：联合国粮农组织统计数据。

从不同品种来看。如图 3-13 所示，玉米贸易规模同样在 20 世纪 60 年代至 80 年代增长较快，截至 1981 年，全球玉米进口量由 1961 年的 1 425 万吨增至 1981 年的 8 079 万吨，出口由 1961 年的 1 400 万吨增至 1981 年的 7 873 万吨，受国际政策影响，20 世纪 80 年代后的玉米贸易规模出现下滑，但进入 21 世纪后，玉米贸易规模再次实现大幅度增长，截至 2019 年，世界玉米进口量与出口量的规模分别为 1.82 亿吨与 1.84 亿吨，与 21 世纪初相比实现翻番。如

图 3-14 所示，全球稻谷出口量由 1961 年的 628 万吨增至 2001 年的 2 655 万吨，40 年间共增长了 2 027 万吨，年均增长率为 3.67％，进入 21 世纪以后，全球稻谷出口量由 2001 年的 2 655 万吨增长至 2019 年的 4 236 万吨，年均增长率为 2.63％。如图 3-15 所示，全球小麦贸易规模由 1961 年的 3 953 万吨增长至 2019 年的 17 952 万吨，年均增长率为 2.64％。如图 3-16 所示，全球大豆贸易量 2019 年达到 15 539 万吨，与 1961 年相比增长了 15 122 万吨，年均增长率为 6.44％，大豆的贸易规模增长率远远高于其他粮食增长率，其中，中国的大豆进口量占比较大。

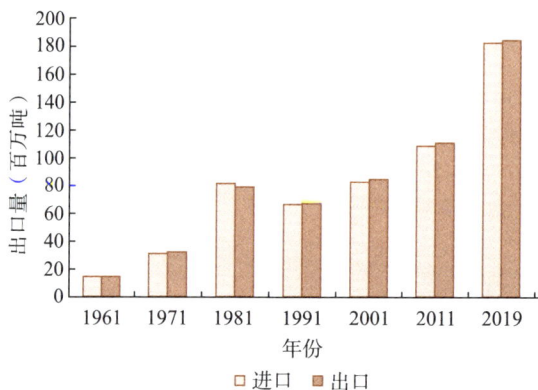

图 3-13　1961—2019 年全球玉米进出口量

数据来源：联合国粮农组织统计数据。

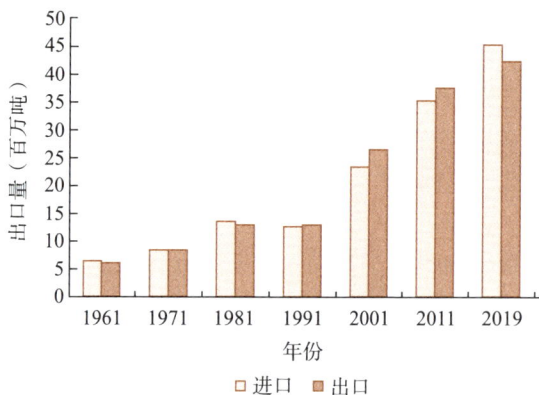

图 3-14　1961—2019 年全球稻谷进出口量

数据来源：联合国粮农组织统计数据。

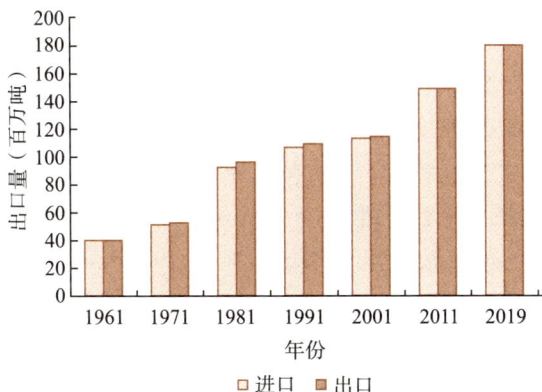

图 3 - 15　1961—2019 年全球小麦进出口量

数据来源：联合国粮农组织统计数据。

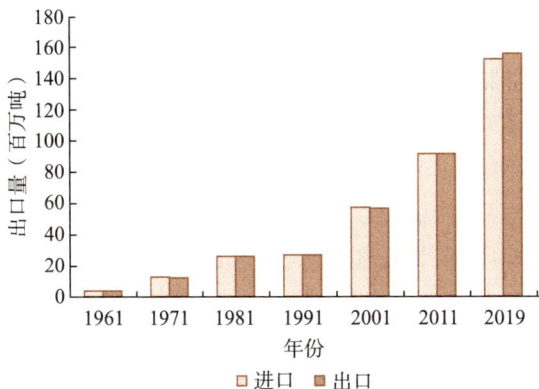

图 3 - 16　1961—2019 年全球大豆进出口量

数据来源：联合国粮农组织统计数据。

　　综合以上数据可知，全球粮食贸易规模无论从整体还是分品种来看，均呈上升趋势。进入 21 世纪以来，全球粮食国际贸易规模逐步恢复到正常的增长态势，各个品种的粮食国际贸易规模均保持着平稳的增长趋势，且其增长速度也高于同期的粮食生产与消费量。

二、发展中国家粮食贸易发展迅速

　　发达国家粮食贸易所占世界市场份额总体呈下降趋势，而发展中国家以及新兴经济体粮食贸易则发展迅速，所占市场份额逐步增长。从出口来看，虽然美国仍是世界上第一大粮食出口国，但其粮食出口所占份额持续下降，其粮食出口所占世界市场份额从 1961 年的 40％下降为 2019 年的 16％，但其市场占有率仍位居世界第一；加拿大粮食出口占世界市场的份额从 1961 年的 15％下降至 2019 年的 6％，世界排名从第 2 位降至第 7 位；澳大利亚粮食出口占世界市场的份额由 1961 年的 8％下降到 2019 年的 3％；法国和德国虽然几十年间不断保持波动增长趋势，但其粮食出口市场份额与 1961 年相比变化甚微。反观发展中国家，进入 21 世纪以来，俄罗斯、巴西和乌克兰等国的粮食出口量增幅较大，从 21 世纪以前的接近 0％增长至 2019 年的 9％，并列成为世界第三大粮食出口国，增幅十分明显；印度、匈牙利、哈萨克斯坦、巴基斯坦等国的粮食出口虽然涨幅不大，但均实现了出口零的突破，出口份额均得到了相当的提升。从进口来看，德国粮食进口市场份额下降最为明显，从 1961 年的 9％下降至 2019 年的 2％；日本粮食进口市场份额在 21 世纪以前呈波动增长态势，但进入 21 世纪后持续下降，整体从 1961 年的 6％下降至 2019 年的 5％，并且未来一段时间内有可能继续下降；此外，意大利、荷兰的粮食进口份额也出现了不同程度的下滑，但总体降幅较小；反观发展中国家，墨西哥的粮食进口份额增长最为明显，从 1961 年的接近 0％增长到 2019 年的 5％；沙特阿拉伯、比利时等国粮食进口份额从 21 世纪以前的接近 0％增长到 2019 年的 2％和 3％；韩国的粮食进口份额 2019 年为 3％，高于 1961 年的 1％（表 3 - 5）。

表 3 - 5　1961—2019 年世界主要粮食贸易国家市场份额占比

单位：%

国家	1961 年	1971 年	1981 年	1991 年	2001 年	2011 年	2019 年
出口份额							
美国	40	30	48	37	31	24	16
乌克兰	0	0	0	0	2	4	9
法国	5	1	9	13	11	9	7
巴西	0	1	0	0	2	4	9
俄罗斯	0	0	0	0	1	5	9
加拿大	15	15	10	12	8	6	6
阿根廷	5	8	8	5	9	9	11
澳大利亚	8	10	6	7	7	7	3
德国	2	1	1	3	4	3	2

（续）

国家	1961 年	1971 年	1981 年	1991 年	2001 年	2011 年	2019 年
				出口份额			
印度	0	0	0	1	2	3	2
罗马尼亚	1	1	1	0	0	1	3
匈牙利	0	0	0	1	1	2	1
哈萨克斯坦	0	0	0	0	1	2	2
巴基斯坦	0	0	1	1	1	2	1
				进口份额			
中国	8	3	6	6	1	2	4
日本	6	13	11	12	10	7	5
墨西哥	0	0	3	2	6	5	5
荷兰	5	4	2	2	3	3	3
韩国	1	3	3	5	5	4	3
西班牙	2	3	3	3	3	3	4
阿尔及利亚	1	1	1	3	3	3	2
比利时	0	0	0	0	2	2	2
巴西	2	2	2	3	3	2	2
埃及	2	2	3	3	4	5	4
德国	9	10	4	2	1	3	2
印度尼西亚	2	1	1	1	2	4	3
意大利	6	6	3	4	3	3	3
沙特阿拉伯	0	0	2	0	2	3	3

数据来源：联合国粮农组织官网统计资料整理得到。

　　结合以上数据资料，本书认为 21 世纪前后全球粮食国际贸易格局产生变化的原因主要有两个：第一，进入 21 世纪后，发展中国家及新兴经济体经济发展迅速，农业投入不断增加，农业生产规模不断扩大，因此粮食出口份额不断提升；第二，发达国家科技相对先进，新兴产业发展迅速，新型生物燃料的开发和广泛应用导致其国内对粮食的需求不断提高，从而出口下降。

三、全球粮食贸易出口集中而进口分散

　　全球粮食贸易目前呈现出口相对集中、进口相对分散的特点，表 3-6 展示了 2019 年全球粮食贸易排名前十位的国家及其粮食贸易量。其中，全球十大粮食进口国包括日本、墨西哥、埃及、中国、西班牙、荷兰、韩国、土耳其、

意大利和越南，世界粮食进口贸易前十位国家所占比重合计为37％；全球十大粮食出口国包括美国、阿根廷、巴西、乌克兰、俄罗斯、法国、加拿大、罗马尼亚、澳大利亚和印度，所占世界粮食出口量的比重合计为75％，远远高于粮食进口量的37％，可以发现全球粮食贸易出口集中度要远高于进口集中度。

表 3-6　2019 年世界排名前十的粮食贸易国粮食进出口情况

	进口				出口		
排名	国家	贸易量 （百万吨）	占比 （％）	排名	国家	贸易量 （百万吨）	占比 （％）
1	日本	23.73	5	1	美国	75.26	16
2	墨西哥	22.31	5	2	阿根廷	50.74	11
3	埃及	19.04	4	3	巴西	44.34	9
4	中国	17.91	4	4	乌克兰	40.65	9
5	西班牙	17.68	4	5	俄罗斯	39.83	9
6	荷兰	15.59	3	6	法国	31.63	7
7	韩国	15.58	3	7	加拿大	28.62	6
8	土耳其	15.45	3	8	罗马尼亚	13.96	3
9	意大利	14.76	3	9	澳大利亚	12.80	3
10	越南	14.50	3	10	印度	10.74	2

数据来源：联合国粮农组织官网统计资料整理得到。

四、全球粮食贸易秩序更新、金融属性增强

粮食国际贸易对粮食进出口国而言，均具有重要战略意义，进口国往往粮食短缺，通过粮食进口解决国内粮食供求矛盾和安全问题；出口国往往粮食过剩，农业生产力较为发达，通过粮食出口保障粮农利益和社会稳定。粮食危机逐渐打破了原有的粮食贸易格局和供求平衡，随着新一轮全球贸易规则体系的调整和落实，各区域自贸协定不断增加，粮食贸易国为更好地保障本国粮食贸易利益与安全，调整和修正贸易秩序和规则的诉求更加强烈。2013 年，WTO第九届部长级会议达成的"巴厘一揽子协定"在粮食贸易方面达成了简化通关程序、允许发展中国家为保障粮食安全进行公共储粮以及在粮食安全方面具有更多选择权等意见，体现了各成员重塑贸易新体制和新秩序的决心。

进入 21 世纪以来，全球粮食贸易与金融领域联系日益紧密，其金融属性亦不断强化，在货币和资本的影响下，粮价波动明显。因消费刚需和供给低弹

性等特点，粮食作为传统农产品始终是金融衍生品套期保值的主要交易品种。目前，全球金融衍生品交易市场已经极为发达成熟，因此粮食等大宗商品贸易在全球货币发行量、投资资本、主要货币汇率波动的影响下，更多地受到金融衍生品市场成交量的影响，加剧了粮价的波动。

五、全球粮食贸易价格波动幅度加大

全球粮食市场的价格波动受到诸多因素影响，包括气候变化、供需平衡、国际关系和地缘政治等。2008 年全球金融危机的爆发对全球贸易市场产生重大影响，而粮食的"金融化"和"能源化"属性日趋明显，因此这些因素同样深刻加剧了世界粮食市场的波动。2008—2015 年，全球粮食市场价格由 2008—2010 年高位波动转入持续深幅下跌。2008 年四大粮食品种均创下历史最高价，小麦达到 325.9 美元/吨、大米达到 223.3 美元/吨、玉米达到 700.2 美元/吨、大豆达到 453.3 美元/吨；之后在 2009 年、2010 年明显回落，在 2011 年和 2012 年又平稳上升；从 2012 年开始，受金融危机深化影响，即后危机时代，粮食消费需求下降，出现连续生产过剩的情况，世界粮价又持续回落；2012—2016 年，全球粮食累计过剩达 1.55 亿吨；2016 年，小麦价格下滑到 185.6 美元/吨、玉米 380.1 美元/吨、大米 169.8 美元/吨、大豆 347.4 美元/吨；而 2019 年至今，受到新冠疫情的影响，全球粮食贸易量持续走低，并且引发粮食贸易国对于粮食安全问题的担忧，并做出出口限制等措施。

六、亚非拉国家高度依赖进口

近 100 年，全球粮食生产和贸易体系逐步形成。但随着全球化的演进、地缘政治摩擦加剧，国际粮食贸易竞争更为激烈复杂，粮食贸易格局也在随之不断发生变化。国际贸易的本质在于各国以比较优势完成分工，进而形成从生产、加工再到分销的多边贸易格局，虽然这有助于提高全球整体的生产效率，但也加深了处于比较劣势国家对外部供给的依赖程度。亚非拉国家受农业资源禀赋约束，在农业资源方面与美国、巴西、俄罗斯和澳大利亚等国存在明显差距，这就催生了全球粮食产业分工和贸易格局。当前，全球粮食贸易分工比较明显，美国、加拿大、巴西、阿根廷、俄罗斯等国粮食产量和出口量均位居全球前列，成为全球粮食出口重要区域，而沙特阿拉伯、埃及和墨西哥等则成为粮食主要的进口国家，对进口依赖度也逐渐增加。

第三节　全球粮食供需格局

一、全球小麦供需格局

全球小麦生产主要集中在亚洲、欧洲和美洲，种植面积占比分别为 45％、25％ 和 15％，非洲、大洋洲和南美洲也有少量种植，各占 5％ 左右，各区域产量分布与面积分布基本一致。目前，全球许多国家都种植小麦，但是产量主要集中在中国、印度、美国、俄罗斯、加拿大、澳大利亚、巴基斯坦、乌克兰、哈萨克斯坦、阿根廷 10 个国家，其产量之和占世界小麦总产量的 60％ 以上。然而，小麦出口主要集中在美国、加拿大、澳大利亚和法国 4 个国家，其出口量之和占世界小麦出口总量的 70％ 左右。

如表 3-7 所示，小麦产量稳步增长，由 2013 年的 7.154 亿吨增至 2020 年的 7.693 亿吨，年均增速为 1.04％，小麦库存量也逐年增加。小麦饲料消费量先增后减，而国内消费量逐年增加，饲料消费量和国内消费量之比也呈现先增后减趋势。小麦库存消费比呈稳步增长趋势，由 2013 年的 22.5％ 增至 2020 年的 33.5％。根据联合国粮农组织的规定，粮食库存与消费量的比例达到 17％ 被称为粮食安全系数，即国际粮食安全警戒线，低于 14％ 则为粮食安全紧急状态。由此可以看出，全球小麦市场形势越来越好，小麦供需能够达到平衡。

表 3-7　2013—2020 年世界小麦供需平衡统计

项目	2013 年	2014 年	2015 年	2016 年	2017 年	2018 年	2019 年	2020 年
期初库存（百万吨）	177.1	194.9	218.7	245.0	262.8	284.1	279.8	297.1
产量（百万吨）	715.4	728.1	735.2	756.4	762.9	730.9	764.8	769.3
进口（百万吨）	158.4	159.1	170.2	179.2	181.0	170.7	183.3	183.3
饲料消费（百万吨）	126.7	131.6	136.6	147.0	146.6	139.5	140.2	135.1
国内消费（百万吨）	698.3	705.4	711.2	739.1	742.0	735.2	747.5	751.6

（续）

项目	2013 年	2014 年	2015 年	2016 年	2017 年	2018 年	2019 年	2020 年
出口 （百万吨）	165.9	164.5	172.8	183.4	182.5	173.6	188.1	188.0
期末库存 （百万吨）	194.1	217.6	242.7	262.3	283.7	279.8	297.1	314.8
库存消费比 （%）	22.5	25.0	27.5	28.4	30.7	30.8	31.8	33.5

数据来源：USDA、华安证券研究所。

二、全球大米供需格局

目前，全球大米生产主要集中在印度、中国、泰国、印度尼西亚、菲律宾、巴基斯坦、巴西、美国。近年，8 个国家大米产量之和占世界大米总产量的比重在 70%左右。然而，大米出口主要集中在印度、泰国、巴基斯坦、美国、巴西和阿根廷，5 个国家大米出口量之和占世界出口总量的 70%左右。

如表 3-8 所示，全球大米总产量呈现稳步增长趋势，由 2015 年的约 4.73亿吨增至 2020 年的约 5 亿吨，年均增速为 1.4%。全球大米库存消费比呈现稳步上升趋势，由 2015 年的 28.4%降至 2020 年的 37.3%。目前，全球大米库存消费比远高于安全警戒线。总体来看，目前全球稻谷供需能够保持平衡，每一期期初大米库存量保持在 1.7 亿吨左右，大米供给量相对比较稳定，大米市场相对比较安全。

表 3-8　2015—2020 年世界大米供需平衡统计

项目	2015 年	2016 年	2017 年	2018 年	2019 年	2020 年
期初库存 （百万吨）	127.9	142.6	149.9	164.1	176.8	181.7
产量 （百万吨）	472.9	491	494.8	496.7	495.7	500.1
进口 （百万吨）	38.3	41.1	46.6	43.8	39.6	42.0
国内消费 （百万吨）	468.1	483.7	482.2	484.0	490.9	496.5

（续）

项目	2015 年	2016 年	2017 年	2018 年	2019 年	2020 年
出口（百万吨）	40.3	47.3	47.3	43.7	41.5	44.3
期末库存（百万吨）	132.7	149.9	162.6	176.8	181.7	185.2
库存消费比（%）	28.4	31.0	33.7	36.5	37.0	37.3

数据来源：USDA。

三、全球玉米供需格局

全球玉米生产主要集中在亚洲和美洲，其产量占全球总产量的比重分别为 28.6% 和 52.9%[①]，非洲、大洋洲和欧洲也有少量种植。目前，全球许多国家种植玉米，但是产量主要集中在美国、中国、印度、阿根廷、墨西哥、巴西、欧盟、俄罗斯、乌克兰 9 个国家和地区，其产量之和占世界玉米总产量比重的 80% 以上。然而，玉米出口主要集中在美国、巴西、阿根廷和乌克兰 4 个国家。

如表 3 - 9 所示，全球玉米总产量呈现稳步增长趋势，由 2013 年的约 9.9 亿吨增至 2020 年的约 11.16 亿吨，年均增速为 1.71%；总使用量也稳步增长，由 2013 年的约 9.5 亿吨增至 2020 年的约 11.35 亿吨，年均增速为 2.59%，明显高于产量增速。全球玉米库存消费比先增后减，2016 年以来逐渐下滑，由 2016 年的 32.35% 降至 2020 年的 25.55%。目前，全球玉米库存消费比高于安全警戒线，但是未来年份可能还会下降。总体来看，目前全球玉米供需能够保持平衡，每一期期初玉米库存量保持在 3 亿吨以上。

表 3 - 9　2013—2020 年世界玉米供需平衡统计

项目	2013 年	2014 年	2015 年	2016 年	2017 年	2018 年	2019 年	2020 年
期初库存（百万吨）	133.41	174.80	209.73	311.48	351.96	322.56	322.56	306.09
产量（百万吨）	990.47	1 016.03	972.21	1 123.41	1 080.09	1 118.62	1 118.62	1 115.50

---

① 资料来源：中国产业信息网，http://www.chyxx.com/industry/201602/389045.html。

（续）

项目	2013 年	2014 年	2015 年	2016 年	2017 年	2018 年	2019 年	2020 年
总供给 （百万吨）	1 123.88	1 190.83	1 181.94	1 434.89	1 432.05	1 441.18	1 441.18	1 421.59
国内饲用量 （百万吨）	571.08	584.70	601.58	656.07	672.36	715.86	715.98	715.86
总使用 （百万吨）	948.85	981.01	968.01	1 084.14	1 090.45	1 135.09	1 134.81	1 135.09
进口 （百万吨）	143.74	165.85	169.81	292.49	149.93	167.61	167.59	167.61
出口 （百万吨）	131.10	142.20	119.74	160.06	148.24	172.40	172.46	172.40
结转库存 （百万吨）	175.03	209.82	213.93	350.75	341.60	306.09	304.48	289.99
库存消费比 （％）	18.45	21.39	22.10	32.35	31.33	26.97	26.83	25.55

数据来源：USDA。

四、全球大豆供需格局

世界大豆供给比较集中，大豆产量最多的国家为美国、巴西、阿根廷和中国，四个国家产量之和占全球大豆总产量的 80％以上，而巴西、美国、阿根廷为世界主要三大出口国，出口量之和占全球总出口量的 80％以上。目前，全球国际大豆价格涨幅较大，在一定程度上也激励了农业经济主体种植积极性，再者在新冠疫情背景下，经济形势不确定性增强，导致失业人数增加，也进一步激发农业方面的发展，加强大豆的种植和生产，其中美国、巴西和阿根廷大豆产量均呈增长态势。受中美贸易摩擦以及新冠疫情影响，中国从巴西进口大豆份额明显增加，阿根廷大豆也逐渐扩大出口。

如表 3-10 所示，全球大豆总产量呈现稳步增长趋势，由 2015 年的约3.14 亿吨增至 2020 年的约 3.66 亿吨，年均增速为 3.14％；总需求量也稳步增长，由 2015 年的约 4.47 亿吨增至 2020 年的约 5.27 亿吨，年均增速为 3.37％，略高于产量增速。全球大豆需求主要用于压榨，近年大豆压榨量占总需求量比重相对比较稳定，维持在 87％上下。全球大豆库存消费比先增后减，2018 年以来逐渐下滑，由 2018 年的 22.9％降至 2020 年的 19.05％，大豆库存消费比在四种粮食产品中最低，维持在 20％上下。目前，全球大豆供需格局由宽松逐渐转向平衡甚至趋紧，虽然全球大豆库存消费比略高于安全警戒线，但是未来年份可能还会下降。总体来看，目前全球大豆供需能够保持平衡。

表 3－10　2015—2020 年世界大豆供需平衡统计

项目	2015 年	2016 年	2017 年	2018 年	2019 年	2020 年
期初库存（百万吨）	77.90	80.41	94.80	98.99	112.88	95.60
产量（百万吨）	313.77	349.31	342.09	361.04	336.46	366.23
进口（百万吨）	133.33	144.22	153.23	145.77	165.43	165.61
总供给（百万吨）	525.00	573.94	590.12	605.80	614.77	627.44
压榨量（百万吨）	275.15	287.28	294.61	298.36	309.30	315.31
内需总量（百万吨）	313.94	330.78	338.03	344.09	354.75	362.70
出口量（百万吨）	132.56	147.50	153.08	148.83	165.17	164.33
总需求（百万吨）	446.50	478.28	491.11	492.92	519.92	527.03
结转库存（百万吨）	78.50	95.65	99.02	112.88	94.85	100.42
库存消费比（％）	17.85	20.00	20.16	22.90	18.24	19.05

数据来源：USDA。

第四节　全球粮食物流通道

一、全球主要海上粮食物流通道

国际粮食的主要流向是亚洲、非洲，总体呈现出美国、法国、加拿大、澳大利亚、阿根廷、巴西、俄罗斯、乌克兰等少数粮食出口大国流向世界各地，重点向亚洲、非洲出口粮食的点线交叉的放射性物流格局。大豆主要出口国为美国、巴西、阿根廷，大豆主要进口国为中国、欧盟国家、日本等。在出口国和进口国之间形成三条主要的大豆国际物流通道，分别是从美国西海岸经太平洋流入中国、日本、印度尼西亚、泰国等亚洲国家和地区以及部分欧洲国家和地区；从美国墨西哥湾和巴西、阿根廷东部港口经大西洋、巴拿马运河、太平洋流入中国、日本、印度尼西亚、泰国等亚洲国家和地区；从美国墨西哥湾和巴西、阿根廷东部港口经大西洋流入欧盟、墨西哥等国家和地区。

美国主要的谷物运输、装卸港口是密西西比河—墨西哥湾港口和哥伦比亚河—西海岸西北部港口，其中墨西哥湾出口量占美国总出口量的 60％ 上下，西海岸出口量占美国总出口量的 20％ 上下。

巴西境内大豆物流通道主要有三条：分别是从中部大豆主产区马托格罗索州到波多韦柳港，经亚马孙河顺流南下，从亚马孙河流域的伊塔夸蒂亚拉、圣塔伦等东北部港口出海；从中部大豆产区通过公路集并、内河运输至东部圣路易斯港出海；从中部、南部大豆主产区利用公路运输至南部桑托斯、巴拉那瓜等港口出海。

二、全球主要陆上粮食物流通道

主要的三条中欧货运通道包括西部通道、中部通道和东部通道。西部通道从中欧地区出发经白俄罗斯、俄罗斯、哈萨克斯坦到达阿拉山口、霍尔果斯入境我国西部地区。中部通道，从中欧地区经白俄罗斯、俄罗斯西伯利亚通道、中国二连浩特入境到达华北地区。东部通道，从中欧地区经白俄罗斯、俄罗斯西伯利亚通道到达中国满洲里或绥芬河再进入东部沿海地区。

目前，东部通道已构建"俄罗斯西伯利亚粮食主产区—中国内蒙古满洲里等边境铁路转运—中国境内储运加工基地"的中俄粮食跨境全产业链，打通中俄粮食壁垒，促进粮食优质资源互补，形成连接东北亚及欧洲的粮食进出口通道。中部通道方面从俄罗斯到中国二连浩特口岸的"粮油班列"已常态化运行。二连浩特国际粮油加工储运基地已经运营，形成了连接中蒙俄的粮食进出口通道。西部通道也形成了"国外种植—国外初加工—国内深加工—国内销售"的全产业链跨国创新升级模式，构建"哈萨克斯坦北哈州—中国新疆阿拉山口—中国陕西西安及内陆地区"的粮食进出口通道。

第四章
中国粮食贸易与粮食物流通道

近年，我国粮食贸易规模逐渐扩大，并且在国内已经布局国际粮食物流通道，提升粮食物流的效率，切实保障我国粮食有效供给。当前，面对新冠疫情、俄乌冲突等多重因素影响，粮食贸易保护主义升温，全球粮食产业链供应链"堵点""断点"增多，进一步加剧全球粮食供需失衡。面对日益严峻复杂的国际经济政治环境，我国持续构建多元化进口格局，掌握进口的稳定性和主动权，尽量避免形成对某一个进口来源过度依赖的局面。

第一节　中国粮食贸易概况

一、总体变化趋势

如图 4-1 所示，加入 WTO 以来我国粮食出口量呈现出明显阶段性变化特征，粮食出口量在加入 WTO 初期变化比较明显，波动频率比较明显，波动幅度也比较大，2003 年粮食出口量达到 2 230 万吨，2004 年大幅下滑至 514 万吨，增速达到谷底（-76.95%），随后年份波动较大，增速正负交替，2008 年增速跌至最低（-79.16%）。2008 年以来，我国粮食出口量持续走低，总量均保持在 500 万吨以下。2018 年以来，我国粮食出口增速逐渐下滑，2020 年跌至-18.43%，国内价格上涨对出口数量产生明显的抑制作用，并带来国际粮食大量涌入国内市场。

自 2004 年粮食进口过渡期结束至今，中国粮食进口额不断增长，形成了外国粮食入市、中国粮食入库的怪异现象，不仅造成了粮食资源的浪费，更给国家带来了沉重的财政负担。2014 年开始，历年的中央 1 号文件提出以"立足国内、适度进口"来构建中国粮食安全格局，强调要不断提升中国粮食自给率。新冠疫情暴发后，泰国、越南明令禁止大米出口，哈萨克斯坦等国家明令

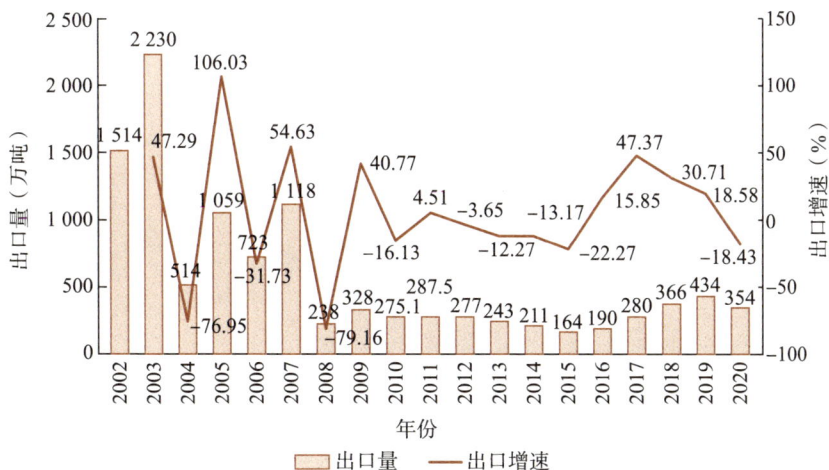

图 4-1　2002—2020 年我国粮食出口规模和增速变化趋势

数据来源：根据历年中国农业发展报告、我国粮食进出口贸易监测报告搜集整理。

数据说明：因其他粮食品种进口量和出口量较小，在此粮食进口量和出口量主要根据小麦、玉米、大豆、大米四种品种合计得到，下同。

禁止面粉出口。基于上述背景分析我国粮食进口贸易变化趋势，对于重新构建我国粮食安全战略具有现实意义。

如图 4-2 所示，加入 WTO 以来我国粮食进口量呈现稳步上升态势，大米、小麦、玉米和大豆四类粮食总进口量由 2001 年的 1 491.61 万吨增至 2020 年的 12 287 万吨，年均增速达到 11.73%。增速波动幅度总体呈逐渐变小趋势，但是，2018—2020 年波动幅度有所增大。2018 年跌至 -8.94%，是加入 WTO 以来除 2002 年的最低水平，主要原因有以下两方面：一方面，受中美贸易摩擦的影响，我国从美国进口粮食数量减少；另一方面，非洲猪瘟疫情致使豆粕需求下降，大豆压榨量明显减少。2019 年和 2020 年增速逐渐提高，2020 年增至 23.69%。

近年，我国遵循"适度进口"国家粮食安全战略，积极发展粮食国际贸易，逐步改变进口来源国相对单一、容易受制于出口国政策变化和产量变化的国际贸易格局，促进我国粮食进口来源、渠道和结构的多元化，通过市场方式避免国内粮食市场受到全球粮价的冲击。2021 年，我国粮食进口量达到 1.65 亿吨，相当于当年我国产量的 24%，达到历史的新高，我国粮食对外依存度为

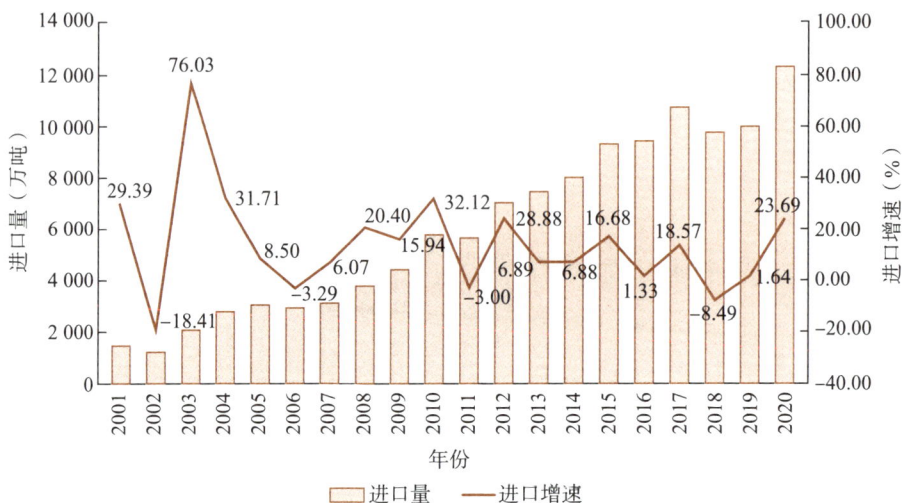

图4-2　2001—2020年我国粮食进口规模和增速变化趋势
数据来源：根据中国统计年鉴、中国农业发展报告、我国粮食进出口贸易监测报告搜集整理。

19.4％，在一定程度上表明我们大口径的粮食对外依存度越来越高。因此，要坚持不懈抓好粮食生产，提升粮食储备能力，确保"谷物基本自给、口粮绝对安全"的底线，牢牢把住粮食安全主动权，才能掌握进口的稳定性和主动权。

二、粮食贸易结构

1. 出口贸易结构

如图4-3所示，我国粮食出口结构加入WTO前后存在明显变化。玉米出口占比逐渐减小，由1999年的91.98％大幅下滑至2019年的0.88％，而大米出口占比刚好相反，稳步扩大，由1999年的3.63％增至2019年的94.87％。大豆和小麦占比均呈现先增后减态势。小麦出口占比由2004年的18.04％减少到2019年的0.29％，大豆出口占比由2014年的31.95％下滑至3.95％。

玉米出口。加入WTO以后，我国承诺取消玉米的出口补贴，导致玉米出口量锐减。1998年和1999年，我国玉米产量连年丰收，1999年底国家对玉米出口进行补贴，我国玉米出口竞争力提升，以较低价格进入了国际粮食市场。2000年，我国玉米出口量由上年的430.5万吨陡增至1050万吨，为上年出口量的2.43倍。但是，加入WTO后，我国承诺取消玉米的出口补贴，玉米出口

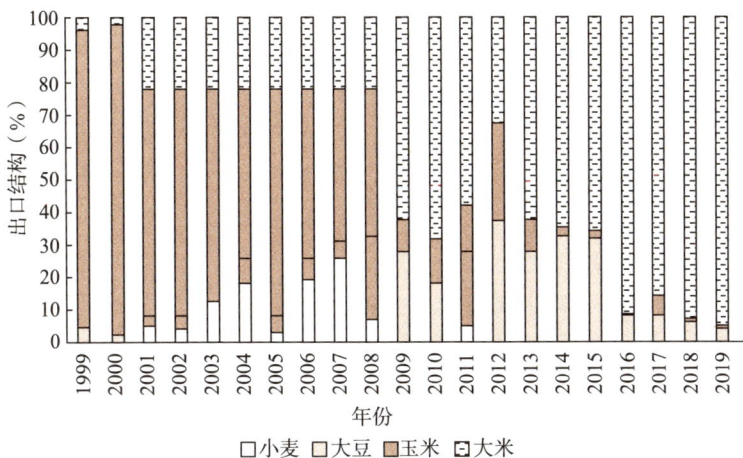

图 4 - 3　1999—2019 年我国粮食出口结构变化趋势
数据来源：根据联合国商品贸易数据库搜集整理。

价格大幅上涨，出口竞争力减弱，影响我国玉米出口。2002 年和 2003 年，我国玉米出口量分别为 1 167.35 万吨和 1 639.95 万吨，2003 年达到最高值，随后便大幅下滑，2008 年开始玉米出口量大幅下滑至 50 万吨以下，2020 年仅有 0.25 万吨。

大米出口。加入 WTO 以来，我国大米出口量呈现先增后减趋势，但是大米出口比重稳步增加。2003 年达到短期峰值（262 万吨），2004—2007 年出口量先减后增波动变化；2007—2015 年，大米出口量逐渐下滑，由 134 万吨降至 29 万吨；2016 年开始大幅上升，增至 356 万吨，为上年的 12.28 倍，随后年份稳定在 200 万吨以上。

小麦出口。我国小麦出口也呈现先增后减态势，波动相对较大，2000 年我国小麦出口量仅有 0.25 万吨，2001 年增至 45.48 万吨，2003 年陡增至 223.75 万吨，短短三年小麦出口量增加数倍；2004—2007 年，出现增减交替波动变化，2007 年达到最高值为 233.66 万吨；2008 年以来大幅下降，2008 年仅有 12.6 万吨，随后年份除 2011 年和 2016 年均在 1 万吨以下。

大豆出口。我国是世界大豆主产国之一。在大豆的国际贸易中，我国历史上曾是一个净出口国，最高年份大豆的出口量曾经超过百万吨。1987 年，我国大豆出口量达到历史最高水平（172 万吨），随后年份我国大豆出口量不断减少。1992 年以来，我国出口量均低于 100 万吨，相比于我国巨大的大豆进口量，大豆出口的确较少，这就决定了我国在世界大豆贸易中缺少定价权。1999—2008 年，我国大豆出口量总体呈现稳步上升趋势，由 20.44 万吨增至 46.51 万吨，年均增速达到 9.58％。但是，2009 年开始大豆出口量一路下滑，2020 年减少为 7.95 万吨，低于 10 万吨。2021 年 1—10 月我国累计出口大豆 5.02 万吨，同比减少了 15.8％。

2. 进口贸易结构

近年，我国粮食进口主要以大豆为主，小麦进口占比总体呈下降趋势，大米和玉米进口占比先减后增。1999 年，我国大豆进口占比为 61.72％，小麦进口占比为 28.79％，玉米和大米进口量相当，占比分别为 4.85％和 4.64％。但是随后至 2003 年，大豆进口占比日益扩大，2003 年增至 96.8％，小麦进口下滑至 1.98％。2004 年，小麦进口量陡增，致使当年小麦进口占比明显上升，达到 25.63％，占当年粮食进口量的 1/4，同年大豆进口量略有下降，但是进口占比下滑明显至 71.67％，近年，我国小麦进口量占比稳定在 5％上下，大豆进口稳定在 90％上下。2000—2009 年，我国玉米进口占比相对较小，稳定在 0.2％上下，随后先增后减，稳定在 4％上下，2020 年增至 9.2％（图 4-4）。

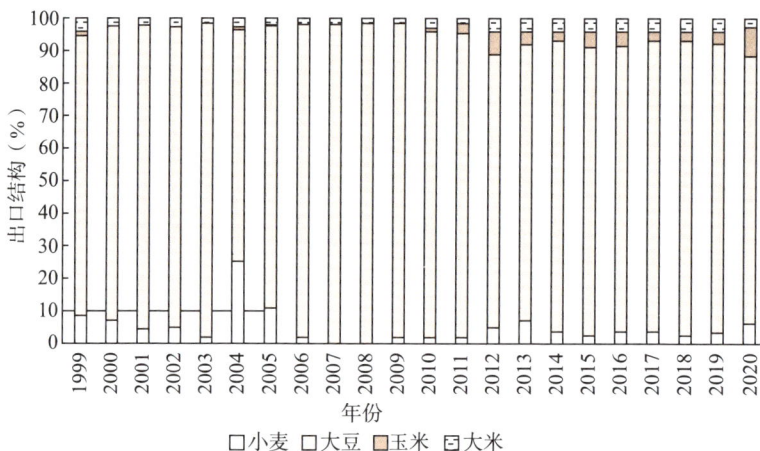

图 4-4　1999—2020 年我国粮食出口结构变化趋势
数据来源：根据联合国商品贸易数据库搜集整理。

大豆进口。20 世纪 90 年代以来，中国大豆贸易由净出口国转变为全球最大的进口国。1996 年之前，中国大豆产品进口量极少，但是进入 21 世纪后大豆进口量飞速增长。2000 年，中国进口大豆 1 042 万吨，2010 年，中国进口大豆增至 5 479.77 万吨，同比上涨 426％；2020 年，中国大豆进口再创新高，达到 10 032.7 万吨，较 2000 年规模水平增长了 863％，国内大豆进口依存度上升至 83.7％。中国大豆进口品种集中度较高，主要为黄大豆产品，2020 年黄大豆产品进口规模为 10 032 万吨，进口产品中占比超过 99.9％。2021 年，中国大豆进口量下降至 9 652 万吨，同比减少 3.8％，大豆进口减少的主要原因是压榨利润下滑，需求减弱。

小麦进口。小麦作为中国的两大口粮之一，长期以来自给率很高，进口只是作为满足国内需求的有效补充。加入 WTO 之后，中国就对小麦、玉米、大米三大主粮实施进口关税配额管理，2001—2020 年，中国每年的小麦进口量均低于配额。2001—2003 年，我国小麦进口量由 69 万吨减少至 42.41 万吨，但是 2004 年陡增至 723.28 万吨，主要原因归结于以下三个方面：一是国内小麦连年产不足需，动用库存，目前供大于求的状况明显好转，增加进口量用于国内市场调剂。二是由于当年 3 月份小麦价格上涨速度过快，国家为稳定价格，实施小麦进口免增值税政策，大幅降低小麦进口成本。三是国际海运费降低和国际市场小麦价格回落，进口成本降低。2005 年以后，小麦进口量又大幅下滑，2008 年由于进口成本过高降至 3.19 万吨。在小麦贸易中，我国长期以进口为主，除了 2006—2008 年我国小麦的出口数量大于进口数量，处于顺差，并在 2007 年小麦贸易顺差达到最大，其余每年都处于出口量低于进口量的贸易逆差状态，2009—2021 年贸易逆差呈现扩大趋势，个别年份有波动，其中 2012 年和 2013 年贸易逆差尤为明显，2014 年有所减小，随后年份又逐渐扩大，2020 年进口量达到 815.16 万吨，而出口量低于 1 万吨，贸易逆差达到历史新高。

2021 年，小麦进口量大幅提升至 977 万吨，同比增加 16.6％。导致当年小麦进口大幅增加的主要原因有以下三方面：一是国内制粉消费对高等级小麦需求量上升；二是小麦和玉米之间较大的价差，导致国内用小麦代替玉米作为饲料粮；三是扩大小麦进口，改善储备结构，也是确保国家粮食安全的需要。

玉米进口。2000—2009 年，我国玉米进口总量基数较小，进口量年均低于 10 万吨，但是 2010 年陡增至 157.24 万吨。2010 年以来，我国玉米进口量总体呈现上升趋势，2015—2019 年我国玉米进口量总体呈波动增长态势，2019

年我国玉米进口量为 479.3 万吨，同比增长 36%，2020 年，受新冠疫情以及临储玉米去库存价格提升等影响，进口量大幅增加，由上年的 479.11 万吨增至 1 129.42 万吨，同比增长 135.73%，主要原因有以下两个方面：一是养殖业特别是养猪业扩产提速，带动饲用玉米和大豆需求大幅增长，玉米深加工产能扩张带动玉米工业需求明显增加，玉米供需从阶段性过剩向供给偏紧转变，进口玉米有助平衡国内供给缺口；二是国内粮食价格保持高位运行，国内外粮价倒挂严重，在一定程度上刺激粮食进口显著增加。

大米进口。20 世纪 90 年代至 21 世纪初期，我国稻米累计出口量达到 2 910 万吨，而同期稻米的进口量累计只有 900 万吨上下，该阶段我国一直是大米的净出口国，大米进口量最高的年份为 1995 年，达到 164 万吨，其他年份均处于 100 万吨以下，而同期稻米出口年均约为 200 万吨。随着居民生活水平的提高，消费结构升级，对高端进口大米需求量日益增加，同时随着我国稻谷托市收购政策的实施，国内外稻米价差扩大，在低价效应下，国外低端低价大米开始大量进入国内市场。2011 年，我国稻米进口 60 万吨，出口 52 万吨，大米进口量超过出口量，从此我国正式成为稻米净进口国，并成为全球最大的稻米进口国之一，其中，2017 年进口量达到峰值 403 万吨，高居全球稻米进口榜首。2018 年和 2019 年，稻米进口量有所下滑，分别为 308 万吨和 255 万吨，2020 年和 2021 年又连续增加，2021 年达到历史新高为 496 万吨，同比增长 68.7%，大米进口占比近年稳定在 3% 左右。

三、贸易地理方向

1. 出口贸易流向

我国玉米主要出口朝鲜、日本、韩国和马来西亚。小麦主要出口印度尼西亚、菲律宾、马来西亚等国。大米出口市场变化较大，2001 年，科特迪瓦是我国最大出口市场，占比达 48%。2010 年，韩国成为我国大米最大出口市场，占比为 29.1%，其后是朝鲜和利比里亚，分别为 13.5%、8.7%。

加入 WTO 以来，我国小麦出口量和出口国家变化较大。2001 年，我国出口小麦 45.48 万吨，主要出口到韩国、菲律宾、亚美尼亚、乌克兰和日本等国家，其中韩国出口量占比达到 80.21%、菲律宾出口量占比 17.29%，我国当年出口到这两个国家的小麦出口量之和占当年小麦出口总量的 97.5%。近年，我国小麦主要出口到埃塞俄比亚、哈萨克斯坦、乌兹别克斯坦等国。2016—

2018 年，小麦出口尤为集中，出口至埃塞俄比亚小麦占当年我国小麦出口总量的 99%。2019 年，我国小麦出口到埃塞俄比亚 0.74 万吨，占当年我国小麦出口比重的 86.95%，出口到黎巴嫩 0.11 万吨，占比为 12.5%，出口到哈萨克斯坦 45 吨，占比为 0.53%，还有白俄罗斯和伊朗，出口量和出口占比较小。总体来看，近年国内外小麦价格常年倒挂，没有出口优势，小麦出口基本属于国家间、国际组织无偿援助和赠送的物资，主要出口贸易伙伴为埃塞俄比亚、黎巴嫩、阿富汗等国。

我国大豆出口国家相对比较分散。2018 年，我国大豆出口去向地有 54 个，其中韩国为最大的大豆出口去向地，占比为 37%；日本第二，占比为 22%；荷兰第三，占比为 8%；美国第四，占比为 8%；丹麦第五，占比为 8%。2020 年，我国大豆出口数量为 7.95 万吨，较 2019 年减少了 3.49 万吨，出口 40 多个国家，其中韩国仍然是我国最大的大豆出口国，当年出口到韩国的大豆 3.86 万吨，占比近当年我国大豆出口的一半（48.59%）；其次为日本，出口到日本的大豆为 2.3 万吨，占比为 28.92%，两个国家大豆出口量之和占比为 77.51%，还有越南、澳大利亚、荷兰、美国、英国等国家，出口量占比在 2% 上下，也是我国大豆出口重要的贸易伙伴，其他国家出口占比相对较小。总的来看，近年，我国大豆最主要出口贸易伙伴国为韩国和日本，出口至两个国家的比重呈递增趋势。

与进口贸易相比，目前我国玉米出口贸易规模偏低。我国玉米出口主要集中在韩国、越南、俄罗斯等周边国家。2015 年，韩国是我国玉米最大的贸易伙伴国，出口量占比达到 89.36%，其次为美国、越南和加拿大，出口至三个国家的出口量占比分别为 5.90%、2.36% 和 1.06%，其次为特立尼达和多巴哥、安哥拉和巴基斯坦，三个国家玉米出口占比均低于 1%，分别为 0.9%、0.1% 和 0.1%。其他还有塞拉利昂、多哥、孟加拉国、乌干达等国出口量更少。2020 年，我国玉米出口国家相对较为分散，韩国仍然是我国最大出口贸易伙伴国，但是出口比重下降至 49.25%，出口至越南的比重增至 24.10%，俄罗斯为 17.29%，三个国家出口量之和占我国玉米出口总量的 90.64%；其次为巴基斯坦和泰国，两个国家出口量占比分别为 0.9% 和 0.5%，其他国家如多哥、尼日利亚、汤加等国均有零星出口。

我国大米出口主要以优质米为主，出口国家（地区）主要集中在韩国、日本、蒙古国等。2020 年，我国出口到非洲一些国家（塞拉利昂、科特迪瓦）低价大米提高了我国大米出口量。

通过上述分析可以看出，我国粮食出口贸易量相对较小，出口国家主要集中在周边国家（地区），近年与非洲国家和共建"一带一路"国家粮食贸易日益紧密，出口到这些地区粮食逐渐增多，出口地区也呈现多元化趋势。

2. 进口贸易地理方向

大豆进口。大豆是我国进口依存度很高的农产品之一，也是进口来源地集中度较高的农产品之一。近年，由于国内油脂加工业的迅猛发展，大豆原料的产需缺口不断拉大，销区就把目光投向国际市场，以进口大豆来平衡油脂加工对原料的需求。我国大豆进口来源国主要集中于巴西、美国和阿根廷。2010年，我国从三个国家进口大豆之和占我国进口大豆总量的 97.40％，进口占比分别为 33.92％、43.06％和 20.42％。2020 年，我国从三个国家进口占比分别为 64.07％、25.8％和 7.43％。从短期来看，由于目前巴西、美国和阿根廷是世界大豆种植面积最大的三个国家、大豆产量最高的三个国家和大豆出口量最高的三个国家，三个国家的大豆产量占到世界大豆总产量的 80％，三个国家大豆出口量占到世界大豆出口总量的 90％，且在短期内这种情况不会变化。因此，我国大豆进口的主要来源地依然为巴西、美国、阿根廷，在加拿大、乌拉圭、俄罗斯等国家会少量进口。当前，面对国际政治经济形势和疫情的巨大不确定性，作为全球最大的大豆进口国，我国大豆稳定供应面临严峻考验。因此，要掌握在大豆国际贸易中的主动权，推动进口来源地多元化，除了巴西、美国、阿根廷这些传统的出口大国，增加从俄罗斯、乌克兰以及非洲等共建"一带一路"国家的进口，确保大豆进口稳定供应。近年，我国进一步开拓大豆国际市场，大豆进口来源国有所增加，逐渐与乌拉圭、俄罗斯、孟加拉国等达成进口协议，我国大豆从美国、巴西、阿根廷三国进口大豆比重逐年下降，但是基于三个国家大豆种植面积及年产量稳居世界前列，因此这一比重仍居高不下（图 4 - 5）。

小麦进口。小麦作为中国的两大口粮之一，长期以来自给率很高，进口只是作为满足国内需求的有效补充。我国小麦进口主要从法国、加拿大、美国、澳大利亚等国。近年，我国同共建"一带一路"国家粮食贸易往来日益紧密，为保障我国粮食进口稳定性，增强粮食供应链韧性，我国进口小麦逐渐向共建"一带一路"国家扩展。如图 4 - 6 所示，2020 年，我国小麦进口来源国主要有法国、加拿大、美国、澳大利亚，从四个国家进口小麦之和占当年我国进口小

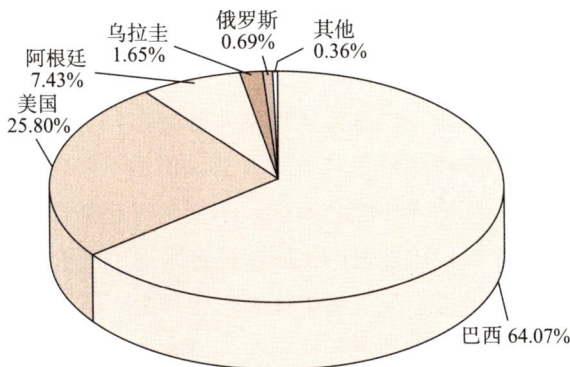

图 4-5　2020 年我国大豆进口来源国家占比统计

麦总量的 92.67％。此外，还有立陶宛和哈萨克斯坦两国，进口占比分别为
4.09％和 2.36％，从俄罗斯进口占比为 0.87％；从匈牙利和土耳其只有零星
进口。

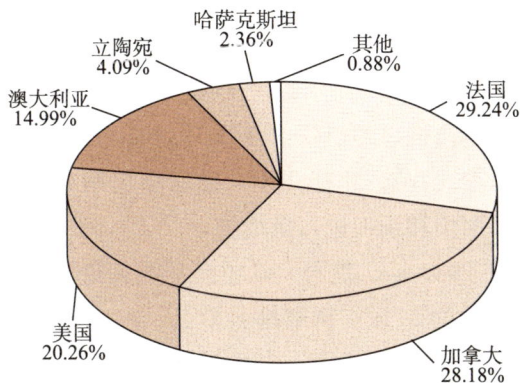

图 4-6　2020 年我国小麦进口来源国家占比统计

　　2021 年，我国小麦进口主要来源国是美国、加拿大、澳大利亚、法国和俄
罗斯，五个国家总进口量之和占总进口量的 97.98％。其中，从美国进口小麦
272.65 万吨，约占小麦进口总量的 28.06％；从加拿大进口小麦 253.98 万吨，
约占小麦进口总量的 26.14％；从澳大利亚进口小麦 273.46 万吨，约占全年小
麦进口总量的 28.14％；从法国进口小麦 141.58 万吨，约占小麦进口总量的
14.57％；从俄罗斯进口小麦 10.36 万吨，约占小麦进口总量的 1.07％。其他

国家占比较少[①]。

进入 2022 年，国际形势复杂多变，其中俄罗斯、乌克兰均是世界小麦主要出口国，2021 年度两国小麦出口量之和占到全球出口总量的 29%。由于当前市场小麦的社会粮源较少，供应偏紧现象非常突出，对政策性小麦依赖性增强，而当前的政策性小麦投放量相对于需求来说仍然不够。预计短期供应偏紧现象仍将持续，加上外围地缘环境的影响，小麦仍有超强惯性，市场寄望于政策性小麦投放量的加大，以增加国内供应，稳定国内小麦价格。

大米进口。我国大米进口市场集中在东南亚和南亚国家。2011 年之前，泰国是我国大米的主要进口国家，每年从泰国进口大米总额占比超过 60%，远远高于其他国家；2012 年我国从泰国进口大米总额占我国大米总进口额的比重仅达到 13.77%；2013—2017 年，我国从泰国进口大米总额占我国大米总进口额的比重基本稳定在 20%～30%。近年，中国一直是越南大米的最大出口市场，越南 2012—2018 年一直远超泰国，为中国最大的进口来源，2018 年，中国进口越南大米 130 万吨，但是 2019 年大幅下降至 47.7 万吨，减少原因主要是被巴基斯坦和缅甸所取代。从进口量来看，2019 年巴基斯坦对中国的大米出口量为 54.6 万吨，超过了泰国（52.7 万吨），而缅甸的增长趋势更为明显，与泰国的出口体量已相差不大。自 2010 年起，从泰国进口大米价格一直高于从世界进口的均价水平，从越南进口的价格也在 2019 年超过世界平均水平（500.8 美元/吨），达到 502.5 美元/吨。相比之下，巴基斯坦和缅甸则有较强的价格优势，因此当年从巴基斯坦和缅甸进口量增加。

如图 4 - 7 所示，2020 年，我国大米主要从缅甸进口，从该国进口大米占当年我国进口大米总量的 31%；越南排名第二，占比为 27%；巴基斯坦排名第三，占比为 16%；泰国排名第四，占比为 11%；柬埔寨排名第五，占比为 8%。2021 年，我国的大米进口量激增，创下多年来的最高水平，达 475 万吨，主要原因是碎米价格较低，从印度进口的碎米数量增加，印度向中国出口了 100 万吨碎米，占当年我国大米进口总量的 1/3。近 5 年，我国从越南进口大米稳定在 50 万吨上下，但是从泰国进口大米占比呈下降趋势，主要原因是泰国大米进口价格的提升导致进口成本增加。

---

① 数据来源：中华粮网，《2021 年我国小麦进口量分析》，http://nyncj. nanjing. gov. cn/fww/fxyc/202203/t20220302 _ 3307406. html。

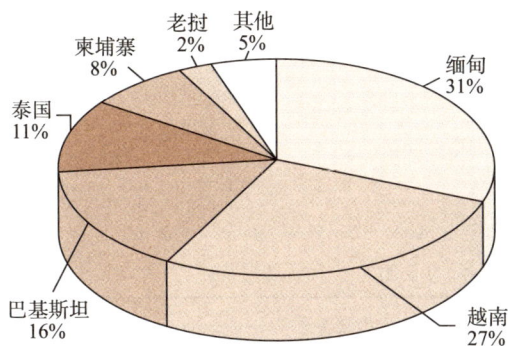

图 4-7　2020 年我国大米进口来源国家

玉米进口。如表 4-1 所示，2001 年，我国玉米主要从泰国、缅甸和越南三个国家进口，三国进口量之和占比达到 97.04%，主要从泰国进口（占比为85.43%），其次为澳大利亚、秘鲁和美国，从三个国家进口玉米占比分别为1.15%、0.87% 和 0.75%。2002 年，从越南进口的数量由上年 0.06 万吨增至0.24 万吨，占当年玉米进口数量的 82.34%。近年，我国玉米进口来源相对更为广泛，主要来源国增加美国、乌克兰、保加利亚等国。2020 年，我国玉米主要从美国（38.44%）和乌克兰（55.76%）进口，两个国家玉米进口量之和占当年玉米进口总量的 94.20%，其次还有保加利亚、老挝、俄罗斯和缅甸，进口占比分别为 2.32%、1.17%、1.22% 和 1.07%。

表 4-1　近年我国玉米进口来源国别结构

国家	2001 年		2002 年		2005 年		2010 年		2020 年	
	进口量（万吨）	比重（%）	进口量（万吨）	比重（%）	进口量（万吨）	比重（%）	进口量（万吨）	比重（%）	进口量（万吨）	比重（%）
美国	0.012	0.75	0.005	1.63	0.07	17.36	150.18	95.50	434.19	38.44
乌克兰	—	—	—	—	—	—	—	—	629.76	55.76
泰国	1.35	85.43	—	—	—	—	0.87	0.55	—	—
保加利亚	—	—	—	—	—	—	—	—	26.15	2.32
老挝	—	—	—	—	0.19	47.55	4.2	2.67	13.26	1.17
缅甸	0.12	7.86	0.025	8.91	0.03	7.49	0.07	0.001	12.11	1.07
俄罗斯	—	—	—	—	—	—	—	—	13.77	1.22

（续）

国家	2001 年		2002 年		2005 年		2010 年		2020 年	
	进口量 （万吨）	比重 （%）	进口量 （万吨）	比重 （%）	进口量 （万吨）	比重 （%）	进口量 （万吨）	比重 （%）	进口量 （万吨）	比重 （%）
印度	0.000 2	0.01	0.27	0.000 8	0.005	1.13	—	—	0.20	—
澳大利亚	0.018	1.15	—	—	—	—	—	—	—	—
越南	0.06	3.74	0.24	82.34	0.10	23.92	—	—	—	—
秘鲁	0.01	0.87	0.016	5.37	0.007	1.71	—	—	—	—

数据来源：联合国商品贸易数据库搜集整理。

2021 年，我国进口玉米总量为 2 836 万吨，其主要来源国为美国，约占总进口量 70%；其次是乌克兰，进口量为 732 万吨，占进口总量的 29.05%；其他国家进口量占比较少，进口量仅为 28.65 万吨，占进口总量的 1.01%。近年，乌克兰成为我国粮食进口国，2021 年中国从乌克兰进口谷物就高达 32 亿美元，仅次于美国和巴西，位列第三，尤其是玉米，2021 年进口量高达 824 万吨，占比 29.07%。目前，俄罗斯和乌克兰战争局势对乌克兰未来的农业种植将造成一定影响，虽然乌克兰为我国玉米主要进口国，但我国从乌克兰进口的玉米，主要是用作饲料，再者我国进口粮源较多，对我国粮食安全影响不会太大。

第二节　中国粮食供需格局

一、中国小麦供需格局

小麦在我国是仅次于水稻的主要粮食作物，也是四大主粮作物之一，我国小麦产量和消费量均为全球最高[①]。我国小麦总产量自 2004 年以来一直呈整体上升趋势，如表 4-2 所示，2011—2020 年，我国小麦总产量从 1.17 亿吨增加至 1.34 亿吨，生产量稳步增长。

我国不仅是全球小麦产量最高的国家，同时也是小麦消费量最高的国家，年消费常年维持在 1 亿吨以上，人均年消费量达到 80～100 千克。20 世纪 90 年代，我国小麦生产基本处于产不足需的状态，需要通过一定量的小麦进口补

---

① 未来智库：《粮食种植行业深度研究报告：国内主粮供给不足惧，大豆食糖供给添变数》。

充国内产能不足。随着小麦最低收购价落地，国内小麦产需格局逐步逆转，2011—2020 年小麦自给率均值高达 105％，小麦供给总体充足。我国小麦库存消费比从 2011 年的 45.7％到 2019 年增加到 115.8％，达到极值，此时我国小麦去库存压力较大，但到 2020 年小麦库存消费比回落到 101.3％，此时我国小麦供给非常充足，去库存压力减小，小麦市场相对比较安全。

表 4-2　2011—2020 年我国小麦供需平衡统计

项目	2011 年	2012 年	2013 年	2014 年	2015 年	2016 年	2017 年	2018 年	2019 年	2020 年
期初库存（百万吨）	59.1	56.0	54.0	65.3	76.1	97.0	114.9	131.2	135.7	155.0
产量（百万吨）	117.4	121.0	121.9	126.2	130.2	133.3	134.3	131.4	133.6	134.3
进口（百万吨）	2.9	3.0	6.8	1.9	3.5	4.4	3.9	3.2	4.2	1 043.0
饲料消费（百万吨）	24.0	25.0	16.0	16.0	10.5	17.0	17.5	20.0	21.0	—
国内消费（百万吨）	122.5	125.0	116.5	116.5	112.0	119.0	121.0	125.0	118.4	148.9
出口（百万吨）	1.0	1.0	0.9	0.8	0.7	0.8	1.0	1.0	0.0	0.1
期末库存（百万吨）	56.0	54.0	65.3	76.1	97.0	114.9	131.2	139.8	155.02	150.8
库存消费比（％）	45.7	43.2	56.0	65.3	86.6	96.6	108.4	111.8	115.8	101.3

数据来源：USDA，华创证券。

二、中国大米供需格局

全球水稻产区主要集中在亚洲，播种面积约占全球播种面积的 90％，产量约占全球产量的 91％，其中我国水稻产量位居全球第一。我国稻谷消费用途主要是食用（加工成大米），占比为 82.3％，大米产量和消费量均居全球首位。自 2004 年我国出台水稻最低收购价政策以来，我国大米产量从 2003 年历史低点逐年回升。如表 4-3 所示，2011—2019 年，大米年产量从 1.407 亿吨增加至 1.467 亿吨，年均产量约 1.45 亿吨，产量趋于平稳。2011—2019 年，我国大米消费量在 1.396 亿吨到 1.429 亿吨之间波动，消费量较为稳定。

从库存消费比来看，2011—2019 年大米产量均值为 1.45 亿吨，而消费量均值为 1.43 亿吨，大米库存消费比从 2011 年 32.2% 大幅攀升至 2019 年的 82.6%，远高于全球 37% 的库存消费比水平，说明我国国内大米自给率高，供给较为充足。

表 4-3　2011—2019 年我国大米供需平衡统计

项目	2011 年	2012 年	2013 年	2014 年	2015 年	2016 年	2017 年	2018 年	2019 年
期初库存（百万吨）	42.6	45.0	46.8	53.1	69.0	88.0	98.5	109.0	115.0
产量（百万吨）	140.7	143.0	142.5	144.6	145.8	147.8	148.9	148.5	146.7
进口（百万吨）	1.8	3.1	4.0	4.7	4.8	5.3	5.5	3.0	2.4
国内消费（百万吨）	139.6	144.0	146.3	144.5	140.8	141.8	142.5	142.7	142.9
出口（百万吨）	0.4	0.3	0.3	0.4	0.3	0.8	1.4	2.8	3.2
期末库存（百万吨）	45.0	46.8	46.8	57.4	78.5	98.5	109.0	115.0	118.0
库存消费比（%）	32.2	32.5	32.0	39.8	55.8	69.5	76.5	80.6	82.6

数据来源：USDA，华创证券。

三、中国玉米供需格局

玉米是我国种植面积最大的粮食作物，同时也是我国产量最高的粮食作物。如表 4-4 所示，2011—2019 年，我国玉米产量从 1.928 亿吨增加到 2.608 亿吨，总体呈增长的态势，并于 2016 年达到历史峰值 2.636 亿吨。2016 年随着农业供给侧结构性改革的提出，我国取消玉米临时收储政策，2016—2018 年我国玉米产量同比分别减少 0.5%、1.7%、0.7%，但在 2019 年玉米产量又实现了小幅增长（1.4%），增长至 2.608 亿吨。从国内玉米的消费来看，2011—2019 年，我国玉米国内消费量从 1.88 亿吨增加至 2.79 亿吨。从玉米的消费结构看，我国玉米消费主要包括饲用消费、工业消费和食用消费三大类，2019 年该三类占比分别为 57.7％、39.2％和 3.1％。

2007 年我国实行玉米临时收储政策后，多数年份玉米供大于求，库存消费比从 2007 年的 26.4％攀升至 2016 年的 87.5％。随着玉米供给侧结构性改革的持续推进，2017—2019 年连续三年玉米出现产小于需，高位库存得以逐步去化，2019 年我国玉米库存消费比降至 71.4％，相较于全球同期 26.2％的水平，供给侧结构性改革成效逐步显现，但库存消费比仍处高位。

表 4 - 4　2011—2019 年我国玉米供需平衡统计

项目	2011 年	2012 年	2013 年	2014 年	2015 年	2016 年	2017 年	2018 年	2019 年
期初库存（百万吨）	49.4	59.3	67.6	81.3	100.5	212.0	223.0	222.5	210.3
产量（百万吨）	192.8	205.6	218.5	215.7	224.6	263.6	259.1	257.3	260.8
进口（百万吨）	5.2	2.7	3.3	5.5	3.2	2.5	3.5	4.5	7.0
饲料消费（百万吨）	131.0	144.0	150.0	140.0	153.5	185.0	187.0	191.0	190.0
国内消费（百万吨）	188.0	200.0	208.0	202.0	217.5	255.0	263.0	274.0	279.0
出口（百万吨）	0.1	0.1	0.0	0.0	0.0	0.1	0.0	0.0	0.02
期末库存（百万吨）	59.3	67.6	81.3	100.5	110.8	223.0	222.5	210.3	199.1
库存消费比（％）	31.6	33.8	39.1	49.7	50.9	87.5	84.6	76.8	71.4

数据来源：USDA，华创证券。

四、中国大豆供需格局

大豆具有蛋白质食物原料和油料双重属性，是我国重要的农产品之一，在我国食品行业和食品加工业占有重要的地位[①]。近年中国大豆产量快速增长，

① 智研咨询：《2021 年中国大豆产量、需求量、进出口贸易及价格走势分析》，https://www.chyxx.com/indnstry/202112/989726.html。

如表 4-5 所示，大豆产量从 2011 年的 1 450 万吨增长到 2020 年的 1 750 万吨。但随着居民对肉、蛋、奶、水产品、豆制品及食用植物油消费需求的提高，大豆的需求也节节攀升，2020 年中国大豆需求量达 1.13 亿吨，较 2019 年增加了 1 000 万吨。中国是全球大豆重要的进口国之一，尽管我国大豆产量近年有了较大提升，但是国内消费需求强劲，使得我国大豆进口量不断增加，大豆进口依存度仍然较高。

表 4-5 2011—2020 年我国大豆供需平衡统计

项目	2011 年	2012 年	2013 年	2014 年	2015 年	2016 年	2017 年	2018 年	2019 年	2020 年
期初库存（百万吨）	14.5	15.9	12.4	13.9	17.0	17.1	20.1	23.1	19.5	27.3
产量（百万吨）	14.5	13.1	12.0	12.2	11.8	13.6	15.3	16.0	18.1	17.5
进口（百万吨）	59.2	59.9	70.4	78.4	83.2	93.5	94.1	82.5	88.0	96.0
国内消费（百万吨）	72.1	76.2	80.6	87.2	95.0	103.5	106.3	102.0	103.7	113.4
出口（百万吨）	0.3	0.3	0.2	0.1	0.1	0.1	0.1	0.1	0.1	0.1
期末库存（百万吨）	15.9	12.4	13.9	17.0	16.9	20.7	23.1	19.5	21.7	27.3
库存消费比（%）	22.0	16.2	17.2	19.5	17.8	19.9	21.7	19.1	20.9	24.0

数据来源：USDA，华创证券。

第三节 中国主要粮食国际物流通道

粮食物流节点是物流体系的重要组成部分，在物流体系中具有指挥、调度和信息中枢的功能，在粮食物流运转中发挥着无可替代的链接作用。我国《粮食物流业"十三五"发展规划》中提出，完善枢纽港口、铁路、公路等各类口岸粮食物流基础设施建设，逐步形成一批重要的进出口粮食物流节点。

一、进境粮食指定口岸

为有效防止外来有害生物传入，保护我国农业生产和生态安全，我国进境粮食将逐步参照国际惯例，必须由指定口岸检验检疫进境。2014 年国家质量监督检验检疫总局发布公告对进口粮食实施指定口岸制度，国外粮食只能从质检总局指定的口岸进口。质检总局发布《关于规范进境粮食指定口岸措施的公告》，公布了天津港口岸、秦皇岛港口岸等 58 个符合条件的口岸为我国第一批进境粮食指定口岸。粮食指定口岸的获批有助于提升完善口岸对外开放功能，拓展口岸业务，为进口粮食类农产品搭建良好发展平台；同时也将进一步提高口岸安全把关能力，有效防范进口粮食传带外来有害生物等潜在风险，为我国外经贸健康发展保驾护航。

2017 年 12 月 5 日，国家质量监督检验检疫总局印发《质检总局关于公布进境植物种苗指定口岸和进境粮食指定口岸及查验点名单的公告》，根据该名单，大连港、天津港等全国逾 80 个口岸成为全国进境粮食指定口岸，大连北良港码头等 154 个查验点成为 2017 年最新指定查验点。

2018 年，国家市场监督管理总局又下发《关于进一步推进进口大豆期货交割检验检疫监管改革措施的通知》，公布首批进口期货大豆口岸和交割库。这标志着进口大豆参与期货交割的渠道已经畅通，便利性和持续性进一步提升，进口大豆期货交割检验检疫监督改革措施进入新阶段（表 4-6）。

表 4-6 我国首批进口期货大豆指定口岸

直属局	口岸名称	查验点名称
辽宁局	大连港	大连北良港码头
		大连港散粮码头
	营口港	中储粮营口储运有限责任公司专用码头
		营口港粮食分公司专用码头
上海局	上海港	上海良友（集团）有限公司外高桥良友码头
江苏局	张家港港	江海粮油码头
	南通港	南通粮油码头
	江阴港	江阴中粮码头

（续）

直属局	口岸名称	查验点名称
山东局	青岛港	青岛港（集团）有限公司大港分公司查验点
		董家口通用码头有限公司查验点
	烟台港	烟台港集团有限公司41、42号泊位查验点
	石臼港	日照港（集团）有限公司裕廊码头查验点
	岚山港	日照港集团岚山港务有限公司查验点
	龙口港	龙口港集团有限公司11号粮食码头查验点

2019年5月8日，我国海关总署发布2019年第81号《关于公布进境粮食指定监管场地名单的公告》，公布了符合设置要求的进境粮食指定监管场地名单，天津港、盘锦港等9个口岸获批进境粮食指定监管场地，意味着这些进境粮食指定监管场地正式通过验收，具备进口粮食的条件和资质。由于今后准许进口小麦、高粱、玉米等粮食，相关口岸业务范畴得到拓展，完善了口岸功能；获批成为进境粮食指定口岸，可直接从外进口粮食，减少物流环节和转运损耗，有利于降低物流成本，为本地及周边地区企业提供便捷的物流服务，并促进本地保税物流业务的开展；另外，直接开展进口粮油业务，可有效控制外来生物风险，也将改变传统的贸易发展格局，进一步保障粮食安全，进一步夯实了对外开放承载能力。

2020年度，我国进口粮食总量超过1.4亿吨，进口大国主要还是美国、加拿大、巴西等国，运输方式主要是通过海运，粮食来源国和运输方式相对单一。河南进境粮食指定口岸利用自身平台打造全球粮食供应链条，通过国际粮食交易调剂国内余缺，提升我国海外粮食供应保障能力；依托粮食口岸建立国际性进口粮食交易市场，培育形成国际化的区域性粮食定价中心，有利于提升我国国际粮食贸易的话语权；利用中欧班列（郑州）打通郑州到中欧、中亚等主要粮食产地的物流通道，进而构建全方位、多元化粮食进口通道，保障国家粮食安全。河南进境粮食指定口岸作为我国批复的第一批内陆口岸，正式投入运营以来，通过直接进口国外优质粮食，将优质粮食向我国中部地区聚集和流动，改善粮食产业结构，填补区域产业空白，保障粮食安全。河南口岸进口的葵花籽、小麦、亚麻籽、芝麻等品类的农产品均由本地消化，让消费者在家门口吃到优质的进口粮源。截至2021年6月9日，河南进境粮食指定口岸累计进口粮食吞吐量突破 10 万吨，其中 2021 年度累计进口粮食吞吐量达到 56 128 吨，同比增加 653％（表 4－7）。

表 4－7　新增 9 个进境粮食指定口岸

序号	直属海关	指定监管场地名称	地址	经营单位名称	类型	拟进口品种
1	天津海关	天津港进境粮食指定监管场地	天津市滨海新区东海路 6199 号	天津港国际物流发展有限公司	B	高粱、玉米、芝麻
2	大连海关	盘锦港进境粮食指定监管场地	辽宁省盘锦辽东湾新区盘锦港区	中储粮（盘锦）物流有限公司	A	大豆、玉米、高粱、大麦、小麦
3	南京海关	如皋进境粮食指定监管场地	江苏省如皋市长江镇环岛西路	如皋苏中国际集装箱码头有限公司	B	大豆、大小麦、高粱、玉米等粮食饲料
4	郑州海关	郑州铁路东站进境粮食指定监管场地	河南省郑州市经济技术开发区经北四路 156 号	郑州良运粮食口岸发展有限公司	D	大豆、绿豆、小麦、芝麻、亚麻籽
5	郑州海关	郑粮雏鹰进境粮食指定监管场地	河南省郑州市新郑市薛店镇盂新公路西侧	郑粮雏鹰粮油食品有限公司	C	小麦、高粱、大豆、玉米
6	汕头海关	汕头广澳码头进境粮食指定监管场地	广东省汕头市濠江区南端广澳港内	广东汕头招商局港口集团有限公司	B	大米、玉米、燕麦及其他粮食等
7	南宁海关	贵港进境粮食指定监管场地	广西壮族自治区贵港市南平路 33 号	北部湾港贵港集装箱码头有限公司	B	小麦、高粱、玉米
8	成都海关	成都铁路场站进境粮食指定监管场地	四川省成都市青白江区香岛大道 1509 号	成都国际陆港运营有限公司	D	小麦、大麦、玉米
9	兰州海关	兰州铁路中川北站进境粮食指定监管场地	甘肃省兰州新区中川镇中川北站物流园	兰州新区商贸物流投资集团有限公司	D	小麦、大麦、玉米、杂粮

二、中国跨境粮食物流通道

我国《粮食物流业"十三五"发展规划》中提出，要充分统筹两个市场、两种资源，依托"一带一路"倡议，推动粮食跨境物流的衔接与合作，逐步构建与八大粮食物流通道对接的粮食物流进出口通道。我国进口粮食主要是大豆、玉米、大麦、高粱等，国际采购大豆主要集中在巴西、美国、阿根廷、乌拉圭、加拿大、澳大利亚等国，我国国际采购的粮食国内流向主要集中在大连、天津、山东、浙江、广东、广西、江苏等地区。进出口粮食通道主要由大豆进口通道和玉米出口通道组成。大豆进口通道指从美国、巴西和阿根廷进口的大豆流入中国东南沿海、山东、京津唐地区以及辽宁等省份；玉米出口通道主要是从我国东北地区的大连北良港、大连港、营口港、锦州港、丹东港流出至韩国、日本、马来西亚、加拿大等国。

东北方向，发展我国二连浩特、海拉尔、黑河、建三江、虎林、鸡西、牡丹江等东北亚沿边节点，形成面向俄罗斯、蒙古国，连接东北亚及欧洲的粮食进出口通道。沿海方向，发展环渤海、东南沿海等港口节点，提升沿海港口粮食集疏运能力，完善连接内陆的海上粮食进出口通道。西北方向，发展塔城、吉木乃、阿勒泰、伊宁、喀什等节点，重点打造面向中亚、西亚的粮食进出口通道。西南方向，发展保山、芒市、南宁等节点，重点打造面向南亚、东南亚的粮食进出口通道。

三、"一带一路"粮食国际物流通道

大力推进粮食进口来源多元化，利用中欧班列，并注重跨境物流基础设施建设，以大型粮食企业为载体，拓宽东北、西北、西南粮食陆路进口大通道，粮食进出口渠道逐渐向共建"一带一路"的中亚、西亚、俄罗斯、乌克兰等世界小麦、玉米和大豆主产地，东盟、南亚诸国等世界主要大米出口区倾斜。

我国《中长期铁路网规划》提出：建设面向"一带一路"国际通道，推进我国与周边互联互通，完善口岸配套设施，强化沿海港口后方通道。主要的三条中欧货运大通道包括西部通道，中西部经阿拉山口、霍尔果斯出境，经哈萨克斯坦、俄罗斯、白俄罗斯到达中欧地区；中部通道，华北地区经二连浩特出境，经蒙古国、俄罗斯西伯利亚通道、白俄罗斯到达中欧地区；东部通道，东南部沿海地区经满洲里或绥芬河出境，经俄罗斯西伯利亚通道、白俄罗斯到达中欧地区。目前，东部通道在俄罗斯受西方经济制裁、中美贸易战和国际油价下跌等复杂多变的国际形势下，迎来新的发展契机，拟以多元企业为载体，以抱团出海、集群式"走出去"为主要方式，构建"俄罗斯西伯利亚粮食主产区—中国内蒙古满洲里等边境铁路转运—中国境内储运加工基地"的中俄粮食跨境全产业链战略联盟，打通中俄粮食壁垒，促进粮食

优质资源互补，形成连接东北亚及欧洲的粮食进出口通道。西北地区，以西安爱菊粮油工业集团有限公司为代表，已取得较大进展，爱菊集团初步实现粮食"国外种植—国外初加工—国内深加工—国内销售"的全产业链跨国创新升级模式，构建"哈萨克斯坦北哈州—中国新疆阿拉山口—中国陕西西安及内陆地区"的粮食进出口通道。由于"一带一路"倡议在铁路、港口、航空、能源设施上不断推进，以及中欧班列开行数量的不断增加，"一带一路"跨国供应链条正被打通并不断繁衍，而中美贸易摩擦将进一步加快"一带一路"跨国供应链建设的步伐。

四、中国—东盟粮食国际物流通道

早在 2010 年中国与老挝、中国与柬埔寨分别签订了老挝、柬埔寨农产品出口中国的一系列检验检疫协议，老挝、柬埔寨两国农产品也正式叩响了通往中国的大门。2011 年 8 月，老挝玉米正式通过磨憨口岸出口到中国。2014 年 9 月，中国与缅甸政府签订了缅甸大米输华植物检疫要求议定书，标志着缅甸粮食也可以通过一般贸易出口到中国。2014 年 10 月，云南的畹町、瑞丽通过国家检验检疫总局的验收成为粮食指定进口口岸，推动了云南与缅甸的粮食贸易通道建设。

近年，云南省利用地理位置优势，加强与东盟国家粮食贸易合作，通过"外引"建设中老泰通道、中缅通道、中越通道三大国际粮食贸易流通通道，"内联"建设昆明—曲靖—昭通（水富港）辐射长江经济带通道和昆明—红河—文山辐射珠三角通道两大国内粮食贸易物流通道，把云南打造成为连接中南半岛国际粮油贸易通道的大市场、大平台、大枢纽，是确保中国粮食安全的一个重要补给源，也是巩固云南、长江经济带乃至国家粮食安全的新的重要途径，有利于促进中国与周边国家的贸易平衡发展，有利于建设中国-东盟命运共同体。

《广西粮食发展"十一五"规划》提出：要打造中国-东盟区域性粮食物流中心，广西（中国-东盟）粮食物流产业园区旨在打造中国-东盟区域性国际化大型现代粮食物流中心、中国北粮南运和东盟粮食输入中国市场的枢纽，对保障我国粮食安全有重要作用。东盟国家稻谷出口量占全球出口量比重较大，也是中国优质进口大米的重要来源地。广西（中国-东盟）粮食物流产业园建成后将有利于加强广西与东盟国家在粮食领域的交流与合作，将有效打通东盟国家粮食进口到国内、国内粮食出口到东盟的双向物流枢纽渠道，也将进一步优化国内粮食资源配置，提高粮食流通的质量与效率，降低粮食流通成本，推动构建更为紧密的中国-东盟粮食命运共同体，为我国构建更高层次、更高质量、更有效率、更可持续的粮食安全保障体系提供有力补充。

五、中国与南美洲粮食国际物流通道

南美洲粮食产区到主要粮食进口地区之间有三大国际物流通道，一是经巴西、阿根廷、乌拉圭的主要港口北上，经大西洋、巴拿马运河、太平洋流入中国、日本、印度尼西亚等亚洲国家和地区；二是经巴西、阿根廷东部港口经大西洋流入欧盟、非洲等地区；三是经大西洋、印度洋，通过马六甲海峡流入中国、日本、韩国等亚洲国家和地区。三条国际粮食物流通道主要由四大粮商控制。美国 ADM、邦吉、嘉吉和法国路易达孚四大国际粮商，甚至日本的几家大型粮商均较早在南美地区已经开始布局。比如，巴西著名的粮食物流港口桑托斯港，四大粮商的码头遍布在周边海岸，港口装卸能力已经被其瓜分完毕。中粮国际通过收购来宝和尼德拉获得了其包括桑托斯港码头在内的资产，实现了南美市场的全产业链布局。我国与中国交建、招商集团、中国远洋、中国中铁等公司联合构建海外粮食运输通道，积极参与主要粮食运输通道的建设，实现粮食国际物流在关键流通环节的掌控，提升了粮食国际物流的经济性、高效性和安全性。

第四节　中国粮食企业与全球四大粮商

一、中国粮食企业

1. 中粮集团

（1）中粮集团与全球四大粮商比较分析。我国作为全球第一大粮食进口国，早已成为全球粮食市场的重要参与者。中粮集团作为我国农粮巨头，自成立以来积极引领探索中国农业"走出去"之路，致力于打造具有全球竞争力的国际一流大粮商。2020 年，面对新冠疫情蔓延、国际农粮市场剧烈波动、粮食供应链出现阻滞风险等复杂变化的国内外经营形势，中粮集团整体业绩逆势增长，全年营业收入超过 5 300 亿元，利润总额超过 200 亿元，其中农粮核心主业利润首次突破 100 亿元，超同期、超预算、超历史。中粮集团营业收入已经超过国际四大粮商，但是利润低于 ADM 公司，甚至低于丰益国际。

如表 4-8 所示，2021 年中粮集团位居《财富》世界 500 强排行榜第 112 位，以 76 855.6 百万美元的营收位列国际粮商之首，凭实力赶超四大粮商，实现三年业绩连续高速增长，向打造具有国际竞争力的世界一流粮油企业目标更迈进了一步。中粮集团虽然有中国市场带来的规模优势，但是缺少上游资源，在世界上的影响力也有限。面对新冠疫情影响和复杂的国际粮食市场形势，中粮集团、丰益国际和邦吉实现营业收入正向增长，利润总体都能够实现正增长。丰益国际总部位于新加坡，是全球最大的粮油食品集团之一。经过近 30 年的发展，已发展成为一个农业综合型跨国粮油企业集团，虽然营业收入低于中粮集团和 ADM，但是利润高于中粮集团，其在《财富》世界排名上升最快，较上年上升 74 个位次，跃至 211 位，超过邦吉和路易达孚（表 4-8）。

表 4-8　2021 年国际大粮商营收和利润比较

排名	公司名称	营业收入（百万美元）	年增减（%）	利润（百万美元）	年增减（%）	所属国家
112（↑24）	中粮集团有限公司	76 855.6	6.50	1 377.6	232.60	中国
146（↑22）	ADM	64 355.0	−0.50	1 772.0	28.50	美国
211（↑74）	丰益国际	50 526.8	18.50	1 534.1	18.60	新加坡
289（↑8）	邦吉公司	41 404.0	0.60	1 145.0	—	美国
362（↑9）	路易达孚集团	33 564.0	−0.70	382.0	66.10	荷兰

（2）中粮集团。近年，中粮重组中谷、华粮、华孚、中纺，收购尼德拉和来宝农业，业务从国内扩展到了全球，发展成为全球领先的全产业链粮油食品企业。从 2008 年抛出全产业链概念，到时隔 8 年后再次打出"打造中国自己的国际大粮商"，中粮集团通过一系列的并购重组，借助资本市场，实现了国有粮食企业第一次站在全球舞台。如图 4-8 所示，2021 年中粮集团再次创造历史，集团营业收入超 6 600 亿元，同比增长 24%；利润总额超 230 亿元，同比增长 11%。

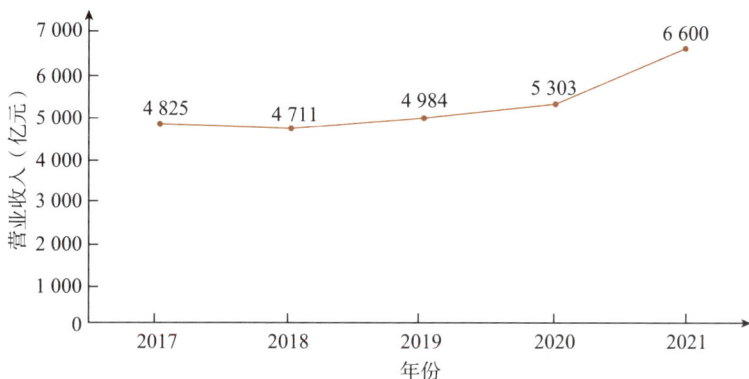

图 4-8　2017—2021 年中粮集团营收变化趋势

在全球，中粮集团积极推动拓展海外布局，不断提升全球粮油物流仓储能力，保障国际供应链稳定，形成了遍及主产区和主销区的农产品贸易物流网络，从事谷物、油脂油料、糖、肉、棉花等大宗农产品采购、储存、加工、运输和贸易，在南美、黑海等全球粮食主产区和亚洲新兴市场间建立起稳定的粮食走廊。公司一半以上营业收入来自海外，农产品全球年经营总量是中国年进口量的一倍以上。中粮集团拥有成熟的大宗农产品经营模式和较强的贸易、资产管理能力，资产布局深入南北美洲、欧洲和大洋洲等产区腹地，并在巴西桑托斯、阿根廷罗萨里奥、美国圣路易斯、乌克兰尼古拉耶夫和罗马尼亚康斯坦察等全球重要粮食出口和内陆物流节点拥有中转基地。

通过全球一体化网络布局，中粮集团将农产品源源不断运往世界各地，在全球粮食产区与销区之间建立了完善的物流体系，致力于在全球范围内构建集收储、加工、物流、销售贸易、分销于一体的综合性全产业链企业，经营品类涵盖大豆、玉米、小麦、大麦、糖等，以整体协同优势实现高效运营和系统低成本。中粮集团正在加快打造全球供应链与中国需求相结合的特有商业模式，依托亚洲稳定增长的粮食消费需求，将全球供应链系统及粮源掌控能力与国内物流、加工、分销网络有机对接，以特有竞争优势重塑全球粮食市场竞争格局，持续深化集团国际化经营探索，成为世界级一体化农业供应链企业。

中粮集团的崛起，正在打破世界粮商的格局。其在国际粮油及农产品市场中掌握了一定话语权，对玉米、小麦、大豆等粮食资源拥有全球配置能力。已建立起连接东南亚、南北美洲、澳大利亚等世界粮食核心产区 140 多个国家和地区的运营网络、关键物流节点和贸易通道，形成了覆盖全球主要粮油产区、销区的粮油设施布局①。

2. 中国储备粮管理集团有限公司

中储粮承担国家计划内的进口转储粮食订货、接卸、港口运输和专项储备任务；承担部分品种粮食的收购及出口任务；开展油脂油料的进口轮换业务。中储粮通过开展粮油进出口业务，充分发挥国际市场和资源在平衡国内粮食供求方面的积极作用。

近年，随着需求升级，我国粮食尤其油料缺口逐步扩大。为有效解决国内粮食缺口问题，避免因进口而带来国际市场对国内市场的较大冲击，中储粮积极探索储备与进口协调运作的机制，利用国际农产品市场和农业资源，择机分批次开展进口转储备以及进口大豆轮换，既有效调剂和补充国内粮食供给，也能发挥国家储备蓄水池和缓冲器作用②。

3. 中国农垦集团有限公司

中国农垦集团有限公司（简称"中垦公司"）成立于1980年，是经国务院批准成立并由原农垦部组建的中央企业，先后直属于农垦部、农牧渔业部、农业部、国务院国有资产监督管理委员会，是中国农业"走出去"的排头兵，中国农垦系统对外贸易业务的先行者，中国较早从事农业"援外"的重要力量，现为中国农业发展集团有限公司（简称"中国农发集团"）的重要子公司，是海外农业资源开发、国内农业产业化和现代化的主力军。中垦公司沿着农业农村部确定的共建"一带一路"国家进行布局，现有的项目以农业种植业及养殖业为主，同时承接国家援助项目及国际农业技术合作项目。

二、全球四大粮商"ABCD"

全球四大粮商均创立于100多年前，分别为美国ADM、邦吉、嘉吉和法国路易达孚，四大粮商凭借资本和经验优势，逐渐控制从农田到餐桌的粮食产业链条，包括粮食生产、收储、加工、运输等各个环节，在全球建立了粮食生产、贸易体系，控制了全球70％的粮食市场（图4-9）。

---

① 江楚雅：中粮集团营收6 600亿元，利润总额超230亿元，坐拥16家上市公司持续国际化布局，《湖北长江商报》，2022年1月18日。
② 资料来源：中国储备粮管理集团有限公司官网。

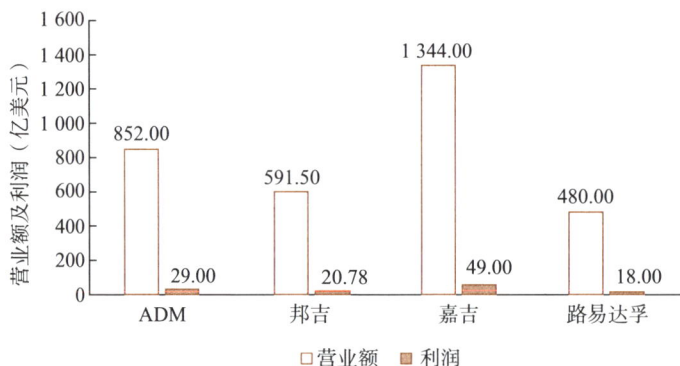

图 4-9　2021 年全球四大粮商营收和利润

1. 嘉吉

美国嘉吉公司成立于 1865 年，总部位于明尼苏达州。经过 100 多年的发展，嘉吉已成为涉及粮食加工贸易、食品加工、工业生产和金融的大型跨国企业。嘉吉是全球最大的肉类和家禽加工商，业务遍及全球 125 个国家和地区。同时，它还是美国最大的私营公司，嘉吉拥有全美最大的粮仓，旗下有价值 100 亿美元的资产管理和生物源公司，拥有 570～600 艘的租赁船舶运输船队，每年运输货物达 2 亿吨，包括铁矿石、煤炭、谷物、糖和肥料（图 4-10）。

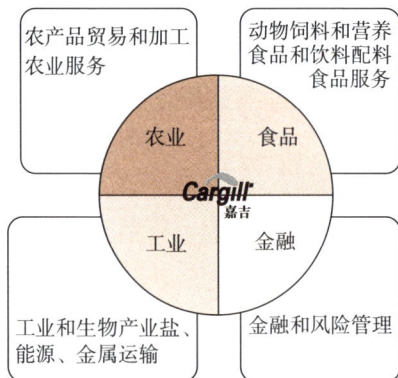

图 4-10　嘉吉农业产业链条

农业方面，为食品和动物营养产品制造商提供谷物、油籽及其他农产品的采购、加工和配给服务。同时，也为种植和养殖户提供相关农业产品及服务；

食品方面，为食品制造商、食品服务公司和零售商提供高质量的食品配料、肉类和家禽产品以及保健产品配料和配料系统。金融业务，为全球的农业、食品、金融和能源行业客户提供风险管理和金融解决方案。

2. ADM

美国 ADM 公司曾是世界上第一家谷物和油籽处理厂。大豆、花生和油籽加工占收入来源的 70%。同时，它还涉及化学研究领域。它是世界上最大的活性燃料乙醇生产商。在全球范围内，ADM 的公司遍布 160 多个国家和地区。ADM 以油籽加工、玉米加工、农业服务及其他业务为四大核心板块。其农业服务板块，包括农产品收购、储存、销售、出口、市场运转等。全球价值链包括农产品采购地点、原料制造设施、创新中心和农产品运输网络，生产用于食品、动物饲料、工业和能源用途的产品（图 4 - 11）。

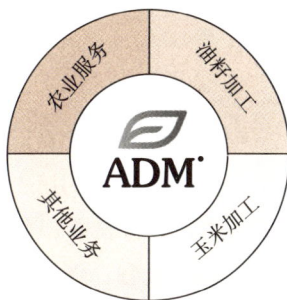

图 4 - 11　ADM 业务板块

ADM 公司的优势是把谷物和油籽原料深加工成为用于食品业、饮料业、保健品业和畜牧饲料市场中的多种产品，然后利用自己的运输系统输送原料和成品至全球各地。ADM 至今已超过 140 个国家和地区拥有 470 多个粮食采购地点、280 多个加工厂、40 多所创新研发中心和农产品全球运输网络。ADM 拥有权属和租赁的港口码头有 42 个，全球仓储容量 1 800 万吨，采购和储存设施点 433 个，自有远洋船舶 3 艘，内河驳船 1 800 艘。

3. 邦吉

美国邦吉公司是美国第三大粮食出口商和第三大大豆加工商、世界第四大粮食出口商和最大的油料作物加工商，是一家世界领先的农业和食品公司，经营着从农场到消费者的食品链，其业务涵盖化肥、农业、食品业、糖业和生物能源，遍及 40 多个国家和地区，主要分布在南美（34%）、北美（27%）、欧洲（26%）及亚太地区（13%）。在全球 40 多个国家和地区拥有 400 多家工厂和 35 万名员工。1999 年，邦吉正式将总部迁至纽约。2000 年，邦吉正式进入中国市场。其在全球拥有 32 个港口码头，51 个大豆油籽压榨厂，110 个食品及配料生产设施，110 个精炼、包装和研磨设施，143 个谷物仓库设施（图 4 - 12）。

图 4-12　邦吉产业链条业务板块

4. 路易达孚

唯一一家欧洲粮食巨头，路易达孚是世界第三、法国第一粮食输出商和世界粮食输往俄罗斯的第一出口商。路易达孚是全球领先的农产品贸易与加工企业。其业务分为农业、食品加工、运输和金融四大板块，涵盖了谷物油籽、大米、海运、金融、咖啡、棉花、糖和果汁等领域。路易达孚是世界前五名的小麦和玉米采购商之一，参与了全球约 11% 的大豆油籽流通，向全球 40 多个主要市场运送油籽。其经营的品种也相对丰富，包括各产区的小麦、玉米、高粱、大麦、黑麦、燕麦、干酒糟和玉米乙醇，也包括大豆、葵花籽、油菜籽、棉籽、花生、棕榈及其衍生物等，并通过储存加工或贸易分销的方式，将这些产品运到欧洲、亚洲、非洲和中东等主要消费地区（图 4-13）。

图 4-13　路易达孚业务板块

第五章
中国与共建"一带一路"国家粮食贸易

　　近年，新冠疫情和俄乌冲突等冲击带来的不确定性显著增强，当某一进口来源国贸易政策发生重大变化或者粮食产量剧烈波动时，可能会对我国粮食安全造成不利影响，亟须在传统主要粮食进口国以外寻找可能的替代选择。"一带一路"倡议正是丰富粮食进口来源、降低对个别国家依赖程度的有效途径。

第一节　共建"一带一路"国家粮食生产与贸易情况

一、共建"一带一路"国家粮食生产现状

　　"一带一路"倡议下，我国不断加强与共建"一带一路"国家的务实合作。共建"一带一路"国家将成为我国统筹利用国内国际两个市场、两种资源保障国家粮食安全的重点地区，共建"一带一路"国家是世界粮食主要种植地区，加强与共建"一带一路"国家粮食贸易合作，有助于拓展我国进口粮源、增强我国粮食跨国供应链的稳定性。因此，对共建"一带一路"国家粮食生产现状进行分析具有重要的现实意义。

　　根据 FAO 数据库测算可知，近年，共建"一带一路"国家粮食收获面积占全球粮食收获面积比重略有下滑，但是基本稳定在 47％上下，占全球粮食生产面积近一半，是全球粮食生产重要区域。尤其是小麦和稻谷生产，小麦和稻谷收获面积占全球比重基本稳定在 54％和 68％上下，玉米和大豆收获面积相对较少，占全球收获面积比重稳定在 20％和 14％上下。共建"一带一路"国家粮食产量占全球粮食总产量比重基本稳定在 38％上下，其中稻谷最高，产量占比为 60％，其次为小麦，产量占比为 47％，而玉米和大豆产量占比相对较小，分别稳定在 17％和 7％上下。

共建"一带一路"国家是世界粮食重要产区，粮食产量占全球比例50％～60％，生产潜力显著。如图5-1所示，共建"一带一路"国家稻谷产量在全球具有绝对优势，基本稳定在60％上下，整体呈现递增趋势。小麦产量在40％～50％波动，由此可以看出，共建"一带一路"国家是全球重要的稻谷和小麦产区。玉米产量占比在10％～20％，虽有波动，但是整体有所增长，由2001年的12.74％增至2018年的18.05％。大豆产量占比相对较小，总体呈现先增后减再增态势，2001—2012年，大豆产量占比稳步增长，2012年达到短期峰值8.86％，随后年份有所下滑，2015年达到短期波谷（5.77％），随后年份稳定在7％上下。近年，伴随着生物能源开发利用和居民消费结构转型升级，对玉米和大豆的需求逐年增加，这也是近年共建"一带一路"国家大豆和玉米产量稳步增加的重要原因。其中，在共建"一带一路"国家中，印度、乌克兰、印度尼西亚、俄罗斯和罗马尼亚等国是玉米生产大国，而俄罗斯和乌克兰则是大豆的生产大国。部分共建"一带一路"国家和地区耕地资源比较丰富，但是由于农业投入不足、农业科技落后等原因导致农业用地开发不充分。同时，共建"一带一路"国家粮食单产水平相比全球单产平均水平较低，稻谷单产水平与全球单产水平较为接近，但是小麦和玉米单产低于世界平均单产差异幅度较大，大豆单产水平低于世界平均水平差异幅度更大。由此可以判断出，共建"一带一路"国家粮食生产潜力和回旋余地较大。这也为我国农业"走出去"带来了难

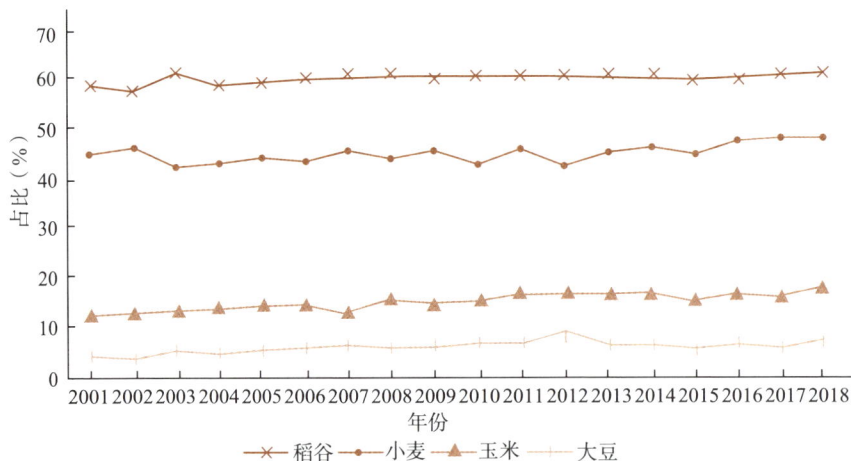

图5-1 2001—2018年共建"一带一路"国家粮食产量占全球比重变化趋势
数据来源：根据FAO数据库搜集整理。

得的发展机遇，尤其在"一带一路"倡议下，农业国际合作成为共建"一带一路"国家打造利益共同体和命运共同体的最佳结合点之一。要积极推动农业"走出去"，加大对共建"一带一路"国家农业支持力度，这对加快发展现代农业、提高农业质量效益和国际竞争力、拓展我国进口粮源、降低国际粮食市场过于集中带来的风险和积极参与全球粮食安全治理，都具有重要现实意义和促进作用。

二、共建"一带一路"国家粮食贸易现状

通过前文分析可知，共建"一带一路"国家小麦和稻谷产量占全球总产量比重较高，大豆和玉米产量也稳步上升，在全球粮食贸易中共建"一带一路"国家也发挥着至关重要的作用，粮食贸易总量占全球比重也稳步上升。2000年，共建"一带一路"国家稻谷出口量 1 399.03 万吨，当年全球稻谷出口量 2 355.91 万吨，共建"一带一路"国家稻谷出口量占当年全球稻谷出口总量的 59.38％。到 2018 年，共建"一带一路"国家稻谷出口量增至 3 561.31 万吨，年均增速达到 5.65％，而出口量占比升至 74.35％，成为全球稻谷贸易量最高的地区。近年，共建"一带一路"国家稻谷出口量占全球出口总量比重基本稳定在 75％上下。2000 年，共建"一带一路"国家小麦出口量 1 086.01 万吨，当年全球小麦出口量 7 035.05 万吨，共建"一带一路"国家稻谷出口量占当年全球稻谷出口总量的 15.44％。到 2018 年，共建"一带一路"国家小麦出口量增至 9 163.52 万吨，年均增速达到 13.37％，而出口量占比升至 48.8％，较上年 52％略有下降。近年，共建"一带一路"国家小麦出口量占全球小麦出口总量的一半。2000 年，共建"一带一路"国家玉米和大豆出口量分别为 221.47 万吨和 26.26 万吨，当年全球玉米和大豆出口量分别为 3 407.22 万吨和 2 787.68 万吨，共建"一带一路"国家玉米和大豆出口量占当年全球玉米和大豆出口总量的 6.5％和 0.9％。到 2018 年，共建"一带一路"国家玉米和大豆出口量分别增至 4 164.13 万吨和 400.89 万吨，年均增速分别达到 18.84％和 17.39％，而出口占比升至 25.1％和 2.65％。玉米和大豆出口量年均增速较快，尤其是玉米，近年共建"一带一路"国家玉米出口量基本占全球玉米出口总量的 1/4，大豆出口占比虽然绝对值不高，但是也稳步提升，在全球粮食安全方面的贡献越来越大。我国应统筹利用好"两种资源"和"两个市场"，加强与共建"一带一路"国家粮食贸易方面的合作，拓展进口粮源。

如表 5-1 所示，2001 年以来共建"一带一路"国家稻谷贸易量差始终为正并呈现递增趋势，说明共建"一带一路"国家不仅是稻谷重要的生产区域，也是出口贸易的重要地区，稻谷一直以来都是净流出的，流向世界其他国家；而小麦贸易量差也呈稳步增长趋势由最初的 -2 272.25 万吨，逐渐增至 2 142.74 万吨，说明共建"一带一路"国家早期是小麦净流入区域，从全球其他国家进口小麦，但是从 2016 年开始，贸易量差开始转变为正值，并且逐年扩大，2018 年增至 2 142.74 万吨，为上年的近四倍。近年共建"一带一路"国家逐渐成为小麦净流出区域，小麦是我国主要的消费粮食种类之一，因此，我国可以加强同共建"一带一路"国家农业多方面合作，在保障当地粮食安全前提下，也为我国提供更多稳定粮源，致力打造全球粮食命运共同体。玉米贸易量差稳步下降，2015 年为正值，但是 2016 年开始又转为负值，并且逆差有扩大趋势。大豆贸易量差始终为负值，并且呈扩大趋势，逆差越来越大，2018 年达到 -1 898.67 万吨，成为主要的大豆消费区域之一。

表 5-1　2001—2018 年共建"一带一路"国家粮食贸易量差

单位：万吨

年份	稻谷贸易量差	小麦贸易量差	玉米贸易量差	大豆贸易量差
2001	909.84	-2 272.25	-1 341.71	-594.47
2002	760.24	-622.26	-1 363.47	-688.26
2003	857.24	-1 219.92	-1 602.59	-695.97
2004	1 212.44	-2 202.03	-1 070.09	-694.79
2005	1 146.09	-1 010.75	-1 033.14	-750.67
2006	1 058.71	-1 937.64	-1 056.12	-678.27
2007	1 331.56	-1 611.60	-1 163.77	-936.67
2008	879.44	-1 259.05	-694.15	-890.03
2009	1 107.49	-955.64	-137.11	-955.41
2010	1 113.62	-1 634.87	-1 262.23	-1 133.59
2011	1 419.40	-1 847.21	-410.68	-1 072.75
2012	1 770.32	-1 265.76	766.98	-982.97
2013	1 632.74	-680.69	549.91	-941.26
2014	2 147.52	-390.89	-63.49	-1 218.19

（续）

年份	稻谷 贸易量差	小麦 贸易量差	玉米 贸易量差	大豆 贸易量差
2015	2 039.37	−284.43	41.97	−1 480.70
2016	2 002.48	364.51	−540.43	−1 449.77
2017	2 233.31	535.85	−432.59	−1 546.77
2018	1 985.50	2 142.74	−633.52	−1 898.67

数据来源：根据 FAO 数据库搜集整理。

　　随着"一带一路"倡议的纵深推进，国内外粮食市场加速融合将是大势所趋。以中巴经济走廊、中蒙俄经济走廊、中国—中亚—西亚经济走廊、新亚欧大陆桥、孟中印经济走廊以及中国—中南半岛经济走廊为代表的六大经济走廊作为"一带一路"建设的重要载体，其地位日益凸显，为粮食贸易的发展提供了重要抓手和机遇。从农业资源状况来看，中国与共建"一带一路"国家农业资源具有很强的互补性，共建"一带一路"国家丰富的农业资源禀赋尤其是耕地资源能为实施"一带一路"框架下的农业合作提供良好基础。将生产潜力与合作风险结合起来，探究我国与共建"一带一路"国家主要粮食的合作潜力，有助于筛选出可以合作的重点国家。其中，小麦的重点合作国主要分布在中东欧、独联体、西亚、南亚和中亚；稻谷的重点合作国主要分布在东南亚和南亚；玉米的重点合作国主要分布在中东欧、独联体、东南亚和西亚；大豆的重点合作国主要分布在独联体和南亚。

第二节　中国与共建"一带一路"国家的 粮食贸易格局

　　"一带一路"是"丝绸之路经济带"和"21世纪海上丝绸之路"的简称，2013年9月和10月由中国国家主席习近平分别提出建设"新丝绸之路经济带"和"21世纪海上丝绸之路"的合作倡议。依靠中国与有关国家既有的双多边机制，借助既有的、行之有效的区域合作平台，"一带一路"倡议旨在借用古代丝绸之路的历史符号，高举和平发展的旗帜，积极发展与共建"一带一路"国家的经济合作伙伴关系，共同打造政治互信、经济融合、文化包容的利益共同体、命运共同体和责任共同体（表5-2）。

表 5-2　64 个共建"一带一路"国家

区域	数量	国　家
东北亚	2	蒙古国、俄罗斯
中亚	5	哈萨克斯坦、乌兹别克斯坦、土库曼斯坦、塔吉克斯坦、吉尔吉斯斯坦
南亚	7	印度、巴基斯坦、斯里兰卡、孟加拉国、马尔代夫、尼泊尔、不丹
东南亚	11	新加坡、马来西亚、印度尼西亚、缅甸、泰国、老挝、柬埔寨、越南、文莱、东帝汶、菲律宾
中东欧	19	波兰、阿尔巴尼亚、爱沙尼亚、立陶宛、斯洛文尼亚、保加利亚、捷克、匈牙利、北马其顿、塞尔维亚、罗马尼亚、斯洛伐克、克罗地亚、拉脱维亚、波黑、黑山、乌克兰、白俄罗斯、摩尔多瓦
西亚北非	20	阿联酋、科威特、土耳其、卡塔尔、阿曼、黎巴嫩、沙特阿拉伯、巴林、以色列、也门、埃及、伊朗、约旦、叙利亚、伊拉克、阿富汗、巴勒斯坦、阿塞拜疆、格鲁尼亚、亚美尼亚

如表 5-2 所示，共建"一带一路"国家有 65 个，这些国家主要集中在亚洲、非洲和欧洲地区，其中西亚北非地区最为密集，有土耳其、沙特阿拉伯、伊朗、约旦、科威特、阿联酋、卡塔尔、阿曼、黎巴嫩、巴林、以色列、也门、埃及、叙利亚、伊拉克、阿富汗、巴勒斯坦、阿塞拜疆、格鲁尼亚、亚美尼亚 20 个国家；中东欧地区共建"一带一路"国家有 19 个，分别为波兰、保加利亚、乌克兰、匈牙利、塞尔维亚、阿尔巴尼亚、爱沙尼亚、立陶宛、斯洛文尼亚、捷克、北马其顿、罗马尼亚、斯洛伐克、克罗地亚、拉脱维亚、波黑、黑山、白俄罗斯、摩尔多瓦；东南亚地区共建"一带一路"国家有 11 个，分别为新加坡、马来西亚、印度尼西亚、缅甸、泰国、菲律宾、老挝、柬埔寨、越南、文莱、东帝汶；南亚地区共建"一带一路"国家有印度、巴基斯坦、斯里兰卡、孟加拉国、尼泊尔、马尔代夫、不丹 7 个国家；中亚地区共建"一带一路"国家有哈萨克斯坦、乌兹别克斯坦、土库曼斯坦、塔吉克斯坦、吉尔吉斯斯坦 5 个国家；东北亚地区共建"一带一路"国家有 2 个，分别是蒙古国和俄罗斯。

在新的全球形势下，共建"一带一路"机遇与挑战并存。面对日趋复杂的国内外环境，共建"一带一路"将在我国政府"稳"的主基调下，继续推进高质量共建"一带一路"，不断于变局中开新局，在危机中育新机，将"一带一路"打造成造福世界的"发展带"、惠及各国人民的"幸福路"。厘清我国与其他共建"一带一路"国家之间农业的竞争与互补关系,探明我国在农产品贸易网络中的地位,剖析我国与共建"一带一路"国家的农业发展机遇,并制定具有针对性的农业合作战略,对于保障我国粮食安全意义重大。

为了较好地反映我国与共建"一带一路"国家的进出口规模和国别情况,本书分别选取了 2000 年、2005 年、2010 年、2015 年、2020 年我国与各个国家的小麦、大豆、玉米、稻谷等农产品进出口数据进行详细的分析,以便得出准确的结论。

一、进出口规模

"一带一路"经济区开放后,承包工程项目突破 3 000 个,截至 2022 年 1 月 18 日,我国已经与 147 个国家和 32 个国际组织,签署了 200 多份共建"一带一路"合作文件。

1. 进口规模

(1)东北亚地区:俄罗斯。俄罗斯成为近年我国粮食重要的进口国家之一。随着我国与俄罗斯粮食贸易合作日益紧密,我国从俄罗斯进口的粮食规模也稳步增长,尤其是大豆的进口。2000 年,我国从俄罗斯进口大豆量为 4.37 万吨。2015 年,进口量增至 37.35 万吨。2020 年,进一步增至 69.32 万吨。短短五年间进口量翻了近一番,主要原因为中俄双方加强大豆进出口合作。2019 年 6 月,中俄签署《关于深化中俄大豆合作的发展规划》,支持两国企业开展大豆等农产品生产、加工、物流与贸易全产业链合作;同年 7 月,海关总署宣布开放俄罗斯全境大豆进口,拓展了地方合作的广度和深度,深化大豆全产业链合作,也有利于逐渐改变我国进口大豆过度依赖单一进口源的局面。

除了大豆之外,2015 年以来,玉米、稻谷也成为我国从俄罗斯进口的粮食品种,进口玉米和稻谷的数量分别为 8.25 万吨和 0.33 万吨。2020 年我国从俄罗斯进口的玉米和稻谷数量分别为 13.77 万吨和 0.03 万吨,玉米进口量在五年间增长也比较明显,而稻谷的进口量有大幅下降。

2020 年,我国从俄罗斯进口的粮食又新增了小麦,进口量为 7.16 万吨。

2021 年,我国从俄罗斯进口的小麦数量为 971.68 万吨,占从俄罗斯进口粮食的 1.07%。当年,我国决定对俄罗斯全境小麦进口"开绿灯",全面提升从俄罗斯进口小麦的数量。总体来看,我国从俄罗斯进口粮食品种和规模均呈现上升趋势,俄罗斯逐渐成为我国重要的粮食贸易伙伴国。

（2）中亚地区：哈萨克斯坦。据联合国粮农组织 2020 年评估，哈萨克斯坦是全球农业生产潜力最大的国家之一，粮食出口潜力巨大，有望成为全球粮食贸易枢纽。中国与哈萨克斯坦山水相连，文化相通，农业贸易往来基础深厚。"丝绸之路经济带"建设持续推进，为两国在农业领域，尤其是开展粮食贸易合作提供了重要契机。2020 年，全球粮食安全指数中，哈萨克斯坦在 113 个国家和地区中排名第 32 位，与 2019 年相比排名上升了 16 位。

我国从哈萨克斯坦进口的粮食主要为小麦。2010 年，我国从哈萨克斯坦进口小麦 4.55 万吨，2015 年增至 11.69 万吨。2020 年，小麦的进口量陡降至 1.92 万吨。2020 年我国从哈萨克斯坦增加大豆进口，进口量为 0.68 万吨。总体来看，我国从哈萨克斯坦进口粮食品种虽然增加，但进口粮食总量呈现下降态势。哈萨克斯坦作为新兴粮食出口大国，粮食生产与出口日益稳定，为中哈粮食贸易合作奠定了基础，但同时中哈在粮食贸易过程中存在的粮食仓储运输能力有限、粮食物流成本高等问题制约着两国粮食贸易深化合作。因此，应加强中哈仓储物流体系建设合作，从哈萨克斯坦进口的粮食可以在我国新疆维吾尔自治区进行加工，以降低粮食物流成本。

（3）东南亚地区：印度。我国从印度进口的粮食规模呈现先增长后下降的态势，进口的粮食主要以玉米为主。2000 年，我国从印度进口的粮食只有玉米，进口量仅 13 千克。2005 年，我国从印度又进口了少量大豆，但仍以玉米为主，玉米的进口量为 45 吨。大豆的进口量为 5.15 吨。2010 年，我国从印度进口的玉米数量明显增长，达到 81.96 吨，玉米进口量是 2005 年的近一倍。2015 年我国从印度进口的粮食数量陡然减少，玉米进口量仅有 7.15 吨，2020 年进一步减少至 0.4 吨。

（4）东南亚地区：缅甸、泰国、菲律宾。

①缅甸。缅甸素有"稻米之国"的美誉，伊洛瓦底江三角洲地区土地肥沃，雨水充沛，是世界上主要的稻谷产区之一。近年，我国从缅甸进口的粮食主要为玉米和稻谷，并且进口的规模逐渐扩大。2005 年、2010 年、2015 年和 2020 年，我国均有从缅甸进口玉米和稻谷。其中，2005 年，我国从缅甸进口的玉米为 297.9 吨，2010 年为 19 393.8 吨，2015 年为 48 282.6 吨，2020 年进一步增至 121 150 吨，进口量达到 2005 年的 406 倍，呈现快速上升态势。2005 年，我国从缅甸进口的稻谷为 359.9 吨，2010 年为 2 440 吨，2015 年为 3 311.5 吨，2020 年为 26 480.1 吨，进口的数量为 2005 年的 73.6 倍，增速也

比较明显。总体来看，近年我国不断加大同缅甸的农产品贸易合作，对缅甸玉米和大米的进口量逐年上升。中缅新通道进口货物从缅甸仰光港、经我国云南临沧出入境，连通我国西南经济腹地，将西南内陆与印度洋相连接，该通道大幅缩短了运输距离，单程运输时间比传统路线可节约 20 天以上，进一步提升了粮食物流的效率，助力缅甸粮食进口中国。

　　②泰国。近年，我国从泰国进口粮食规模总体呈下降趋势，进口粮食数量有一定的波动。2000 年，我国从泰国进口的粮食包括大豆、玉米、稻谷，进口量分别为 765 千克、9 千克、50 970 千克。2010 年，我国从泰国进口的粮食数量陡增，其中玉米进口量达到 8 700.2 吨，稻谷的进口量达到 86 吨。但是，我国从泰国进口大米的价格从 2010 年起就一直高于从世界进口的均价水平，这也可能是我国从泰国进口稻谷减少的主要原因。2011 年之前，泰国是我国大米的主要进口国家，我国每年从泰国进口大米总额占比超过 60%，远远高于其他国家。2012 年，我国从泰国进口大米总额占我国大米总进口额的比重下降为 13.77%，2013—2017 年我国从泰国进口大米总额占我国大米总进口额的比重基本稳定在 20%~30%[①]。近些年，我国从泰国进口稻谷有所减少，然而当前受新冠疫情、采购需求增加、自然灾害、泰铢贬值、原材料进口价格上涨以及世界局势等多方因素叠加影响，2022 年 1—5 月世界粮食价格平均上涨 25%，将泰国粮食价格推至 10 年来最高水平。

　　③菲律宾。我国从菲律宾进口粮食的规模总体呈现稳步上升趋势，进口的粮食主要为玉米。2000 年，我国从菲律宾进口玉米 934 千克。2005 年，进口玉米的数量下降到 498 千克。2010 年，我国从菲律宾进口的粮食新增了稻谷，然而进口量较少，仅为 45 千克，玉米进口的数量回升至 844 千克。2015 年，我国从菲律宾进口的稻谷增加到 1 049 千克。2020 年，我国从菲律宾进口的稻谷数量下降到 7 千克，但从菲律宾进口的玉米数量增加到 4 519 千克，增幅相对较大。我国从菲律宾进口的稻谷数量总体规模较小，有一定波动，但进口的玉米数量呈增长态势。

　　（5）中东欧地区：保加利亚。保加利亚，位于巴尔干半岛东南部，北与罗马尼亚隔多瑙河相望，西与塞尔维亚、北马其顿相邻，南与希腊、土耳其接壤，东邻黑海，农业用地有 549 万公顷，约占其国土面积的 50%，是中欧地区

---

　　①　资料来源：华经产业研究院整理。

重要的粮食生产国和"果菜园"。我国从保加利亚进口粮食的规模呈现扩大趋势，进口的粮食主要为玉米。2015 年，我国从保加利亚进口了 15.99 万吨的玉米。2020 年，我国从保加利亚进口玉米的数量增加至 26.15 万吨，增速比较明显。

（6）西亚北非地区：土耳其。土耳其气候类型多样，东南部较为干旱，中部安纳托利亚高原比较凉爽，是世界上主要的烟草、开心果、葡萄干、水果和蔬菜的产地之一，其农业相当发达，在世界上排位第八，是农产品出口大国。

2010 年开始，我国从土耳其进口粮食规模稳步扩大，粮食进口主要以玉米为主，但是总体规模较小。2010 年，我国从土耳其进口了 84 千克的玉米。2020 年我国从土耳其进口了 2 千克的小麦和 193 千克的玉米，进口量和种类都在增加。

2. 出口规模

（1）东北亚地区：俄罗斯、蒙古国。

①俄罗斯。我国与俄罗斯出口粮食的规模在逐渐变小，2000 年的出口规模最大，出口的粮食以玉米为主，之后出口规模逐步缩小。2000 年，我国向俄罗斯出口的规模较大，出口的粮食种类也比较多，包括小麦、大豆以及玉米，其中玉米的出口量最多，为 9 814 吨，小麦次之，出口量为 2 442 吨，大豆的出口量最少，为 200 吨。2005 年，我国出口俄罗斯的粮食规模有所下降，但出口的粮食产品仍然是小麦、大豆、玉米，出口量最大的仍是玉米，为 1 900 吨，其次为大豆，出口量为 916.94 吨，小麦的出口量为 300 吨。2010 年，我国仅向俄罗斯出口 10 吨的大豆。2015 年，我国向俄罗斯出口最多的是大豆，数量为 253.2 吨，玉米次之，出口量为 99.5 吨。2020 年，我国向俄罗斯出口的玉米数量最多，为 434.2 吨，大豆出口量为 151.53 吨。通过上述分析可知，2000—2020 年，我国出口俄罗斯的粮食规模发生了明显的变化，出口规模逐渐减小，出口粮食主要以玉米和大豆为主。

②蒙古国。近年，我国对蒙古国出口粮食的整体规模在下降，但我国对蒙古国出口的大豆数量存在局部规模的增长。2000 年，我国对蒙古国出口的粮食只有大豆这一类，出口的数量为 100 千克。2005 年，我国对蒙古国出口的粮食为小麦，出口量为 5 000 吨。2010 年，我国对蒙古国出口的粮食为大豆和玉米，其中玉米的出口量最多，为 980 吨，大豆的出口量为 13.1 吨。2015 年，我国对蒙古国出口的粮食为大豆，出口量为 40 吨。总体来看，2000—2020 年

我国对蒙古国的粮食出口规模在缩减,但我国对蒙古国出口的大豆数量从 2000 年的 0.1 吨增长到 2010 年的 13.1 吨,2015 年又增至 40 吨,大豆出口规模稳步上升。

(2)南亚地区:巴基斯坦、斯里兰卡、孟加拉国、尼泊尔。

①巴基斯坦。我国向巴基斯坦出口粮食的规模近十年间有所扩张,其中稻谷的出口规模扩张最为明显。

2000 年,我国对巴基斯坦出口的粮食主要包括玉米和稻谷,其中玉米的出口量为 440 千克,稻谷的出口量为 416 千克。2005 年,我国对巴基斯坦出口的粮食仍然是玉米和稻谷,出口量分别为 40 吨和 140 吨。2010 年,我国对巴基斯坦出口的粮食仍是玉米和稻谷,其中稻谷的出口量达到 5 717.41 吨,玉米的出口量为 109.6 吨。2015 年,出口的粮食包括大豆、玉米、稻谷,其中稻谷的出口量最多,为 4 924.86 吨;玉米的出口量次之,为 10 吨;大豆的出口量为 1 吨。2020 年出口的粮食与 2015 年的类型一致,其中出口量最大的仍为稻谷,为 9 539 吨;玉米的出口量次之,为 23 吨;大豆的出口量最少,为 0.28 吨。

②斯里兰卡。我国对斯里兰卡出口的粮食在 2000 年规模最大,2000 年以后出口规模就呈现下降趋势,2015 年和 2020 年没有向斯里兰卡出口小麦、大豆、玉米、稻谷。

2000 年我国向斯里兰卡出口的粮食为玉米,出口量为 74 069.8 吨。2005 年我国没有向斯里兰卡出口小麦、大豆、玉米、稻谷。2010 年我国向斯里兰卡出口的粮食作物有小麦和大豆两类,其中小麦的出口量为 1 170 千克,大豆的出口量为 340 千克。2015 年和 2020 年我国也没有向斯里兰卡出口小麦、大豆、玉米、稻谷。由此可以看出,我国向斯里兰卡出口粮食呈现断断续续的特点,总体规模呈现逐步下滑的态势,近年没有向斯里兰卡出口粮食。

③孟加拉国。近年,我国向孟加拉国出口粮食的规模总体上在减少,其中玉米出口规模缩减比较明显,稻谷的出口量在 2000—2010 年十年中呈增长趋势,但稻谷的出口量在 2010—2020 年十年中呈下降趋势。

2000 年,我国向孟加拉国出口的玉米数量最多,为 84 188.59 吨,稻谷的出口量次之,为 39.81 吨。2005 年,我国向孟加拉国出口的粮食主要包括玉米和稻谷,其中玉米的出口量为 64.02 吨,稻谷的出口量为 1 894.943 吨。2010 年,我国向孟加拉国出口的粮食为稻谷,出口量为 3 889.88 吨。2015 年,我国向孟加拉国出口的粮食为小麦、玉米和稻谷,其中稻谷出口量最多,为

843.53 吨，玉米出口数量次之，为 459 千克，小麦的出口量为 60 千克。2020 年，我国向孟加拉国出口的粮食为大豆和稻谷，其中稻谷的出口量为 403 137 千克，大豆的出口数量为 500 千克。

④尼泊尔。我国向尼泊尔的出口规模在扩大，尤其是对尼泊尔出口的稻谷规模近五年扩大十分明显。

2010 年我国向尼泊尔出口的粮食主要是稻谷，出口量为 300 千克。2015 年出口的粮食主要是大豆和稻谷，其中大豆出口量为 30 吨，稻谷的出口量为 20.44 吨。2020 年出口的粮食为玉米和稻谷，其中稻谷的出口量最大，为 148.26 吨，玉米的出口数量为 25 千克。

（3）东南亚地区：新加坡、马来西亚、印度尼西亚、泰国。

①新加坡。我国对新加坡出口的粮食规模在降低，并且不同的时间点对其出口的粮食种类不同。2000 年，我国出口新加坡的大豆数量为 7.76 吨，出口玉米的数量为 30 764 吨，当年的出口规模达到近二十年峰值。2005 年，我国出口新加坡的粮食主要是大豆，出口量为 261.48 吨。2010 年，我国出口到新加坡的粮食包括大豆和稻谷，其中大豆的出口量为 67.78 吨，稻谷的出口量为 13.88 吨。2015 年，我国出口新加坡的粮食仍然是大豆和稻谷，大豆的出口量为 94.5 吨，稻谷的出口量为 1.05 吨。2020 年，我国出口新加坡的粮食是大豆，出口量为 61.51 吨。

②马来西亚。我国出口马来西亚的粮食规模总体呈下滑趋势，其中大豆的出口规模呈现波动变化特征，但整体上是比较稳定的，而玉米的出口量变化非常明显。2000 年，我国出口马来西亚的粮食包括大豆和玉米，其中玉米的出口量较大，为 209.87 万吨，大豆的出口量为 0.14 万吨。2005 年，我国出口马来西亚的粮食仍然是大豆和玉米，玉米的出口量仍然是较多的，为 47.69 万吨，大豆的出口量为 0.14 万吨，出口规模远低于 2000 年水平。2010 年，我国出口马来西亚的粮食仍是大豆和稻谷，大豆的出口量为 1 656.61 吨，稻谷的出口量为 16 吨。2015 年，我国出口马来西亚的粮食包括小麦和大豆，其中小麦的出口量为 2 319.49 吨，大豆的出口量为 1 934.46 吨。2020 年，我国出口马来西亚的粮食只有大豆，出口量为 1 289.68 吨。

③印度尼西亚。近二十年我国出口印度尼西亚的粮食规模呈下降趋势，其中玉米的下降趋势最为明显。2000 年，我国出口印度尼西亚的粮食包括大豆和玉米，其中玉米的出口量较大，为 83.11 万吨，大豆的出口量为 101.85 吨。

2005 年，我国出口印度尼西亚的粮食包括大豆和稻谷，其中大豆的出口量为45.5 吨，稻谷的出口量为 248 千克。2010 年，我国出口印度尼西亚的粮食作物仍为大豆和稻谷，其中大豆的出口量为 44.5 吨，稻谷为 3 745.71 吨，相比2005 年，大豆的出口量有些许下降，稻谷的出口量有大幅度的增长。2015 年，我国出口印度尼西亚的大豆数量为 0.14 万吨，稻谷为 590 吨，与 2010 年相比，大豆的出口量有所增长，但稻谷的出口量明显下降。2020 年，我国出口印度尼西亚的粮食只有稻谷，出口量也进一步降至 23.76 吨。

④泰国。我国出口泰国的粮食规模总体呈现下降趋势。2000 年，我国出口泰国的粮食包括大豆和玉米，其中玉米出口量较多，为 27.3 万吨，大豆的出口量为 5 吨。2005 年，出口的粮食为小麦和大豆，其中小麦的出口量为 0.63万吨，大豆为 5 吨。2010 年，出口到泰国的粮食包括大豆和稻谷，其中大豆的出口量为 59 吨，稻谷仅为 36 千克。2015 年，出口到泰国的粮食仅为大豆，出口量为 84 吨。2020 年，出口到泰国的粮食包括大豆、玉米和稻谷，其中大豆的出口量为 152.6 吨，玉米为 11.5 吨，稻谷仅为 4 千克。

（4）中东欧地区：波兰。我国出口波兰的粮食规模总体呈扩大趋势，出口的粮食主要是玉米，但是出口量波动较大。2000 年，我国与波兰没有出口粮食的相关记录。2005 年，中国向波兰出口了 20 吨的玉米。2010 年，我国与波兰也没有出口粮食的相关记录。2015 年，我国向波兰出口了 15.2 吨的玉米。2020 年，我国向波兰出口的玉米数量增加到 32.88 吨。

（5）西亚北非地区：沙特阿拉伯、伊朗、约旦、科威特。

①沙特阿拉伯。我国对沙特阿拉伯的粮食出口规模呈现增长态势，出口的粮食主要是大豆。2000 年，我国与沙特阿拉伯之间没有粮食的相关出口记录。2005 年，我国向沙特阿拉伯出口了 1 500 千克的大豆。2010 年，我国向沙特阿拉伯出口了 10 吨的大豆。2015 年，我国向沙特阿拉伯出口了 10 吨的大豆。2020 年，我国向沙特阿拉伯出口的大豆数量突增为 89 吨。总体来看，近年我国与沙特阿拉伯粮食出口贸易虽然有波动，但是总体呈稳步上升趋势。

②伊朗。我国对伊朗的粮食出口规模分为两个阶段，第一阶段为 2000—2010 年，该阶段我国对伊朗的粮食出口规模呈上升态势，出口的粮食主要是玉米，第二阶段是 2010 年之后，该阶段玉米的出口规模呈下降态势，但稻谷的出口规模有些许上升的态势。2000 年，我国对伊朗出口的粮食为玉米，出口量

为 11.1 万吨。2005 年，我国对伊朗出口了 102.68 万吨的玉米。2010 年，没有我国对伊朗出口粮食的相关记录。2015 年，我国向伊朗出口了 130 千克的稻谷。2020 年，我国向伊朗出口了 145 千克的稻谷。近年，我国对伊朗出口贸易也呈断断续续的特点，总体规模较小。

③约旦。近年，我国对约旦的粮食出口规模呈上升的态势，出口的粮食以大豆为主。2000 年，没有我国对约旦出口粮食的相关记录。2005 年，我国向约旦出口了 13.5 吨的大豆。2010 年，我国向约旦出口了 22.3 吨的大豆。2015 年，没有我国对约旦出口粮食的相关记录。2020 年，中国向约旦出口了 24 吨的大豆。近年，我国对约旦的粮食出口贸易虽然有中断的现象，但 2000—2020 年我国出口到约旦的粮食数量整体呈上升态势。

④科威特。我国向科威特的粮食出口规模呈增长态势，但增长的幅度不一致，前期是绝对性的增长，后期是相对 2005 年出口量的增长，出口的粮食主要是大豆。2000 年，没有我国对科威特出口粮食的相关记录。2005 年，我国向科威特出口了 1 吨的大豆和 8 千克的玉米。2010 年，我国向科威特出口了 2 吨的大豆。2015 年，没有我国对科威特出口粮食的相关记录。2020 年，我国向科威特出口了 1.52 吨的大豆。出口贸易方面，我国对玉米的出口规模呈下降态势，稻谷和大豆的出口规模则稳步扩大。

二、进出口国别

在共建"一带一路"倡议提出之初，外交部公布的"一带一路"建设近期重点的 66 个国家（包括我国在内），对进出口国别的分析分为进口和出口两个方面。

1. 进口

为研究我国从不同国家进口粮食的差别，主要选取了 2000 年、2005 年、2010 年、2015 年、2020 年 5 个时间节点，俄罗斯、缅甸、保加利亚、泰国、印度、菲律宾、土耳其、哈萨克斯坦 8 个国家，来分别分析我国进口玉米、大豆、小麦、稻谷等粮食的国别状况。

（1）玉米。如表 5-3 所示，2000 年我国进口玉米主要来自泰国、印度、菲律宾，进口量分别为 9 千克、13 千克、934 千克，从菲律宾进口的玉米最多。2005 年我国进口玉米主要来自缅甸、印度、菲律宾，进口量分别为 297 910 千克、45 001 千克、498 千克，从缅甸进口的玉米最多。2010 年我国进口玉米主要来自缅甸、泰国、印度、菲律宾、土耳其,进口量分别为19 393 788千克、8 700 154千克、81 961千克、844千克、84千克,也是从缅甸进口的玉米最多。2015年我国进口玉米主要来自俄罗斯、缅甸、保加利亚、印度,进口量分别为82 504 873千克、48 282 580千克、159 929 680千克、7 146千克,其中从保加利亚进口的玉米最多。2020年我国进口玉米主要来自俄罗斯、缅甸、保加利亚、印度、菲律宾、土耳其,进口量分别为137 684 000千克、121 150 000千克、261 477 000千克、400千克、4 519千克、193千克,其中从保加利亚进口的玉米最多。

表5-3 2000—2020年我国从不同国家进口玉米的情况

单位:千克

国家	2000年	2005年	2010年	2015年	2020年
俄罗斯	—		—	82 504 873	137 684 000
缅甸	—	297 910	19 393 788	48 282 580	121 150 000
保加利亚	—			159 929 680	261 477 000
泰国	9		8 700 154	—	—
印度	13	45 001	81 961	7 146	400
菲律宾	934	498	844		4 519
土耳其	—		84		193
哈萨克斯坦					

从国别来看,我国在五个时间节点都没有从哈萨克斯坦进口过玉米;2000—2010年,我国主要从缅甸、泰国、印度进口玉米,2010—2020年,我国主要从保加利亚、缅甸、俄罗斯进口玉米。可见,保加利亚、俄罗斯、缅甸是目前我国玉米进口的重要来源国。

(2)大豆。如表5-4所示,2000年我国进口大豆主要来自俄罗斯、哈萨克斯坦、泰国,进口量分别为43 714 428千克、6 792 180千克、765千克。2005年我国进口大豆主要来自俄罗斯、印度,进口量分别为60 000千克、5 150千克。2010年我国进口大豆主要来自俄罗斯、缅甸,进口量分别为677 855千克、2 000千克。2015年我国进口大豆主要来自俄罗斯,进口量为373 464 625千克。2020年我国进口大豆主要来自俄罗斯,进口量为693 162 481千克。

表 5－4　2000—2020 年我国从不同国家进口大豆的情况

单位：千克

国家	2000 年	2005 年	2010 年	2015 年	2020 年
俄罗斯	43 714 428	60 000	677 855	373 464 625	693 162 481
缅甸	—	—	2 000	—	—
保加利亚	—	—	—	—	—
泰国	765	—	—	—	—
印度	—	5 150	—	—	—
菲律宾	—	—	—	—	—
土耳其	—	—	—	—	—
哈萨克斯坦	6 792 180	—	—	—	—

　　从国别来看，我国在五个时间节点都没有从土耳其、菲律宾以及保加利亚进口过大豆，2000 年、2005 年、2010 年、2015 年、2020 年我国都有从俄罗斯进口大豆。可见，俄罗斯是我国大豆进口的重要来源国。

　　（3）小麦。如表 5－5 所示，2000 年、2005 年我国没有从 8 个国家进口小麦。2010 年我国进口小麦主要来自哈萨克斯坦，进口量为 45 537 630 千克。2015 年我国进口小麦也主要来自哈萨克斯坦，进口量为 116 948 652 千克。2020 年我国进口小麦主要来自哈萨克斯坦、俄罗斯、土耳其，进口量分别为 45 537 630 千克、71 598 900 千克、2 千克。

表 5－5　2000—2020 年我国从不同国家进口小麦的情况

单位：千克

国家	2000 年	2005 年	2010 年	2015 年	2020 年
俄罗斯	—	—	—	—	71 598 900
缅甸	—	—	—	—	—
保加利亚	—	—	—	—	—
泰国	—	—	—	—	—
印度	—	—	—	—	—
菲律宾	—	—	—	—	—
土耳其	—	—	—	—	2
哈萨克斯坦	—	—	45 537 630	116 948 652	45 537 630

　　从国别来看，哈萨克斯坦、俄罗斯、土耳其是我国小麦进口的重要来源，

其中从哈萨克斯坦和俄罗斯进口的最多。

（4）稻谷。如表 5-6 所示，2000 年我国进口稻谷主要来自泰国，进口量为 50 970 千克。2005 年我国进口稻谷主要来自缅甸，进口量为 359 954 千克。2010 年我国进口稻谷主要来自缅甸、泰国、菲律宾，进口量分别为 2 440 000 千克、86 000 千克、45 千克。2015 年我国进口稻谷主要来自缅甸、俄罗斯、菲律宾，进口量分别为 3 311 486 千克、3 275 539 千克、1 049 千克。2020 年我国进口稻谷主要来自缅甸、俄罗斯、菲律宾、印度四个国家，进口量分别为 26 480 150 千克、269 000 千克、7 千克、4 千克。

表 5-6　2000—2020 年我国从不同国家进口稻谷的情况

单位：千克

国家	2000 年	2005 年	2010 年	2015 年	2020 年
俄罗斯	—	—	—	3 275 539	269 000
缅甸	—	359 954	2 440 000	3 311 486	26 480 150
保加利亚	—	—	—	—	—
泰国	50 970	—	86 000	—	—
印度	—	—	—	—	4
菲律宾	—	—	45	1 049	7
土耳其	—	—	—	—	—
哈萨克斯坦	—	—	—	—	—

从国别来看，我国在五个时间节点都没有从土耳其、哈萨克斯坦、保加利亚进口过稻谷，2005 年、2010 年、2015 年、2020 年我国都有从缅甸进口稻谷，可见缅甸是我国稻谷进口的重要来源国。除此之外，从俄罗斯进口的稻谷比重也比较大，俄罗斯也是我国稻谷进口的重要来源国。

2. 出口

为研究我国对不同国家出口粮食的差别，主要选取了 2000 年、2005 年、2010 年、2015 年、2020 年 5 个时间节点，俄罗斯、蒙古国、巴基斯坦、斯里兰卡、孟加拉国、尼泊尔、新加坡、马来西亚、印度尼西亚、泰国、波兰、沙特阿拉伯、伊朗、约旦、科威特 15 个国家，来分别分析我国出口玉米、大豆、小麦、稻谷等粮食的国别状况。

（1）玉米。如表 5-7 所示，2000 年我国出口玉米的规模较大，同时向 9 个国家出口，其中向马来西亚出口量最大，出口量为 2 098 732 672 千克。2005

年我国同时向 7 个国家出口玉米，分别为伊朗、马来西亚、俄罗斯、孟加拉国、巴基斯坦、波兰、科威特，出口量分别为 1 026 810 994 千克、476 929 056 千克、1 899 995 千克、64 024 千克、40 010 千克、19 980 千克、8 千克，其中出口到伊朗的最多，马来西亚次之。2010 年我国向巴基斯坦和蒙古国出口了玉米，出口量分别为 109 600 千克、980 000 千克，出口到蒙古国的玉米最多。2015 年我国向俄罗斯、波兰、巴基斯坦、孟加拉国出口了玉米，出口量分别为 99 500 千克、15 200 千克、10 000 千克、459 千克。2020 年我国向俄罗斯、波兰、巴基斯坦、泰国、尼泊尔出口了玉米，出口量分别为 434 200 千克、32 875 千克、23 010 千克、11 500 千克、25 千克，其中向俄罗斯出口的玉米最多。

表 5 - 7   2000—2020 年我国向不同国家出口玉米的情况

单位：千克

国家	2000 年	2005 年	2010 年	2015 年	2020 年
俄罗斯	9 814 000	1 899 995	—	99 500	434 200
蒙古国	—		980 000		
巴基斯坦	440	40 010	109 600	10 000	23 010
斯里兰卡	74 069 800				
孟加拉国	84 188 592	64 024	—	459	—
尼泊尔	—				25
新加坡	30 764 100				
马来西亚	2 098 732 672	476 929 056			
印度尼西亚	831 082 112				
泰国	272 979 360		—	—	11 500
波兰	—	19 980		15 200	32 875
沙特阿拉伯	—				
伊朗	110 992 384	1 026 810 994			
约旦	—				
科威特		8			

从国别来看，我国在五个时间节点都没有向约旦出口过玉米。2000—2010年，中国出口玉米最多的国家依次为马来西亚、伊朗、孟加拉国；2010—2020年，中国玉米的出口规模下降，已经不再向斯里兰卡、新加坡、马来西亚、印度尼西亚、伊朗、科威特等国出口玉米了。

（2）大豆。如表 5-8 所示，2000 年我国同时向 6 个国家出口大豆，分别为马来西亚、俄罗斯、印度尼西亚、新加坡、泰国、蒙古国，出口量分别为 1 428 210 千克、200 000 千克、101 850 千克、7 759 千克、5 000 千克、100 千克。2005 年我国对外出口大豆的规模扩大，同时向 8 个国家出口大豆，分别为马来西亚、俄罗斯、新加坡、印度尼西亚、约旦、泰国、沙特阿拉伯、科威特，出口量分别为 1 370 281 千克、916 938 千克、261 475 千克、45 500 千克、13 500 千克、5 000 千克、1 500 千克、1 000 千克。2010 年我国对外出口大豆的规模进一步扩大，同时向 10 个国家出口大豆，分别为马来西亚、新加坡、泰国、印度尼西亚、约旦、蒙古国、沙特阿拉伯、俄罗斯、科威特、斯里兰卡。2015 年我国同时向 9 个国家出口大豆，分别为马来西亚、印度尼西亚、俄罗斯、新加坡、泰国、蒙古国、尼泊尔、沙特阿拉伯、巴基斯坦。2020 年我国主要向马来西亚、泰国、俄罗斯、沙特阿拉伯、新加坡、约旦、科威特、孟加拉国、巴基斯坦 9 个国家出口大豆。

表 5-8　2000—2020 年我国对不同国家出口大豆的情况

单位：千克

国家	2000 年	2005 年	2010 年	2015 年	2020 年
俄罗斯	200 000	916 938	10 000	253 195	151 528
蒙古国	100	—	13 100	40 000	—
巴基斯坦	—	—	—	1 000	279
斯里兰卡	—	—	340		
孟加拉国	—	—	—	—	500
尼泊尔	—	—	—	30 000	
新加坡	7 759	261 475	67 780	94 502	61 513
马来西亚	1 428 210	1 370 281	1 656 610	1 934 457	1 289 680
印度尼西亚	101 850	45 500	44 500	1 418 000	—
泰国	5 000	5 000	59 100	84 000	152 600
波兰					
沙特阿拉伯	—	1 500	10 020	10 000	89 000
伊朗					
约旦	—	13 500	22 300		24 000
科威特	—	1 000	2 000		1 515

从国别来看，我国向外出口大豆的规模在逐渐扩大，规模最大的时候同时向马来西亚、新加坡、泰国、印度尼西亚、约旦、蒙古国、沙特阿拉伯、俄罗斯、科威特、斯里兰卡 10 个国家出口，其中马来西亚、俄罗斯、新加坡、泰国、印度尼西亚、沙特阿拉伯是我国大豆的主要出口国。

（3）小麦。如表 5 - 9 所示，我国小麦的出口规模较小，2000 年只向俄罗斯出口了 2 442 000 千克。2005 年出口国有三个，分别为蒙古国、泰国、俄罗斯，出口数量分别为 5 000 000 千克、6 287 100 千克、300 000 千克。2010 年只向斯里兰卡出口了 1 170 千克。2015 年向马来西亚出口了 2 319 490 千克，向孟加拉国出口了 60 千克。2020 年我国没有向这些国家出口小麦。

表 5 - 9　2000—2020 年我国向不同国家出口小麦的情况

单位：千克

国家	2000 年	2005 年	2010 年	2015 年	2020 年
俄罗斯	2 442 000	300 000	—	—	—
蒙古国	—	5 000 000	—	—	—
巴基斯坦	—	—	—	—	—
斯里兰卡	—	—	1 170	—	—
孟加拉国	—	—	—	60	—
尼泊尔	—	—	—	—	—
新加坡	—	—	—	—	—
马来西亚	—	—	—	2 319 490	—
印度尼西亚	—	—	—	—	—
泰国	—	6 287 100	—	—	—
波兰	—	—	—	—	—
沙特阿拉伯	—	—	—	—	—
伊朗	—	—	—	—	—
约旦	—	—	—	—	—
科威特	—	—	—	—	—

从国别来看，2000—2010 年，俄罗斯、泰国、蒙古国是我国小麦的主要出口国。2010—2020 年，马来西亚、斯里兰卡、孟加拉国是我国小麦的出口国。

（4）稻谷。如表 5 - 10 所示，2000 年我国主要向孟加拉国和巴基斯坦出口稻谷，出口量分别为 39 813 千克、416 千克。2005 年我国主要向孟加拉国、巴基斯坦、印度尼西亚出口稻谷，出口量分别为 1 894 943 千克、140 050 千克、248 千克。2010 年我国向巴基斯坦、孟加拉国、印度尼西亚、马来西亚、新加坡、尼泊尔、泰国 7 个国家出口稻谷，出口量分别为 5 717 417 千克、3 889 875 千克、3 745 712 千克、16 000 千克、13 883 千克、300 千克、36 千克。2015 年我国主要向巴基斯坦、孟加拉国、印度尼西亚、尼泊尔、新加坡、伊朗 6 个国家出口稻谷，出口量分别为 4 924 862 千克、843 525 千克、590 078 千克、20 437 千克、1 053 千克、130 千克。2020 年我国主要向巴基斯坦、孟加拉国、尼泊尔、印度尼西亚、伊朗、泰国 6 个国家出口稻谷，出口量分别为 9 538 987 千克、403 137 千克、148 255 千克、23 760 千克、145 千克、4 千克。

表 5 - 10　2000—2020 年我国对不同国家出口稻谷的情况

单位：千克

国家	2000 年	2005 年	2010 年	2015 年	2020 年
俄罗斯	—	—	—	—	—
蒙古国	—	—	—	—	—
巴基斯坦	416	140 050	5 717 417	4 924 862	9 538 987
斯里兰卡	—	—	—	—	—
孟加拉国	39 813	1 894 943	3 889 875	843 525	403 137
尼泊尔			300	20 437	148 255
新加坡	—	—	13 883	1 053	—
马来西亚			16 000		
印度尼西亚	—	248	3 745 712	590 078	23 760
泰国			36		4
波兰	—	—	—	—	—
沙特阿拉伯					
伊朗	—	—	—	130	145
约旦	—	—	—	—	—
科威特	—	—	—	—	—

从国别来看，巴基斯坦、孟加拉国一直是中国对外出口稻谷的主要出口国，并且在 2010 年后，中国稻谷的出口国又新增了印度尼西亚、尼泊尔、新加坡、伊朗。

进口方面，保加利亚、俄罗斯、缅甸是我国玉米进口的重要来源国，俄罗斯是我国大豆进口的重要来源国，哈萨克斯坦是我国小麦进口的重要来源国，缅甸是我国稻谷进口的重要来源国。出口方面，马来西亚、俄罗斯、新加坡、泰国、印度尼西亚、沙特阿拉伯是我国大豆的主要出口国，巴基斯坦、孟加拉国是我国稻谷的主要出口国。

三、中国与东盟国家粮食贸易状况

中国和东盟自 2003 年便建立了战略伙伴关系。2020 年，东盟成为我国第一大贸易伙伴，我国连续 12 年保持东盟第一大贸易伙伴地位。2021 年 11 月 22 日，中国东盟由"战略伙伴关系"升级为"全面战略伙伴关系"，东盟成员国包括文莱、柬埔寨、印度尼西亚、老挝、马来西亚、缅甸、菲律宾、新加坡、泰国、越南 10 个国家，本书为分析我国与东盟国家粮食贸易状况，选取印度尼西亚、缅甸、菲律宾、新加坡、泰国 5 个国家，来具体分析中国与这些国家的进出口情况。

1. 进口

（1）缅甸。如表 5-11 所示，我国从缅甸进口的粮食主要包括玉米和稻谷，并且进口量在逐步增长。除了玉米和稻谷外，我国曾在 2010 年从缅甸进口了 2 000 千克的大豆。可见，缅甸是我国玉米和稻谷进口的主要来源国之一。

表 5-11 2000—2020 年我国从缅甸进口粮食情况

单位：千克

年份	小麦	玉米	大豆	稻谷
2000	—	—	—	—
2005	—	297 910	—	359 954
2010	—	19 393 788	2 000	2 440 000
2015	—	48 282 580	—	3 311 486
2020	—	121 150 000	—	26 480 150

（2）菲律宾。如表 5-12 所示，我国从菲律宾进口的粮食主要包括玉米和稻谷，玉米具体的进口量分别为 2000 年 934 千克、2005 年 498 千克、2010 年 844 千克、2020 年 4 519 千克，其中 2020 年的进口量最多；稻谷具体的进口量分别为 2010 年 45 千克、2015 年 1 049 千克、2020 年 7 千克。可见，菲律宾也

是中国玉米进口的主要来源国之一。

表 5 - 12 2000—2020 年我国从菲律宾进口粮食情况

单位：千克

年份	小麦	玉米	大豆	稻谷
2000	—	934	—	—
2005	—	498	—	—
2010	—	844	—	45
2015	—	—	—	1 049
2020	—	4 519	—	7

（3）泰国。如表 5 - 13 所示，我国从泰国进口的粮食主要包括玉米、大豆和稻谷，但进口的时间都集中在 2000 年和 2010 年。具体来看，2000 年我国从泰国进口玉米 9 千克、2010 年进口玉米 8 700 154 千克。2000 年我国从泰国进口大豆 765 千克。2000 年我国从泰国进口稻谷 50 970 千克、2010 年进口稻谷 86 000 千克。可见，泰国是中国部分玉米、稻谷、大豆的进口国。

表 5 - 13 2000—2020 年我国从泰国进口粮食情况

单位：千克

年份	小麦	玉米	大豆	稻谷
2000	—	9	765	50 970
2005	—			
2010	—	8 700 154	—	86 000
2015	—			
2020	—	—	—	—

2. 出口

（1）印度尼西亚。如表 5 - 14 所示，我国主要向印度尼西亚出口的粮食包括稻谷、大豆、玉米，其中玉米的出口时间节点为 2000 年，出口量为 831 082 112 千克；大豆于 2000 年出口 101 850 千克、2005 年出口 45 500 千克、2010 年出口 44 500 千克、2015 年出口 1 418 000 千克；稻谷于 2005 年向印度尼西亚出口了 248 千克，2010 年出口 3 745 712 千克，2015 年出口 590 078 千克，2020 年出口 23 760 千克，出口量逐渐减少。可见，印度尼西亚是我国稻谷的主要出口国之一。

表 5－14　2000—2020 年我国对印度尼西亚出口粮食情况

单位：千克

年份	小麦	玉米	大豆	稻谷
2000	—	831 082 112	101 850	—
2005	—	—	45 500	248
2010	—	—	44 500	3 745 712
2015	—	—	1 418 000	590 078
2020	—	—	—	23 760

（2）新加坡。如表 5－15 所示，我国对新加坡出口的粮食主要包括大豆、稻谷、玉米，其中 2000 年我国只对新加坡出口了玉米和大豆，出口的数量分别为 30 764 100 千克、7 759 千克。2005 年我国向新加坡出口的粮食为大豆，出口量为 261 475 千克。2010 年我国向新加坡出口的粮食为大豆和稻谷，出口量分别为 67 780 千克、13 883 千克。2015 年我国仍向新加坡出口了大豆和稻谷，出口量分别为 94 502 千克、1 053 千克。2020 年我国向新加坡出口的粮食只有大豆，出口量为 61 513 千克。可见，新加坡是我国大豆、稻谷重要的出口国之一。

表 5－15　2000—2020 年我国对新加坡出口粮食情况

单位：千克

年份	小麦	玉米	大豆	稻谷
2000	—	30 764 100	7 759	—
2005	—	—	261 475	—
2010	—	—	67 780	13 883
2015	—	—	94 502	1 053
2020	—	—	61 513	

（3）泰国。如表 5－16 所示，我国对泰国出口的粮食比较多样，小麦、玉米、大豆、稻谷都有涉及，但只有大豆是出口量最大且最稳定的一类粮食。我国只在 2005 年向泰国出口了 6 287 100 千克的小麦；分别在 2000 年和 2020 年向泰国出口了 272 979 360 千克、11 500 千克玉米；稻谷也仅在 2010 年和 2020 年分别向泰国出口了 36 千克、4 千克。可见，泰国是中国大豆的重要出口国之一。

表 5 - 16　2000—2020 年我国对泰国出口粮食情况

单位：千克

年份	小麦	玉米	大豆	稻谷
2000	—	272 979 360	5 000	
2005	6 287 100	—	5 000	—
2010	—		59 100	36
2015	—		84 000	
2020	—	11 500	152 600	4

通过对中国与印度尼西亚、缅甸、菲律宾、新加坡、泰国 5 个国家进出口情况的具体分析，可以看出中国与东盟各国的粮食贸易频繁。进口方面，缅甸是中国玉米和稻谷进口的主要来源国之一，菲律宾也是中国玉米进口的主要来源国，泰国是中国部分玉米、稻谷、大豆的进口地；出口方面，印度尼西亚是中国稻谷的主要出口国之一，新加坡是中国大豆、稻谷重要的出口国，泰国是中国大豆的重要出口国。

第三节　中国与共建"一带一路"国家的粮食贸易特征

新冠疫情暴发以来，少数国家先后出台限制粮食出口的措施，这些国家较多集中在"一带一路"沿线，也包括我国较大的粮食贸易伙伴国，这对我国粮食进口和粮食安全无疑会产生一定的影响。近年，我国同共建"一带一路"国家经济贸易合作日益增强，共建"一带一路"国家是我国小麦、稻谷和大豆的重要进口来源地，我国与共建"一带一路"国家粮食贸易主要呈现以下几方面特征。

一、与共建"一带一路"国家粮食贸易合作增强

近年，全球经济面临的复杂性和不确定性增强，尤其是中美贸易摩擦以来，南美洲国家大豆和玉米价格上升。我国逐渐开拓新的粮食进口来源，同共建"一带一路"国家粮食贸易日益紧密，粮食进口来源、进口规模和进口数量均呈现扩大趋势。2018 年开始，我国逐渐扩大从俄罗斯进口大豆数量。2020年，我国从俄罗斯进口的大豆增至 69.32 万吨。从保加利亚进口玉米量也明显

增加，由 2015 年的 16 万吨增至 2020 年的 26.15 万吨。2018 年，中粮集团首次从保加利亚进口玉米。总体来看，"一带一路"倡议下我国同共建"一带一路"国家粮食贸易不断加强，同共建"一带一路"国家粮食交易规模增速也明显高于总体水平。2018 年，我国同共建"一带一路"国家农产品交易额同比增长 12%，明显高于我国总体贸易增速（4.3%）。2019 年，我国同俄罗斯、泰国、马来西亚等共建"一带一路"国家粮食贸易量也有明显增长。1995 年，我国与共建"一带一路"国家农产品进出口占全国农产品进出口比重为 20.4%，2000 年下降至 17.24%，之后占比总体上是趋稳提升，到 2010 年占比提升至 24.24%，到 2020 年占比又提升至 24.54%。

随着中美贸易摩擦不断，中美粮食贸易形势不明朗，不确定性增强，为了保障国家粮食有效供给，降低国际市场粮源过于集中风险，我国亟须稳步拓展进口粮源。共建"一带一路"国家作为全球重要的粮食生产和出口区域，"一带一路"倡议的提出为我国拓展进口粮源提供了前所未有的机遇，近年共建"一带一路"国家成为我国重要的谷物进口来源，随着"一带一路"倡议的不断推进，我国与共建"一带一路"国家粮食贸易往来将会更加密切。

二、粮食贸易占比不断加大

"一带一路"倡议提出以来，我国与共建"一带一路"国家的农产品贸易规模不断提升，产品不断丰富。2018 年，我国与共建"一带一路"国家的贸易占我国对外贸易总额的 27.4%，而与共建"一带一路"国家农产品贸易额占中国农产品对外贸易总额的 35.1%，接近高出 8 个百分点。由此也可以看出，共建"一带一路"国家近年逐渐成为我国重要的粮食贸易伙伴，加强同共建"一带一路"国家农业合作，有助于利用好国内外两种农业资源，为保障我国进口粮源稳定性和可获得性奠定坚实基础。尤其是与粮食生产和贸易潜力较大的国家加强经贸往来，可实现国内国外"双循环"和进口粮源多元化。

三、粮食贸易始终处于逆差地位

近年，我国与共建"一带一路"国家粮食贸易发展速度较快，但是总体来看，粮食进口多于出口，整体上同共建"一带一路"国家粮食贸易一直处于逆差状态。由农业农村部农产品进出口数据统计可以看出，2017—2019 年，我国与共建"一带一路"国家贸易额整体呈增长趋势，从 2017 年的 1.37 万亿元增至 2019 年的 1.6 万亿元，贸易逆差从−3 414.68 亿元扩大到−4 982.33 亿元，贸易逆差呈扩大态势。这说明，近年共建"一带一路"国家逐渐成为我国重要的粮食进口来源区域，我国进口粮源拓展取得明显成效，有助于降低我国粮食进口地区过于集中的风险。

四、粮食贸易区域梯队明显

近年，我国同共建"一带一路"国家粮食贸易规模最大国家排名前十的包括泰国、越南、印度尼西亚、马来西亚、印度、新加坡、缅甸、俄罗斯、菲律宾和乌克兰，其中东盟国家占 7 个。我国与共建"一带一路"国家粮食贸易根据贸易规模划分可以分为三个梯队：第一梯队为东盟。东盟国家是近年我国与共建"一带一路"国家粮食贸易最多的区域，粮食贸易额占共建"一带一路"国家的 70%，主要原因可能是这些国家与我国地理位置较近，饮食文化有明显相似之处，因此粮食贸易规模和频率相对较高；独联体 7 国、南亚 8 国和西亚 18 国粮食贸易占比分别为 13%、5% 和 5%，为第二梯队；其他国家粮食贸易额占比为 7%，为第三梯队，主要包括中东欧 16 国、中亚 5 国和蒙古国，这些国家与我国经济发展水平、饮食习惯、宗教文化等方面存在较大差异，虽然近年粮食贸易规模有所增长，但是总体贸易规模相对较小。总体来看，我国与共建"一带一路"国家粮食贸易呈现明显的梯队变化，从某种程度上也暴露出我国与共建"一带一路"国家粮食贸易不平衡的问题。因此，应加强对共建"一带一路"国家粮食生产潜力的分析，积极同共建"一带一路"国家开展农业或粮食产业领域的合作，提升共建"一带一路"国家粮食综合生产能力和贸易规模，稳步拓展和强化我国进口粮食来源，增强我国跨国粮食供应链稳定性。

第六章
中国跨国粮食供应链构建的三重向度

新形势下，站在新的历史方位回望我国跨国粮食供应链发展成就并总结经验，从历史、现实和问题三重向度对其深刻剖析，有助于把握跨国粮食供应链构建的历史规律，有助于更好地解决新时期跨国供应链面临的新问题，有助于提升我国跨国粮食供应链的稳定性和韧性。面对单边主义和贸易保护主义抬头、新冠疫情全球蔓延以及国际农产品市场价格剧烈波动等挑战，应在开放合作中不断完善和强化全球粮食安全治理，构建高质量、多元化、可持续的粮食发展体系，确保我国跨国粮食供应链有效运转，推动粮食贸易的健康稳定、可持续发展，更好保障国内粮食有效供给和粮食安全。

第一节　中国跨国粮食供应链构建的历史向度

一、中国粮食安全形势的演变

新中国成立以来，随着我国社会经济的发展，农业也发生了翻天覆地的变化，逐渐由传统农业向现代农业转型，农业竞争力明显提升，粮食综合生产能力显著提高。总体来看，新中国成立以来我国粮食安全形势大致可以分为以下三个阶段。

第一阶段（1949—1978 年），由吃不饱向吃得饱转变。改革开放以前，我国实行的是计划经济，粮食凭票供应，该阶段粮食相对紧缺，此阶段粮食安全面临的最主要问题就是如何解决吃得饱的问题。该阶段农业生产条件较落后，生产力水平较低，我国人均粮食产量低于 300 千克。尤其是 1959—1961 年，发生了三年严重困难，人均粮食产量更低，1961 年为 207 千克，甚至低于 1949 年水平（209 千克）。随后年份人均粮食产量稳步增长，虽然个别年份出现波动，但是整体呈现递增趋势，到 1978 年人均粮食产量超过 300 千克。这也说明该阶段我国粮食安全问题可以通过行政手段来解决，通过市场机制进行调节，吃得饱问题已经不再是粮食安全的主要矛盾。

第二阶段（1979—2008 年），保障消费者吃得起、吃得着。该阶段我国实行家庭联产承包责任制以后，农业生产力得到释放，粮食产量明显上升，1979 年人均粮食产量达到 340 千克，粮食供给量显著增加，曾三次出现"卖粮难"问题，导致谷贱伤农，打击了农户种粮积极性。为了保障种粮农户稳步增收、提高农户种粮积极性，该阶段我国逐渐改革粮食流通体系，建立粮食储备制度。1998 年，我国政府正式宣布农业进入新阶段，农产品数量不足的矛盾基本得到解决，彻底告别了持续数千年的饥饿困扰。2005 年，我国政府宣布取消农业税，彻底告别持续 2 000 多年"交皇粮"的历史。2005 年和 2006 年，先后开始执行稻谷和小麦最低收购价。2007 年和 2008 年，先后开始实行玉米、大豆和油菜籽临时收储政策。该阶段为了保障消费者吃得起、吃得着，我国粮食进口量有所增加，进口粮食主要是弥补国内粮食市场品种间供需缺口，保障国家粮食安全，该阶段我国进口的主要是大豆，其他品种相对较少。2007—2008 年，全球出现粮食危机，30 多个国家都陷入其中，我国迅速向市场投放储备粮，稳定了粮食价格，同时又保障了国内粮食稳定供给。

该阶段我国粮食安全战略也发生了一定的变化，1996 年，《中国的粮食问题》白皮书首次明确提出，"立足国内资源，实现粮食基本自给，是中国解决粮食供需问题的基本方针""中国将努力促进国内粮食增产，在正常情况下，粮食自给率不低于 95％，净进口量不超过国内消费量的 5％"。2013 年底，中央农村工作会议要求，实施"以我为主、立足国内、确保产能、适度进口、科技支撑"的国家粮食安全新战略，明确提出确保"谷物基本自给、口粮绝对安全"的国家粮食安全新目标。

第三阶段（2009 年至今），吃得好成为粮食安全最核心问题。2009 年以来，我国粮食产量稳定在 5 亿吨以上，2020 年达到近 6.7 亿吨，人均粮食产量由 2009 年的 398 千克增至 2020 年的 475 千克，粮食安全问题已经由数量安全向质量安全转变，数量安全虽然一直都是粮食安全首要问题，但是目前核心问题已经转变为质量安全，如何保障消费者能够吃得好、吃得健康成为该阶段的主要任务。2020 年，我国脱贫攻坚战取得了全面胜利，彻底消除了绝对贫困。随着中等收入家庭数量大幅增长，对肉蛋奶和优质粮食的需求日益增加，近年我国进口优质粮食和大豆数量增长较快。粮食供需基本平衡，但不同品种差异较大。小麦、稻谷市场供需保持宽松；玉米有缺口，目前库存比较充裕，短期能弥补缺口，但长期看缺口会增大；大豆基本通过进口解决。

联合国粮农组织没有给出"吃好"的标准，目前，发达国家人均年消费粮食在800千克上下，比我国高65％。我国人均耕地仅0.1公顷，能够吃饱已是了不起的成绩，要达到人均800千克粮食"吃好"的标准确实有困难。长远看，我国粮食安全还面临人均耕地少、进口食物多、种植业规模小、效益偏低、粮价偏高、国际竞争力弱、年轻粮农少、粮食浪费多等困难。此外，城镇化、工业化用地量不断增加、人民生活水平提高使人均粮食消费量不断增加，将进一步增加保障粮食安全的难度。2020年，我国进口粮食相当于9亿亩耕地的产量。因此，吃好需要进口是基本国情。

二、中国粮食进出口贸易政策的变迁

我国跨国供应链随着我国粮食安全形势和全球粮食安全形势变化而发生变化，粮食跨国供应链各个环节主体随着社会经济发展也在动态变化，粮食安全供应链也随着外部环境变化而动态优化，这样才更具有稳定性和韧性。总体来看，新中国成立以来我国跨国粮食供应链的研究大致可以分为以下几个阶段。

第一阶段（1949—1978年），沉寂与萌芽阶段。新中国成立初期的粮食市场波动有着特定历史背景下特殊的政治经济根源，而要化解决定粮食市场走势的复杂的政治经济因素，政策决策层就必然考虑到多重的政治目标和约束条件，以在可能的决策空间内选择最优的政策干预工具。该时期粮食政策兼有粮食供给目标和粮食作为出口换汇工具的工业化发展目标，粮食进口在初期由于港口被敌人封锁而被断绝，一些原来依赖进口粮食供应的港口城市也开始需要政府供应粮食。20世纪50年代，我国粮食贸易一直保持顺差，出口没有停止过，即使是1959年和1960年我国严重困难时期，在粮食形势较为紧张的背景下，我国依然出口了416万吨和263万吨粮食。1954年9月，在第一届全国人民代表大会上陈云对粮食统购统销政策必要性进行分析说："我们必须进口大量的机器装备，来建立我国的工业基础，以便在若干年以后，把我国改造成一个高度工业化的国家。为了进口机器装备，我们必须用出口物资去交换。我国现在还是一个农业国家，能够出口的主要物品是农产品。"1966—1976年"文化大革命"期间，中国粮食进出口格局没有发生大的变化，仍是有进有出，以进为主。1966—1976年，平均每年进口粮食501.47万吨，出口粮食277.17万吨。总体来看，该阶段我国粮食紧张局面没有得到根本转变，国内仍面临温饱问题，再加上外汇紧缺，国际市场大米和豆类产品价格高，而小麦和玉米价格低，国家采取了以出口养进口的策略。1966 年，我国出口大米 100 万吨，换回小麦 300 万吨，是当年小麦进口总量的 60％。1974 年，出口大米 150 万吨，换回小麦 300 万吨，在一定程度上缓解了我国粮食供求紧张的局面。

第二阶段（1979—1994 年），改革与探索阶段。改革开放初期，我国实行计划经济体制，在当时粮食政治属性比较明显，粮食主要由国家统一分配。在该阶段，我国粮食贸易也不是一般意义的国际贸易，粮食贸易业务只能由国家指定的外贸公司开展，并且每年进口粮食数量也由国家统一确定，然后具有粮食贸易经营权的企业从事粮食进出口。由于粮食贸易为国家贸易，所以能将国际价格与国内价格基本隔离，国际价格传递不到国内市场。1987 年，国务院批转商业部通知，提出适当进口粮食，以平衡当时国内粮食收支缺口。1991—1992 年，我国加强粮食贸易统一管理，计划内外的粮食进出口均须向国务院报批。

第三阶段（1995—2000 年），改革与深化阶段。1995 年，国家明确粮食"省长负责制"，要求省域层面需严格执行粮食进出口计划。1996 年，国家取消了大豆进口配额，当年大豆进口量较上年增长 2.8 倍，到 2000 年大豆进口量增至 1 042 万吨，短短四年间大豆进口量增加了近 9 倍。1997 年，国家对小麦、大米、玉米和大豆等粮食实行进口关税配额管理。1997—1999 年，国内粮食连年丰收，国内粮食市场低迷，财政补贴压力增大，国家实行粮食出口退税和运费补贴等政策以鼓励粮食出口。

第四阶段（2001—2013 年），系统与完善阶段。2001 年底，我国加入 WTO，粮食进出口贸易政策有较明显变化，对大米、小麦和玉米三种粮食实行关税配额制度，并承诺到 2004 年之前逐渐增加关税配额。2002—2004 年，我国粮食进口关税配额由 1 446 万吨增至 2 215.6 万吨，增幅达到 53.2％。2004 年 4 月 1 日开始，对大米等三种粮食实行零增值税政策，出口免征销项税。大豆和大米等粮食品种实行自由贸易，征收 3％的进口关税，同时承诺"黄箱"补贴不超过 8.5％。2007 年 12 月，取消出口退税政策。2008 年，对小麦、玉米和大米等粮食征收 5％～25％的暂定关税，2009 年 7 月取消暂定关税。

第五阶段（2014 年至今），创新与深化阶段。该阶段我国粮食进出口贸易政策目标主要为保障粮食安全和激发市场活力，创新粮食政策逐步与国际标准接轨，此阶段我国共发布 56 项粮食进出口贸易政策，其中 2018 年当年发布 30 项，2019 年发布 21 项。2014 年，中央 1 号文件《关于全面深化农村改革加快推进农业现代化的若干意见》中强调"以我为主"和"适度进口"。2018 年，国务院提出促进与共建"一带一路"国家开展粮食合作。2019 年 9 月，提出提高粮食标准国际化水平。《中国的粮食安全》白皮书中提到要"走中国特色粮食安全道路"。进入新时期，我国提出"统筹两个市场、两种资源"，粮食进出口贸易在我国对外贸易中的重要性进一步上升，在积极与国际标准接轨、高质量发展的进程中走向开放。

三、中国跨国粮食供应链的演进

第一阶段（1949—1977 年），强调粮食物流管理。该时期的观点认为，"供应链是指将采购的原材料和收到的零部件，通过生产转换和销售等活动传递到用户的一个过程"，该时期供应链仅被视为企业内部的一个物流过程，供应链管理的研究最早也是从物流管理开始的。受国家实施优先发展重工业战略和国内需求的影响，该时期粮食进出口贸易规模有限。为解决新中国成立初期的粮食短缺问题，当时我国的主要任务是用少量粮食保障大量人口的生存，同时又要保证国家经济、工业的发展。在粮食方面，政府制定实施了统购统销政策：粮食的各个流通环节都由国家统一管理，除去规定的国有粮食企业外，禁止地方和个体经营户销售粮食。国家在农村和市镇开展基层粮食合理运输，包括农村粮食征购入库合理摆布和市镇粮食合理运输两部分。市镇按固定的线路运输粮食，车站或码头与加工厂或粮仓分别对应，这样的定点运输能提高效率。

新中国成立后，我国开始对亚洲和非洲一些国家提供农业援助，援助对象主要是越南、朝鲜、蒙古国等国家。在 20 世纪 50 年代，中国对外贸易对象主要为苏联和东欧等社会主义国家。中国在 1950 年与苏联签订中苏贸易协定之后，又同捷克、波兰等 8 个东欧国家签订了政府间贸易协定。与此同时，中国与亚非国家的经济贸易关系也得到发展，并同部分西方国家成功搭建了民间和政府间贸易渠道。20 世纪 60 年代，中苏关系破裂导致中苏贸易局势发生剧变，我国逐渐开始同日本和西欧一些国家进行贸易往来，由于三年严重自然灾害造成国内粮食减产，因此粮食成为当时进口的主要商品。

第二阶段（1978—2000 年），强调粮食产业价值增值链。改革开放为我国粮食进出口贸易带来活力，粮食进出口贸易政策进入改革与探索时期。涉及粮食进出口贸易的政策数量增多，内容日益丰富。由于粮食贸易体制改革滞后，粮食贸易高度垄断。1985 年，国家明确"可适当进口粮食"，但是 1987 年国务院强调必须严格按照批准计划执行粮食进出口任务。1988 年，国家进一步强调粮食进口对平衡国家收支的意义。在计划经济背景下粮食物流方式跟不上粮食供求关系的变化，1992 年，党的十四大提出"发展社会主义市场经济"，随后国家逐渐放开粮食市场，国家对粮食物流的管控减弱，粮食物流企业开始发展起来。新生的粮食企业为追求利益最大化，将大量粮食从价格低的地方流向价格高的地方。1998 年之前，粮食物流方向和数量比较混乱，该时期我国粮食物流合理化方向处于探索期。

改革开放以来，我国粮食贸易合作伙伴开始由社会主义国家为主，转向以市场经济国家和地区为主，美国、西欧、日本、东南亚、加拿大和澳大利亚等成为我国农产品主要贸易伙伴。我国外贸体制管理开始由单一的指令性计划管理体制转变为指令性计划、指导性计划与市场调节相结合的制度。20 世纪 90 年代中期以前，我国是世界最大的小麦进口国之一，主要从美国、加拿大和澳大利亚进口小麦。

第三阶段（2001—2018 年），强调粮食产业价值网络。加入 WTO 后，中国对外开放工作从"引进来"为主转变为"引进来"与"走出去"齐头并进，而以对外农业投资为龙头的农业"走出去"也全面启动。2006 年之后，农业部、商务部和财政部等相关部委先后出台《关于加快实施农业"走出去"战略的若干意见》《农业"走出去"发展规划》《境外投资产业指导政策》及《境外投资产业指导目录》等政策文件，明确了农业"走出去"的战略地位和产业领域，同时也出台了多项措施支持企业"走出去"，开展境外农业投资与合作。

近年我国粮食进口主要集中在北美洲、南美洲和大洋洲，粮食运输通道集中于中国沿海到北美洲东海岸、中国沿海到南美洲东海岸以及中国沿海到澳大利亚。这些航线航行距离长、海域情况复杂，无疑增加了我国粮食跨国供应链的风险，航运的运输安全尤其是航线关键节点的安全是一个值得重视的问题，因此，应根据各个关键节点的不同影响因素区别对待，做好预案。2018 年之前，我国小麦进口主要从澳大利亚、加拿大和美国进口。2018 年上半年，中美贸易摩擦升级，对我国粮食（大豆、玉米、小麦等）贸易影响较大，尤其是大豆和玉米，我国每年从美国进口大豆和玉米数量较大。由于我国从美国进口小麦有限，并且小麦进口替代国增多，我国可以从俄罗斯、哈萨克斯坦、乌克兰等国进口小麦。

2013年"一带一路"倡议提出后，包括对外农业投资在内的农业国际合作成为共建"一带一路"国家共建利益共同体和命运共同体的最佳结合点之一，加强我国国际粮食供应链的自身建设是提高我国粮食供应链国际竞争力的关键。为此，应进一步拓展粮食企业"走出去"的路径，开展共建"一带一路"国家合作。2019年8月23日，国家发展改革委、国家粮食和物资储备局印发《关于坚持以高质量发展为目标加快建设现代化粮食产业体系的指导意见》，明确提出要大力发展现代粮食物流。加快建设沿海沿江、沿铁路干线的粮食物流重点线路，进一步打通国内粮食物流主要通道和进出口通道。大力发展散粮运输和多式联运，鼓励粮食企业建设中转仓、铁路专用线、内河沿海码头；充分利用"两个市场、两种资源"。引导粮食企业深度参与"一带一路"建设，支持骨干企业建设境外粮食生产加工基地，加强国际粮食贸易和产业合作，加快培育一批跨国"大粮商"，着力建设"海外粮仓"，更好利用国际资源保障国内粮食安全。

第四阶段（2019年至今），坚持"三链同构"。2019年3月8日，习近平总书记在参加十三届全国人大二次会议河南代表团审议时指出，要抓住粮食这个核心竞争力，延伸粮食产业链、提升价值链、打造供应链，不断提高农业质量效益和竞争力，实现粮食安全和现代高效农业相统一。习近平总书记深刻洞悉粮食产业发展的规律，提出了破解"既要保安全、又要促发展"这一世界性难题的宏大命题，同时指明了"三链同构"的发展路子。目前，我国小麦生产不能完全满足消费者的需求，小麦品种结构、产品品质和品牌价值的核心竞争力都还有待提升，现有产业链尚无法解决优质小麦生产问题，核心小麦产区的带动能力不足。2020年，我国玉米饲用消费18 500万吨，由于饲用谷物进口数量减少，肉类食品需求量的扩大，引发了国产玉米饲用消费量的增加，同比上年增长约200万吨。稻谷库存规模居世界首位，远超国际粮农组织规定的粮食安全储备值。稻谷压库滞销影响储备粮食轮转效率，对整个国内粮食产业的稳定性带来不利影响。现如今大豆对外依存度和进口集中度"双高"，大豆国际定价权和话语权缺失，导致供应链中断和输入性风险加剧，大豆国家产业安全问题日益突出。构建以国内大循环为主体、国内国际双循环相互促进的新发展格局，是基于应对逆全球化趋势、新冠疫情和经济发展转型的现实思考。完善的国际贸易产业链是支撑农产品国际贸易发展的基础要求，可以防范市场风险、突发疫情和多变的国际形势对我国农产品产业链带来的多重冲击。因此，当前农业企业贸易合作的首要任务是围绕国内的消费需求，提升有效供给能力、吸引国际投资、加强国际合作、延长产业链等。优化国际农产品贸易投资，吸引国际资本，加强农业技术合作，利用"一带一路"倡议提出的契机提升对农业产业链和价值链的掌控能力。

第二节　中国跨国粮食供应链构建的现实向度

一、根本点：打造全球粮食命运共同体

在经济全球化逆流涌动的背景下，再加上中美贸易摩擦频繁以及俄乌冲突的爆发，美国奉行"单边主义、强权政治"的行为屡见不鲜，既不利于全球经济贸易的发展，又不利于营造更好的全球粮食安全环境，更不利于我国粮食进口贸易的发展，对构建稳定的跨国粮食供应链带来诸多不确定的影响。一方面，中美贸易摩擦愈演愈烈，美国喊出"美国优先"，而我国则坚持"合作共赢"的政治理念，必然会影响经济方面，贸易摩擦不可避免。比如，《2021 全球粮食政策报告》指出，"十四五"时期，中国粮食安全有保障，重要农产品供应能力增强，2025 年粮食产量将增至 6.92 亿吨（1.38 万亿斤），依然有能力确保"谷物基本自给，口粮绝对安全"底线不破。另一方面，全球经济一体化趋势不可逆转。2021 年，我国谷物和粮食的自给率分别是 93.4％、80.8％，虽然玉米、大豆的产量进一步增长，但进口量仍居高位，对外贸易依存度较高。据统计，我国 2021 年玉米进口总量 2 835 万吨，同比增长近两倍；大豆进口总量 9 652 万吨，虽同比下滑 3.8％，但相比其他农产品而言，大豆进口总量依然较大。我国大豆进口主要来源于美国、巴西、阿根廷，进口大豆价格对国内大豆冲击较大，在很大程度上挫伤了农民种植的积极性，甚至对粮食安全产生负面影响。由此可见，世界经济是一个有机整体，相互联系，不可分割。因此，应采积极取以下措施，打造全球粮食命运共同体。

1. 营造良好的全球粮食安全环境

和平是经济发展的前提和基础，两者相辅相成，只有营造一个和平的发展环境，才能促进经济稳步发展，才能为全球粮食提供安全的环境保障。俄乌冲突给全球小麦出口造成影响，是全球新冠疫情暴发以来给小麦价格带来

的新一轮冲击。一方面，俄罗斯和乌克兰均为粮食出口大国，其中俄罗斯的小麦出口占全球市场 24.1%，乌克兰的葵花籽油出口占全球市场 49.6%，许多国家对其产品具有较高的进口贸易依赖，而俄乌冲突无疑会引起粮食供应短缺，价格上涨。另一方面，再加上美国对俄的经济制裁，使得俄罗斯化肥价格上涨，更是对粮食生产造成威胁。因此，要积极营造良好的全球粮食安全环境，就必须以和平发展为前提，只有全球粮食大势安全了，才能为粮食安全提供保障。

2. 积极构建跨国粮食供应链发展

新冠疫情的暴发，严重阻碍了全球粮食供应链的发展，使很多国家在不同程度上遭受了前所未有的粮食危机。《2021 年全球粮食危机报告》显示，2020年底，陷入粮食危机的国家（地区）达 55 个，2020 年至少有 1.55 亿人面临重度粮食不安全问题，同比增长约 2 000 万人。一方面，要建立多元化粮食合作机制。避免粮食进口来源单一化，比如，我国大豆进口对于美国、巴西、阿根廷的依赖程度较高。另一方面，要确保粮食运输流通安全，做好各个航线粮食运输疏通工作。因此，保障全球粮食供应链安全，促进粮食稳定流通，成为稳定粮食价格、确保粮食有效供应的重要环节。

3. 加强国际联动促进合作共赢

我国坚持"以国内大循环为主体、国内国际双循环相互促进"的新发展格局。加强国际联动，就是在保证国内经济大循环的前提下，要积极推进国际经济发展，实现合作共赢。我国坚持可持续发展战略，积极推动与共建"一带一路"国家开展贸易合作。比如，俄罗斯和乌克兰都是共建"一带一路"的重要粮食出口国，俄乌冲突会在一定程度上影响其粮食对外出口。美国农业部（USDA）数据显示，2021 年，俄罗斯小麦出口量达到 3 910 万吨，占全球小麦出口量的 19.3%，而俄乌冲突则会引起小麦价格上涨，造成供应短缺。因此，加强国际联动，促进合作共赢，才能打造全球粮食安全命运共同体。

4. 粮食安全的全球治理与中国参与

粮食安全是世界和平与发展的重要保障，是构建人类命运共同体的重要基础，关系人类永续发展和前途命运。世纪疫情和百年变局叠加共振，世界经济复苏失衡，新冠疫情吞噬过去 10 年全球减贫成果，饥饿人口总数已达 8 亿人，粮食安全等问题形势严峻。新冠疫情进一步影响了粮食的生产和运输，导致饥饿人数急剧增加。2020 年，全球仍存在近 1/3 人口无法获得充足食物，人数在短短一年内增加了 3.2 亿人①，无疑将成为全球粮食安全的隐患。从全球视角思考责任担当，习近平总书记提出全球发展倡议，聚焦发展中国家当前面临的最紧迫问题，把粮食安全作为落实全球发展倡议的重点合作领域，展现出中国与各国携手应对全球饥饿问题的诚意，是维护世界粮食安全的积极力量。

目前，全球粮食安全和营养政策的全球治理变得日益复杂，例如冲突引起的饥饿、营养不良的三重负担（能量摄入不足、微量元素缺乏以及超重和肥胖）、环境风险、市场风险和国际粮食价格波动等。全球治理失败和承诺弱化将对食物系统产生负面影响。我国不断加强与世界主要国家农业合作，积极参与到全球粮食安全治理中来。农业是我国与亚洲、欧洲、非洲及美洲链接的桥梁，我国作为全球粮食安全治理的重要参与者与引领者，向诸多国家提供了资金、技术、劳动力等方面的支持。从全球层面，我国与联合国粮农组织、世界粮食计划署、国际农发基金建立了南南合作伙伴关系，通过国际机制将我国粮食安全治理经验分享给更多国家，积极构建开放、包容、互惠的区域粮食安全体系，弥补全球粮食安全治理短板，增强粮食供应链韧性和弹性，共建中国与世界的粮食共同体。

二、基本点：保障中国粮食安全

我国是世界人口大国之一，农业作为我国国民经济的基础，是国之根本。因此，保障我国粮食安全势在必行。在经济全球化不可逆转的大时代背景之下，构建粮食跨国供应链，满足世界各国人口对粮食的有效需求，则必须确保进口粮源的稳定性，确保国内粮食需求得到满足，不仅要买得来、买得到、更要能够运进来，确保粮食在各国之间稳定流通，有效供给，保障国家粮食安全。一方面，由于各国之间经济贸易往来更加频繁，进口粮食的需求上涨，使得我国对于跨国粮食供应链产生了较强的依赖性。比如，2020 年，我国小麦进口总量 838 万吨，同比增长 140.2%。自"一带一路"倡议提出以来，促进了共建"一带一路"各个国家的贸易往来和经济发展。据统计，2015 年以来，俄罗斯食品出口平均每年增长 13%。2020 年数据显示，俄罗斯粮食总产量 1.33 亿吨，小麦出口居世界第一，大麦出口居世界第三。2021 年，我国首次大规模进口俄罗斯小麦 667 吨。另一方面，保证中国人的饭碗牢牢端在自己手中的

① 数据来源：联合国粮农组织发布的 2021 年《世界粮食安全和营养状况》报告。

同时，要积极构建粮食跨国供应链，加强大型龙头粮食企业的建设，促进粮食供应链更加专业化、科学化运行。现从以下两个方面阐述保障我国粮食安全。

1. 进一步提升我国粮食综合生产能力，减少粮食对外依赖程度

2022 年中央 1 号文件《中共中央　国务院关于做好 2022 年全面推进乡村振兴重点工作的意见》中指出，实现粮食产量 1.3 万亿斤以上的目标，要牢牢守住两条底线：保障国家粮食安全和不发生规模性返贫。一方面，民以食为天，中国人的饭碗牢牢端在自己手中，保障人民有饭吃，吃得饱，吃得好，并且要适当减少粮食对外依存程度。据统计，2020 年，我国粮食总产量达 13 390 亿斤，相比 2019 年增加了 113 亿斤，同比增长 0.9%。在粮食"连年丰收"的背景下，我国仍需确保粮食安全，实施严格的耕地保护制度，严守 18 亿亩耕地红线。另一方面，我国要减少粮食进口对外依赖程度。据中国海关数据统计，2022 年 2 月我国粮食进口量为 932 万吨，同比增速为 -8.7%；1—2 月累计数量为 2 502 万吨，同比增速为 0.6%。2020 年，我国大豆进口量达 10 033 万吨，比 2019 年增长 13.3%；小麦进口量达 838 万吨，同比增长 140.2%。因此，我国要增强粮食储备力量不懈怠，增加粮食产量的同时，要减少对外依赖程度，实现进口粮源多元化。

2. 构建粮食跨国供应链，增强进口粮源稳定性

中美贸易摩擦频繁，俄乌冲突的爆发，使全球经济正处于逆流化涌动的关键时期。因此，构建粮食跨国供应链，主要目的就是保障进口粮源稳定性，国内需要的时候能够买得来、买得到、能够运进来，保障国家粮食安全。一方面，我国仍要坚持增强与共建"一带一路"国家经济贸易往来。据统计，2021 年，我国已与 86 个共建国家签署了农业合作协议，投资农业项目 820 多个，投资存量超过 170 亿美元，2020 年与共建国家农产品贸易总额为 957.9 亿美元。另一方面，要实现进口粮源多元化。据统计，我国进口大豆中有 96% 为转基因大豆，而这些转基因大豆主要来源于美国、巴西、阿根廷，而近两年由于中美贸易摩擦加剧，进口量大幅下滑，因此增强进口粮源的稳定性的同时，要探索大豆进口新兴国家，实现进口来源多元化。

3. 深度融入粮食国际供应链，开展多边粮食贸易

目前，全球现有可耕地面积约 77 亿公顷，但是用于生产的耕地不足 33 亿公顷，尚不足可耕地面积的一半，可利用粮食生产的耕地较多，全球粮食生产仍存在较大的潜力可挖。近年，我国积极鼓励涉农企业走出去，开展多种方式农业合作，帮助发展中国家加强农业基础设施建设，提高可耕地利用效率和效益，提升其粮食生产能力、缓解其粮食供需紧张形势和全球粮食危机，同时也有利于保障我国粮食安全。比如，白俄罗斯目前仍存在较多撂荒土地，本国也有租让土地的意愿。我国目前也与农业资源较丰富的国家进行合作，建立稳定的合作关系，签订粮食进口协议，拓展国际粮食供应网络，增强我国粮食安全系数。以我国大型粮企为主体，扩大对外投资规模，加强与哈萨克斯坦、俄罗斯、乌克兰、罗马尼亚等国家，特别是共建"一带一路"国家的粮食产业合作，提升粮食进口潜力。强化与黑海地区、亚洲新兴市场国家的农业生产和技术合作，提高谷物、大豆的生产供应能力，通过全球粮源地战略布局，加快建立稳定、多元的粮食供给走廊①。深度融入粮食国际供应链，打造全球性农业食品企业，充分发挥"一带一路"倡议拓展农业国际合作的平台作用，推动构建公平、公正、平衡的国际农业多边贸易体制。

三、关键点：防范跨国粮食供应链构建风险

随着经济全球化的发展，各国间经济贸易往来日益频繁，中美贸易摩擦加剧以及俄乌冲突的爆发，在一定程度上不利于全球经济发展，给各国之间经济合作增加阻力，使得跨国粮食供应链风险水平提高，粮食出口出现诸多亟待解决的问题。比如，其阻碍了全球粮食供应链的畅通，物流畅通是保障各国人民能在买得起、买得到的同时，更重要的是能够运进来。一方面，我国粮食储备量充足，但是大豆和肉类的自给水平比较低，库存储备量不充足，部分需要依靠国际市场进口来满足需求。据海关统计，2019 年，我国大豆进口 8 859 万吨，2021 年则达 9 652 万吨，进口依赖程度高；肉类产品，对拉美地区存在较强的依赖性，2021 年，我国肉类及其杂碎进口总量达 938 万吨，同比减少 5.4%。其中，由于我国接连发生非洲猪瘟疫情，猪肉进口数量相比 2020 年同比减少 15.5%，但羊肉同比增长 12.5%，牛肉及其杂碎同比增长 10.4%。另一方面，由于中美贸易摩擦加剧，再加上南美大豆减产，原油价格上涨，使得我国进口大豆成本增加。尤其新冠疫情暴发，全球粮食供应链受阻，还存在较

---

① 中国社会科学网：《确保粮食适度进口稳定与安全》，https://baijiahao.baidu.com/s? id=17083936705058141688&wfr=spider&for=pc。

大的潜在风险。为了在最大限度上满足不同国家对不同粮食产品的需求，做到能够买得起、买得到、运进来。必须要加强跨国粮食供应链风险防范构建，主要从以下几个方面采取措施。

1. 加快建立跨国粮食供应链预警机制

在俄乌冲突的背景下，无论是海上航线、空中航线，还是陆路交通航线，都在不同程度上受到阻碍，影响了跨国粮食供应链的运作，同时还面临着粮食产品质量安全、税收等问题。信息传播存在一定的滞后性，粮食安全成为各国面临的重要问题。因此，为保障各国之间粮食供应链不受阻碍，应加强建立跨国粮食供应链预警机制，在第一时间预防自然灾害等不可抗力因素带来的粮食供应短缺问题。

2. 完善跨国粮食供应链物流基础设施建设

完善跨国粮食供应链物流基础设施建设是解决信息不对称、提高配送效率的关键，受新冠疫情影响，粮食供应链的物流节点之间耦合性不高，容易产生上下游节点信息不对称而延长合作周期，引发利益争议、违约等风险。跨国粮食供应链基础设施，主要包括节点之间衔接建设，避免衔接风险引发的供应不及时等外部风险；跨国粮食供应链内部风险，如耕地面积、种粮产量、粮食质量等；外部风险，多为不可抗力，如自然灾害、突发疫情、战争冲突等。因此，构建跨国粮食供应链基础设施建设其自身节点衔接是关键，要尽可能减少内部及外部风险引发的粮食供应链中断、粮食供给短缺、粮食价格上涨的现象。

3. 引入跨国粮食供应链金融系统实时监测

为确保跨国粮食供应链正常高效运行，引入供应链金融系统进行实时动态检测成为保障国际市场上粮食安全的重要环节。需要人才、技术、物力相结合，在跨国粮食供应链运行过程中，可以动态分析各个国家粮食生产周期、生产环境以及信用维度等，甚至可以对其潜在的外在风险进行评估，建成一个信息共享的现代化金融系统检测平台。确保粮食国际流通的"质量"和"安全"。因此，应积极投入资金、人力、技术等对跨国粮食供应链进行有效检测和维护，为粮食跨国流通提供一个安全稳定的国际市场交易平台。

四、核心点：增强跨国供应链韧性和稳定性

农产品自身具有弱质性、季节性等特点，极易受环境、自然灾害等因素的

影响。因此，增强跨国粮食供应链韧性和稳定性成为确保粮食安全的重中之重。比如新冠疫情防控下，对冷链食品的安全供应需进一步加强监管；双循环经济下，发展农业全产业链，促进跨国粮食供应链的有效循环，通畅无阻；保持国际物流供应链稳定，来源多元化。一方面，中美贸易摩擦加剧，使我国主要从美国、巴西、阿根廷进口的转基因大豆，面临着成本上涨、利润下降的现实问题。另一方面，俄乌冲突不利于粮食供应链稳定运行，港口拥堵，物流运输遇到瓶颈，货物疏散遇到阻碍，周期延长，效率大幅降低，各大港口枢纽压力倍增，港口枢纽韧性需要进一步加强。因此，为增强跨国粮食供应链韧性和稳定性，保障跨国粮食供应链安全运行，应做到以下几点。

1. 增强港口枢纽韧性，保证国际物流供应链稳定

港口枢纽，是一个国家与别国经济贸易的门户。增强港口枢纽韧性，确保航空、海运、港口运输无阻，是保障跨国粮食供应链稳定运行的前提。新冠疫情暴发后，各国港口压力剧增，韧性不足，造成物流供应链瘫痪，粮食供给中断的问题。比如，俄罗斯和乌克兰均是"一带一路"沿线上重要的粮食出口国，USDA 数据显示，2021 年，俄罗斯小麦出口量达到 3 910 万吨，占全球小麦出口量的 19.3%，而乌克兰的葵花籽油出口占全球市场 49.6%，但俄乌冲突的爆发，加剧了全球粮食供应短缺；再如，美国西北部港口疏通力度不够，韧性不强，影响了货物有效及时供给。因此，增强港口枢纽韧性，保证国际物流稳定性是确保跨国粮食供应链安全的重点。

2. 紧抓科技兴农，加强鲜活农产品供应链韧性

创新是引领发展的第一动力。科学技术在农业领域的应用促进了农业高质量发展，为保障粮食安全提供专业化技术指引。一方面，加强跨国粮食产业链平台建设，需要投入大量人力、技术、资金，用先进科学技术搭建更加便捷的现代化平台。另一方面，要加强鲜活农产品供应链韧性。实现供应品种多样化，供应渠道多元化。比如，新冠疫情防控期间，各地区都出现了不同程度的"买菜难"现象，因此，要加快相关电商平台建设，政府要大力支持电子商务入社区，为人民生活提供更加便利的服务，形成规模化、区块链的运营模式，确保在生产、运输、储备、流通各个环节的畅通性。

3. 重耕稳粮深扎耕地，增强粮食供应链稳定

我国坚守 18 亿亩耕地红线不动摇，中国人要将饭碗牢牢端在自己手里。确保农业耕地不被侵占，为粮食安全提供最根本的生产基础，关乎国计民生。

只有保持有效供给，积极稳定物价，才能强化粮食供应链韧性，确保粮食稳定供给。一方面，要将土地流转制度进一步加强和完善，不荒废一寸农用土地，不仅要确保产量，更要确保质量，积极推进粮食产业高质量发展，控制农药化肥使用力度，将绿色、协调、可持续发展观念落到实处。另一方面，要推动农业全产业链发展，将农产品供产销各环节紧密结合，延长产业链的同时，保障物流系统高效运行，将强化粮食供应链韧性渗入农业全产业链发展的各个环节。

第三节　中国跨国粮食供应链构建的问题向度

"民以食为天，食以粮为先"，粮食是人类赖以生存的根本和基础，党的十八大以来，以习近平同志为核心的党中央对国家粮食安全问题高度重视，多次强调"要坚守我国的 18 亿亩耕地红线"，提出了新的粮食安全观"谷物基本自给、口粮绝对安全"，确立了我国"以我为主、立足国内、确保产能、适度进口、科技支撑"的粮食安全战略。2020 年，国家发展改革委在粮食现代供应链发展及投资国际论坛中提出"供应链稳定是粮食安全的重要基础"。但当前，世界正面临着百年未有之大变局，致使原本就变幻莫测的国际政治经济环境日益复杂。全球粮食贸易体系受到世界形势的影响，跨国粮商对全球粮食资源的垄断进一步加剧，以及国内居民消费结构的升级，都使我国跨国粮食供应链的构建面对诸多的问题与挑战。

一、粮食供应链构建话语权弱

粮食供应链是指由粮食种植者、收储者、加工者、销售者、运输者、消费者连接起来的网链系统，是指从粮食生产到消费的全部过程。在跨国粮食供应链里国际粮商起着关键的作用，是连接国外粮食生产者与国内粮食消费者的桥梁和纽带。中粮集团作为与新中国同龄的中央直属大型国有企业，在 2020 年整体业绩逆势增长，全年营业收入超过 5 300 亿元，利润总额超过 200 亿元，其中农粮核心主业利润首次突破 100 亿元，取得了超同期、超预算、超历史的阶段性胜利，在 2021 年全球同步发布的《财富》世界 500 强中排名 112 位，创造了连续 27 年上榜以来的最高排名。

但当前世界粮食供应链的话语权还牢牢抓在四大粮商手中，它们分别是美国的 ADM 公司、邦吉公司、嘉吉公司和法国的路易达孚公司，四家粮商企业有国际粮食市场的"幕后之手"之称，大家将其简称为"ABCD"，它们凭借其资本与经验的优势，已在全球形成对跨国粮食供应链上游农作物、中游加工业和下游市场供应的控制权，80％的世界粮食交易都控制在四大粮商手里，并且四大粮商均在中国建立了合资企业，我国进口粮食的70％都直接或间接受到四大粮商公司的影响，我国的粮食企业在跨国粮食供应链里所占的份额较少，与此同时随着国外资本逐步融入我的粮油加工企业以及饲料加工工业，国际粮商在我国粮油产业中的话语权进一步增强，致使我国跨国粮食供应链企业在粮食进口环节的议价能力进一步缺失，进口成本逐步增加。

二、粮食进口依赖程度较高

粮食进口依赖程度较高，加剧了我国跨国粮食供应链的敏感性和脆弱性。我国作为农业大国，粮食总产量持续居于世界第一，近年口粮自给率已经达到了100％，人均粮食占有量也已经高于国际粮食安全标准线人均400千克。与此同时，2021年我国再创新高，粮食总产量高达13 657亿斤，较上年增长2％，粮食总产连续7年保持在1.3万亿斤以上，成功获得"十八连丰"。2022年国务院政府工作报告明确表示，将继续把"粮食产量保持在1.3万亿斤以上"作为2022年发展的主要预期目标之一。

同时，我国也是全球最大的粮食进口国。一方面从进口粮食的金额上看，如表6-1所示，我国粮食进口金额由2016年的41 507.6百万美元增长到2021年的74 808.9百万美元，6年来进口粮食的金额增长了80.23％，尤其是2021年我国粮食进口金额累计达到74 808.9百万美元，同比增长49.2％，可以看出我国对外粮食的依赖程度逐步变大。

表6-1　2016—2021年我国粮食进口金额及增长情况

年份	进口金额 （百万美元）	金额增长率 （％）
2016	41 507.6	−11.2
2017	48 079.7	15.8
2018	45 870.0	−4.6
2019	41 982.9	−8.5
2020	50 832.1	21.1
2021	74 808.9	49.2

数据来源：国家统计局。

另一方面，从进口的粮食类型上看，如表6-2所示，目前我国进口的粮食主要包括大豆、玉米、小麦、稻谷及大米等粮食和饲料作物，2021年我国累计进口粮食16 454.9万吨，粮食总产量为68 285.0万吨，进口量相当于我国粮食产量的24.10%，其中，大豆进口9 651.8万吨，约占粮食进口总量的58.70%，同年我国自产的大豆为1 640.0万吨，大豆进口量是我国自产大豆数量的5倍多，大豆进口依存度高达83%。2021年我国大麦产量为96.0万吨，进口国外的大麦数量为1 248.0万吨，自产的大麦仅占进口大麦的7.8%，大麦的进口依存度高达92.3%，占我国粮食进口总量的7.58%。2021年国内的高粱产量为291.0万吨，进口量高达942.0万吨，进口量是我国高粱产量的3倍多，占我国粮食进口总量的5.73%，对外的依存度为69.1%。我国进口的主要粮食作物对外依存度排名依次为大麦、大豆、高粱，除玉米、小麦、稻米外其他粮食也十分依赖国外市场。

表6-2 2021年我国粮食进口与产量对比

分类	产量 （万吨）	进口量 （万吨）	进口/产量 （%）	进口/进口总量 （%）
总量	68 285.0	16 454.9	24.10	—
大豆	1 640.0	9 651.8	5.89	58.70
玉米	27 255.2	2 836.0	10.40	17.20
小麦	13 434.0	977.0	7.30	5.94
稻米	21 284.3	496.0	2.30	3.01
大麦	96.0	1 248.0	13.00	7.58
高粱	291.0	942.0	3.24	5.73

数据来源：国家统计局。

我国粮食对国外进口的依赖，对我国跨国粮食供应链的构建极为不利，一旦国外的粮食出口国不能及时遵守合约出口粮食，国内的粮食加工企业、养殖业、居民消费者的日常工作和生活都会受到影响，特别是大豆、大麦、高粱等类作物进口数量的受限会导致国内牛、羊、猪等畜产品的生产成本上涨，进而导致居民生活成本上升，不利于我国构建稳定持久的粮食产业供应链。此外，随着我国经济发展水平的提升以及全面小康社会的建立，居民的消费水平和消费质量在逐步提高，不仅要求"吃得饱、吃得好"，还在向"吃得健康"方向转变，对优质口粮和高蛋白的食物需求日益增加，致使我国粮食的对外依存度还将进一步上升，这对我国跨国粮食供应链的构建又提出了新的挑战。

三、粮食进口来源国较为集中

我国粮食进口来源高度集中，增加了我国跨国粮食供应链的不确定性，一旦我国粮食进口的来源被切断，将会对我国的粮食安全造成严重的威胁。我国粮食进口的来源地，主要集中在美国、巴西、乌克兰、阿根廷、加拿大、法国、澳大利亚等几个国家（表6-3、表6-4）。

表6-3　2021年我国粮食主要进口来源国占比分布

单位：%

分类	美国	巴西	乌克兰	阿根廷	加拿大	法国	澳大利亚
总计	37.3	35.3	7.0	4.4	4.1	3.1	2.3
大豆	33.5	60.2	—	3.9	0.6	—	—
玉米	69.9	—	29.0				
小麦	27.8	—			25.9	14.4	28.0
大麦	—		25.7	13.9	28.5	29.2	
高粱	69.4		10.9			19.3	

数据来源：中国知网。

表6-4　2021年我国粮食主要进口来源国进口量分布

单位：万吨

分类	美国	巴西	乌克兰	阿根廷	加拿大	法国	澳大利亚
大豆	3 230	5 815	—	375	58		
玉米	1 983	—	823		—	—	—
小麦	272	—			253	141	274
大麦	—	—	321	173	356	364	
高粱	654		103			182	

数据来源：中国知网。

如表6-3、表6-4所示，2021年从美国、巴西、乌克兰、阿根廷、加拿大、法国、澳大利亚等国家进口的粮食数量占我国粮食进口总量的90%以上，其中从美国进口的粮食占我国粮食进口总量的37.3%，其次就是巴西，占比35.3%，接下来是乌克兰、阿根廷、加拿大、法国、澳大利亚等国家。

2021年我国大豆的进口国主要是美国、巴西、阿根廷、加拿大等国家，其中在巴西进口的大豆数量最多，为5 814万吨。美国也是我国大豆的主要进口来源国，进口数量为 3 230 万吨。2021 年我国玉米的进口国主要有美国和乌克兰，从美国进口的玉米为 1 983 万吨。从乌克兰进口的玉米数量为 823 万吨。2021 年我国小麦的进口来源国主要有澳大利亚、美国、加拿大和法国，其中从澳大利亚、美国、加拿大进口的小麦数量比较均衡，分别为 274 万吨、272 万吨和 253 万吨。2021 年我国大麦进口来源国有法国、加拿大、乌克兰和阿根廷，其中从法国、加拿大、乌克兰三个国家进口的大麦数量都在 300 万吨以上，从阿根廷进口的大麦数量为 173 万吨。2021 年我国高粱进口来源国主要为美国、法国和乌克兰，其中从美国进口的高粱最多，为 654 万吨，其次是法国182 万吨。

总的来说，2021 年我国大豆的进口来源国主要集中在巴西和美国，玉米的进口来源国主要集中在美国，小麦的进口来源国主要集中在澳大利亚、美国和加拿大，大麦的进口来源国主要集中在法国、加拿大和乌克兰，高粱的进口来源国也集中在美国，进口来源国的高度集中更加剧了我国跨国粮食供应链"受制于人"的风险。

四、粮食供应链风险控制能力有限

当今世界正面临着百年未有之大变局，全球政治经济环境变化风云莫测，粮食供应链的构建面临着内部风险、供应链节点衔接风险以及外部风险等。我国在构建跨国粮食供应链时也面临着三个层面的风险：第一，从内部风险来看，当前我国跨国粮食产业链的构建主要面临着粮食进口来源国自然灾害的不确定性风险；第二，从供应链衔接节点来看，主要面临着进口粮食交通运输风险以及粮食进口来源国合作违约风险；第三，从外部风险来看，当前我国跨国粮食供应链构建面临的风险主要是复杂的世界经济环境。

1. 自然灾害风险

粮食是自然再生产和经济再生产相结合的产物，自然灾害的不确定性加剧了粮食生产的风险，一旦在粮食种植过程中遇到恶劣的天气，极有可能导致粮食产量的减少，或者粮食储存难度的增加，因此全球自然灾害的频繁发生在一定程度上限制着我国跨国粮食供应链的构建。

如表 6-5 所示，2021 年全球自然灾害频发，其中美国自然灾害发生得最为频繁，2 月份美国多地遭受冬季风暴的影响，春季小麦的生长受到了严重的影响，有近 63% 的春季小麦收成不佳，致使美国 2021 年的小麦、玉米、大豆的价格较 2020 年底上涨 10.8％、39.6％、18.4％。同时，作为我国粮食进口主要来源国的巴西和加拿大在 2021 年发生了大规模的干旱天气，作为"世界粮仓"的巴西，持续干旱的天气使巴西的粮食产量受到一定程度的影响。这些恶劣天气的出现，会使粮食种植错过其最佳的种植阶段或者粮食作物在田地里中途停止生长，导致粮食减产或品质受损，致使粮食出口国国内粮食库存减少，粮价上涨，进而导致粮食出口国粮食出口的减少以及价格上涨，从而引起国际粮食市场贸易量和价格出现大幅度波动，而我国目前对国外粮食进口的依存度较高，自然灾害的频发会造成我国跨国粮食供应链的不稳定。

表 6-5 2021 年世界主要自然灾害分布情况

时间	国家地区	具体事项
1 月	印度尼西亚西苏拉威西省	里氏 6.2 级地震
2 月	美国	冬季风暴
3 月	美国东南部	20 多起龙卷风
	澳大利亚东部沿海	洪灾
4 月	东南亚	洪水、泥石流
7 月	美国	飓风
	德国、菲律宾	洪灾
	加拿大、巴西	干旱
12 月	菲律宾	台风

资料来源：央视财经网。

2. 交通运输风险

跨国粮食供应链构建十分重要的一环就是粮食交通运输线的搭建，掌握了交通运输的主动权，就可以将进口的粮食顺利、安全、高效地运回国内市场，可以较好地节约粮食进口的时间、金钱成本，降低粮食进口的整体成本。

在构建跨国粮食供应链时，我国主要面临两个方面的交通运输风险。一方面，我国粮食海上运输船队竞争力不强，仅能承担我国进口粮食运输的 25％，进口粮食自运的比例较低；另一方面，我国进口粮食运输通道过于单一，主要集中于马六甲海峡、巴拿马运河、苏伊士运河等咽喉要道，以及中国沿海、北美洲东海岸、南美洲东海岸、澳大利亚等几条航线，粮食海上运输通道过于单一会造成我国进口粮食海上运输路线的脆弱性，若在粮食运输途中遇到突发情况则难以及时调换航线，同时固定的航线容易遇到海盗袭击，而且由于各航线的跨度比较长，途经数个国家会受到地缘政治风险的影响，这些风险因素使得我国进口粮食海上运输通道环境险峻，跨国粮食供应链的构建任重道远。

3. 合作企业违约风险

粮食供应链是指从粮食的生产、加工、运输、销售直到消费者手中的全部过程，是一个复杂、漫长的交易过程。跨国粮食供应链还要面对不同国家的市场环境风险，每一个衔接节点都十分重要。供应链的建立需要数家企业的合作完成，一旦其中一家合作企业违约都会导致整个跨国粮食供应链链条的中断。

过去几年里我国粮食供应链合作企业违约现象频发，但受制于我国风险控制能力不足，都或多或少地使我国造成了损失。2017年10月美国因洪水、干旱等极端天气的发生，造成我国在美国的大豆供应商违约，比约定时间推迟了两周才供货，给我国的大豆加工企业造成了很大的经济损失。2019年我国在菲律宾签署了250万英亩的土地租赁协议，前期一切都十分顺利，但在粮食收获之后准备运回国内时引起当地民众的强烈反对，迫使协议终止，前期的时间、金钱、人力资源投入都化为乌有。2020年初发生的新冠疫情严重打乱了全球供应链正常秩序，供应商违约可能性增加，这都迫切需要我国增强对跨国粮食供应链风险的把控。

4. 国际事件突发风险

自2020年初新冠疫情暴发，多个国家采取了粮食出口限制政策（表6-6）。其中2020年3月份，越南、埃及、缅甸、俄罗斯等国家都或多或少采取了限制粮食出口的限制措施，以保证其国内粮食的有效供应与安全。2020年4月，印度下令禁止大米的出口；塞尔维亚则下令暂停葵花籽油等的出口；乌克兰政府发出小麦临时出口禁令，有效期至2020年7月1日，限制小麦出口以保护面包价格。乌克兰是世界上第三大粮食出口国，素有"欧洲粮仓"的称号，是我国玉米、大麦、高粱等粮食进口的主要来源国之一，受新冠疫情的影响，我国粮食作物的进口受到其他国家粮食出口政策的限制。可见，国际突发事件是粮食供应链的构建十分重要的风险因素之一。

表6-6 2020年新冠疫情影响下部分国家的粮食出口政策

时间	国家	政策	受限产品
2020年3月	越南	禁止出口	稻米
2020年3月	埃及	禁止出口	豆类产品

（续）

时间	国家	政策	受限产品
2020 年 3 月	吉尔吉斯斯坦	禁止出口	粮食等 11 类
2020 年 3 月	缅甸	禁止出口	大米
2020 年 3 月	俄罗斯	粮食出口配额	小麦、玉米、大麦
2020 年 4 月	印度	禁止出口	大米
2020 年 4 月	塞尔维亚	暂停出口	葵花籽油等
2020 年 4 月	乌克兰	限制小麦出口	小麦、荞麦

资料来源：中国知网。

第七章
双循环格局下中国跨国粮食供应链构建路径

　　自新冠疫情暴发以来，我国跨国粮食供应链受到极大冲击，为稳定我国跨国粮食供应链与经济良性循环发展，在 2020 年 4 月 10 日，第十九届中央财经委员会第七次会议上，习近平总书记提出，加快构建以国内大循环为主体、国内国际双循环相互促进的新发展格局。双循环格局是以深化供给侧结构性改革为主体，充分发挥我国超大规模市场优势和内需潜力，利用国内国际两个市场、两种资源的优势，国内国际双循环相互促进，推动我国经济高质量发展。在稳定粮食产业供应链上，提出要以国内大循环为主体，着力提升我国产业供应链，积极与国际接轨，构建完善的粮食供应链体系，保障全球粮食安全（图 7-1）。

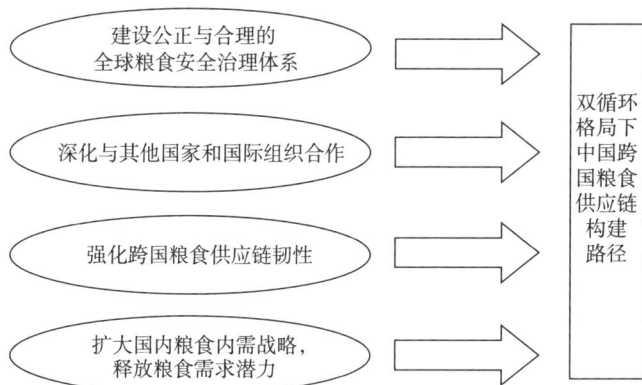

图 7-1　双循环格局下中国跨国粮食供应链构建路径

第一节　建设公正与合理的全球粮食安全治理体系

　　新冠疫情暴发后，全球贸易、投资都遭受巨大冲击，经济呈现出衰退趋势。生产资料与生活口粮的进出口贸易都遭受巨大限制，我国据此情况提出双循环发展格局，是为了与各国建立稳定的经济循环系统，形成平衡的进出口贸易模式，共同渡过疫情难关，促进国际粮食安全体系形成。

一、充分掌握国际贸易信息，完善粮食安全政策体系

建设完善的全球粮食安全体系，要从国际布局入手，准确掌握国际市场信息，以国内粮食贸易政策为基础，结合国际粮食贸易信息，完善粮食供应链相关政策，为粮食安全提供保障机制。目前，我国针对国际宏观经济的总体局势掌握相对较好，但是对于粮食产业的信息掌握并不充分，相关政治经济信息的实地调查研究较少，并且随着粮食供应链全球一体化程度不断提升，受国际贸易格局、新贸易环境、政府干预、国际恶意违约等因素的影响，我国针对全球粮食安全体系的建设有所缺失，我国政府应提高国际信息的掌握与分析。所以，在建立公正与合理的粮食安全体系时，我国首先要考虑国际贸易格局与政治经济环境，确保获得一手的国际贸易资料，针对国际局势逐步修改与完善相关粮食产业供应链政策；在遵守WTO多边贸易规则的基础上，充分结合国内政策，与国际粮食贸易合作伙伴协同建立稳定的贸易制度，降低贸易潜在风险；关注粮食市场形势，粮食进出口价格与粮食运输等环节，我国需要加强关注、了解国际粮食价差形势及进口粮食的运输环节，稳定进口粮食供应链。

在建立合理的全球粮食安全体系时，要确保与各国之间的外交关系，营造良好的贸易格局。当前，国际贸易形势较为复杂，我国在收集贸易信息时可以优先考虑外交关系友好的国家，积极促进国与国之间的企业合作，为国内企业在进入国际贸易市场提供一手信息，推进国内企业融入国际粮食供应链体系；对于其他国家，要把握粮食贸易主动权，调整贸易合作机制，加强国与国之间公关业务，制定良性发展政策。同时，还可以在粮食供应链的各个环节，培养一批掌握粮食供应链知识和信息渠道建设的综合型人才，优化粮食供应链。

二、优化相关农业支持保护政策

我国提出的双循环发展格局，是以国内大循环为主体、国内国际双循环相互促进发展的新格局。从粮食安全角度来说，首先要从国内的粮食安全体系做起，制定双循环格局下的相关配套政策，比如粮食补贴、粮食最低收购价、临储收购等政策，完善国内大循环格局中的粮食政策；深化供给侧结构性改革，

建立双循环格局下长期有效的国内粮食安全制度与政策体系，改变之前依靠短期、临时、非市场、"黄箱"补贴等政策体系；完善国内粮食安全治理体系，优化市场资源配置模式，健全国内粮食市场制度，既要适用大规模性粮食生产，也要适用小规模性的农户生产。

另外，从国际上现有的粮食安全政策来看，与国内相关农业政策存在分离。一些发达国家在引导全球粮食安全治理体系偏向本国政策，利益倾斜性较大，导致国际粮食安全制度不能与发展中国家相融合。所以，我国要提前做好国内农业保护政策，降低国际粮食贸易对我国粮食供应链的损害；在参与国际粮食安全体系建设时，能够把控偏向性，树立公平、合理的发展理念。

三、加强全球粮食安全体系监管系统

现今全球粮食安全治理体系监管处于混乱状态，监管部门偏向于私营化，国际地位较弱的国家受到国际规则的挤压。例如，世界贸易组织制定的《农业协定》与《北美自由贸易协定》等多边协议有助于深化贸易自由化，并将农业和粮食政策的治理空间重新划分给超国家组织和私营部门。国与国政策之间存在分歧是由于立场不同，但是在建立公正与合理的全球粮食安全体系时，需要具有中立态度，并且以维稳国际局势为主要目的。根据目前形势，最主要的是将联合国系统内部的全球粮食安全治理责任划分清晰，避免治理体系出现倾斜状况；公开全球粮食安全治理体系内部信息，使各国企业都能获得准确消息，降低弱国企业利益损害，为国际粮食供应链提供保障；给予弱国参与粮食安全治理体系监管权，使粮食安全治理体系受到充分的政治监督，为弱势群体提供利益保障，切实做到公正的粮食安全治理体系。

我国在双循环格局下，也应构建国内粮食安全治理体系监管系统。首先，要保证信息数据的获取度，增强对国际信息与合作国家的政策信息的收集，以及对信息数据的分析与监测。其次，针对国际粮食贸易建立预警系统，减少跨国粮食供应链各个环节的损失；建立科学预警指标体系，对国际上出现的各类风险进行评级，分析其影响程度，采取相应措施降低对国内粮食安全体系的损害。

四、提高各国参与全球粮食安全治理与制度变革

全球粮食安全治理体系，不能只依靠国际组织、联合共同体等中间体去主

导改革。因为全球粮食安全治理体系是一个复合体，在建立治理体系上需要多国参与，避免系统内的政策缺失。全球贸易冲突、极端气候事件、突发疫情以及金融危机后的经济萧条，都会影响粮食安全，物价不稳定、低收入群体增加等迹象均表明供应链韧性不足。

一是各国政府应积极采取行动，将提升农业粮食体系韧性作为本国应对当前与未来挑战的战略要素。要共同实现投入资源、生产、市场和供应链以及参与主体的多元化，提高农业粮食网络的互联互通，加强国际经济政策协调、反对保护主义、加大合作力度，又要将国际短期救助和粮食长期发展相结合，为低收入国家提供更多普惠保障，提升社会保护计划，助力应对各类冲击，加强困难群体抵御风险能力。

二是各国要加强科技领域的开放合作，建立多层次、广范围、多领域的技术交流和技术创新体系，加速关键领域和核心技术的突破。

三是要有全局意识，确保粮食供应链中的多边协作，促进生产和商贸跨境流通，共同克服粮食供应、病虫害、环境影响、创新成本和可持续增值等挑战。

四是中国企业积极加入全球农业产业链、供应链、价值链等，围绕共建"一带一路"国家，努力在全球农业生产和贸易领域开展有效的贸易和合作，保持全球食品供应链的稳定性。

另外，在进行粮食安全制度变革时，需要建立适当的中立组织，通过中立组织来收集各国诉求信息，进行整合、分析，提出具有公平性、规范性、包容性的治理条例。当然，这也需要各国积极配合中立组织，主动提供国内粮食政策信息，依据国际形势提出国家粮食贸易需求，为粮食安全制度变革提出符合国际长期发展的相关建议。尤为重要的是，要扩大粮食安全监管体系，监管系统不能局限于联合国与国际组织，更需要全球各国参与监管之中，营造良性发展的全球粮食安全体系。

五、积极参与全球粮食安全供给体系

国务院总理李克强代表国务院向十三届全国人大四次会议作的政府工作报告中，将"粮食安全战略"列入其中，表明我国在后疫情时期仍然把粮食安全放在首位。我国在深入参与国际关系、树立国际形象、肩负起世界责任的过程中，作为人口大国，深入参与世界粮食安全治理也是我国发展的必然要求，从世界粮食安全治理体制改革的趋势来看，中国在全球粮食安全治理体制建设路径如下。

第一，积极参加国际粮食安全合作平台的政治议程，促进全球粮食安全管理体制的改革。首先，为了减轻国际组织在治理资金来源上的压力，我国可以按照本国的财力或者调动主要经济体的力量进行资金捐助。鉴于联合国粮食管理机构大多是公益性质的，其资金来源远不及世界各国的经济和金融机构充足，因此我国可以起到一个桥梁作用，推动各国之间的合作。我国应该积极响应对各个治理机构的合作举措，还可以参与更多的国家战略规划。

第二，加强更牢固和更有效的区域机制，利用地区共识打造包容性粮食安全治理多边平台，逐步扩展粮食安全合作，以阻止单方面霸权主义通过地缘上的嵌入来遏制粮食安全，通过多边机制来保障粮食安全已成为必然。我国在粮食安全领域的合作中仍将优先考虑邻国和周边地区，比如与东盟建立区域粮食安全合作机制。除了同东南亚国家建立粮食合作伙伴关系，扩大粮食运输通道，推动粮食安全的发展，我国应更加重视同其他大国的互动，尤其是中美和欧洲各国之间的粮食关税和粮食安全技术合作。我国作为全球粮食治理体系中的大国，为避免大国集团对全球粮食安全政策的话语垄断，与美国、欧洲重要国家的粮食安全政策合作有待进一步深化。另外，为了推进粮食安全政治同盟的持续发展，应当同非洲国家和小岛屿国家建立合作关系，加强彼此的利益联系。我国要充分利用"自贸区"改革的有利条件，建立亚洲贸易便利化地区，带动周边国家建立国际粮食交易中心，逐步实现从美元化到多元化的粮食价格机制。

第三，积极承担大国的国际义务，加强粮食安全援助方案的制定和完善。扩大粮食产业的流通网络，加大对国外粮食产业的投资，从粮食的流转到深入参与地方的产业链、供应链，健全政府投入体系，扩大资金来源，改善境外的农业投资。我国深入参与全球粮食安全治理，始终坚持粮食援助计划，而非简单的"过剩品"转移，它将推动受援国粮食产业的整体发展，保障其国家粮食安全。另外，我国从事海外经营的粮食农业企业，除了要遵守东道国的基本法规，接受地方政府的规制之外，还要加强与东道国的合作，以完善其运作与管理体系。粮食援助计划需要对两国的需求进行详细分析，在大部分国家都不缺乏粮食的情况下，才能更好地解决短板，共同维护国际粮食安全。

第四，我国将巩固粮食供应链的韧性，加强国家粮食安全战略，确保粮食安全的主动权，确保 14 亿中国人民的饭碗掌握在自己手里。通过加强国际粮食供应链弹性合作、促进粮食贸易便利化、加强供应链上下游合作，加强信息交流、技术合作、政策协调等方面的合作，共同推进全球粮食供应链的健康、稳定、可持续发展。加强国际粮食交流和合作，维护全球粮食供应的稳定。围绕共建"一带一路"国家，大力发展粮食国际贸易，推动粮食进口来源、进口渠道、进口结构等方面的改革。鼓励更多有实力的粮企"走出去"，实现优势互补，实现互利共赢。

第二节　深化与其他国家和国际组织合作

自改革开放以来，我国实施了"两头在外"国际大循环发展模式，充分发挥了自身要素优势，也契合了全球要素分工演进的大势，从而取得了经济发展的巨大成功。时过境迁，随着世界发展环境的不断转变，我国提出了双循环发展格局，这是根据我国现阶段以及国际环境提出的新发展战略。习近平总书记曾指出，双循环新发展格局"是重塑我国国际合作和竞争新优势的战略抉择"，所以在双循环发展格局下，我国要不断深化与世界各国及国际组织的合作，更新合作战略协议，扩大我国在国际合作与竞争中的优势。

一、以双循环发展为主，建立开放型经济合作模式

对外开放是我国的基本国策。目前，国际政治经济环境复杂，对外开放面对着新形势、新挑战，我国采取了双循环新发展格局来发展开放型经济。从国际形势上看，中美贸易摩擦不断加剧，对我国的贸易、投资、科学技术的进步产生了消极的影响，逆全球化和贸易保护主义的抬头，使得我国外向型经济发展受到明显挤压；从国内经济看，高质量发展和供给侧结构性改革因外部技术的制约更加困难，我国必须保持政策定力，集中力量干好自己的事保持我国经济稳中向好的态势，虽然有足够的发展空间和潜力，仍然要坚持建立开放型经济合作。为促进"引进来"和"走出去"更好地融合，我国巩固和加强了多边贸易体制，坚持均衡、普惠、共赢的原则，大力支持世界贸易组织加强国际贸易监管机制，协助完善国际贸易政策，对接国际贸易政策；扩大国际合作与交流，树立全球贸易投资中的主体地位，扩大"一带一路"辐射，深化中欧、中美多领域合作，发挥国内合作组织作用，完善区域次区域合作机制，构建多双

边、全方位合作的双循环经济格局；积极建设与国际组织深度交融的互利合作网络，全面参与国际经济体系变革和规则制定，在国际贸易主体会议上，主动提出新建议、新方案、新主张等，增强与国际组织深度交流，改变以往的"引进来"为主，拓展"走出去"方式，将两者更好融合，建立双循环格局下新开放型经济合作模式。

二、以多边主义为引领，持续优化发展合作领域

在开展国际合作中，我国坚持自身作为发展中国家的定位，积极参与发展领域多边对话合作。坚持多边体制下维护我国利益，促进世界和平共存，共同发展。在涉及我国核心和重要利益的多边环境中，要坚决捍卫自己的国家和民族的尊严。深入参与新一轮的国际规则重构，既要坚持原则，又要有建设性的态度。用好多边平台主动发声、激浊扬清，宣告立场主张。中国人民以中国共产党为核心，坚持中国特色社会主义的发展道路，尊重世界各国人民所选择的发展道路。正如习近平总书记 2021 年在世界经济论坛"达沃斯议程"对话会上指出，"各国历史文化和社会体制各有千秋，没有高低优劣之分，关键在于是否符合本国国情，能否获得人民拥护和支持，能否带来政治稳定、社会进步、民生改善，能否为人类进步事业作出贡献"。各国应该在相互尊重、求同存异基础上实现和平共处、共同发展；坚持平等、相互尊重、对话、包容的文明观，推动相互学习，为人类文明发展进步注入强大的动力。加强与援助我国的各方交流，补齐国内外交合作短板；加大对世界贸易组织等国际组织的支持力度，推动联合国、亚太经济合作组织、世界贸易组织等的发展，协助国际组织帮扶发展中国家发展，树立国际友好形象；遵守多边主义相关条例，加深与美国等大国之间的经贸合作，丰富中国在国际贸易组织中的内涵，深化与发展中国家的合作，进一步优化与合作国家之间的发展机制；利用数字化技术，提高与合作国家之间的交流频率，及时掌握各方政策信息变化，优化国与国之间合作领域，提高国际贸易效率。

三、以高质量经济发展理念接轨国际组织

构建基于双循环的新发展格局，推动我国经济向更高层次发展，以国内大循环为主体，进一步扩大内需，在促进传统消费的同时，积极培育新型消费，着力解决国内市场分割问题，建设统一开放的大市场。充分利用我国完

备的工业体系，发挥国内巨大的市场优势和创新潜能，稳住产业链和经济运行，有效对冲日益增长的国际风险。同时，有机统筹国内国际两个大局、两个市场、两种资源，为我国经济发展和产业升级提供更大空间。还可以提升民营经济贡献力推动经济高质量发展。拉动经济增长、推动转型升级、促进市场化改革、吸纳城乡居民就业，走经济高质量发展之路，离不开民营企业这个重要力量。支持民营经济发展壮大，破除制约和障碍，要大力发展民营经济，要创造一个良好的市场和法治环境，要积极地解决民营企业融资难、融资贵、用地用工难等问题。发展高质量经济是我国双循环模式下的一种经济发展理念。在与国际组织合作时，我国要坚持以高水平对外开放促进国内经济大循环，建立符合国际组织发展的高质量市场体系，不单为了让中国成为国际贸易投资热土，更是为了让国内企业走向国际，从而实现国内市场与国际市场的有效衔接，实现高质量双循环格局。另外，新格局下的高质量发展理念，更应该接轨全球统筹发展理念，积极与国际发展战略、规划、机制对接，优化国内市场准则、标准等，拓展与国际交流渠道，吸引世界生产要素进入中国。也就是说，我国需要提高自主创新能力，提升企业品牌竞争力，真正做到高质量发展，这样才能在国际竞争中保证自身地位，实现国内外大循环格局。

四、坚持"和谐"外交理念，推进同世界各国友好发展

中国在国际交往中坚持以"和谐共处"为基本理念，而且和谐发展理念已经成为中国在对外交往的名片。核心理念是政治上尊重各国的见解，经济上相互促进发展，文化上互相借鉴、包容，安全上相互信任，共同维护世界和谐发展。在这些原则指导下，中国近些年外交更加成熟且务实，无论是在双边，还是在多边舞台上，都充分体现了中国的负责形象。另外，在扩展国际合作与解决冲突中，中国都坚持和谐发展原则，积极接洽各项国际合作，减少不必要国际冲突。更加积极地参与国际分工，更加有效地融入全球产业链、供应链、价值链，更加主动地扩大对外交流合作。凡是愿同中国合作的国家、地区、企业，我们都会积极开展合作。

中国将继续高举开放合作大旗，坚持多边主义和共商共建共享原则，推动高质量共建"一带一路"，同各国不断深化基础设施建设、产业、经贸、科技创新、公共卫生、人文等领域务实合作，为推动世界共同发展、构建人类命运

共同体贡献力量。

党的十八大以来，以习近平同志为核心的党中央继续坚持和平与发展的外交方针，特别强调合作共赢。人类命运共同体与合作共赢二者紧密相关。共赢的"共"，在全球和人类层面，就是"人类命运共同体"的概念。此外，建设新型国际关系、关注国际秩序和全球治理，包括 2016 年在杭州 G20 峰会上，我国强调同舟共济和伙伴关系，都与建设人类命运共同体紧密相关。

当今时代，各国相互联系、相互依存，世界命运与我国的命运息息相关。作为联合国安理会常任理事国和世界最大发展中国家，中国坚定维护以联合国为核心的国际体系，坚定维护以国际法为基础的国际秩序，坚定维护以世界贸易组织为核心的多边贸易体制。中国已经成为几乎所有世界各国政府间组织的成员，签订的国际条约超过 500 个，对国际社会的责任和对国际社会的承诺都严格遵守。中国大力推动"南南合作"，已为 166 个国家和国际机构提供了援助，超过 60 万人的援助，为 120 多个发展中国家的实现千年发展目标提供了强有力的帮助。中国积极促成气候变化《巴黎协定》，提出了到 2030 年实现碳达峰目标、2060 年实现碳中和目标，并在此基础上宣布加大对本国的自主贡献，展示了一个负责任大国的担当。

中国国际发展合作从来不是"金元外交"。中国坚持国家不分大小、强弱、贫富，都是国际社会平等成员，坚持不干预其他国家探索符合国情的发展道路，不干涉其他国家内政，不把自己的意志强加于人，不附加任何政治条件，不谋取政治私利。

第三节　强化跨国粮食供应链韧性

一、建立公共信息平台，为粮食供应链提供高效服务

根据国外粮食供应链相关经验，信息共享是粮食供应链管理成功实施的关键，粮食供应链管理都是通过信息沟通来完成的。中国粮食供应链的发展，需要借助信息化技术和大数据技术，充分利用数字经济的飞速发展，充分整合全国各粮食相关企业的信息平台，将政策和专家意见等信息尽量公开发布给生产主体和经营主体，使生产主体和经营主体按市场规律自行决策，自发应对粮食供应链风险。国内跨国粮食生产的企业过于分散，对于信息的需求度较高，但是收集信息与辨析信息能力较差，无法准确获取信息，大大降低了企业在国际

市场的竞争力，提高了跨国粮食供应的成本。所以，我国要强化收集国际粮食贸易信息能力，解决信息不对称问题。利用现代信息化技术，建立粮食贸易公共信息平台，为国内企业提供国际粮食市场信息。并且，为企业提供信息收集技术支持，帮助国内企业辨析信息可靠性，这样能够降低国内企业在粮食市场交易中的经营风险，强化我国粮食供应链的韧性。另外，要完善粮食供应链的服务组织体系，引导跨国粮食供应链各方主体协调发展，利用优势企业带动在该供应链不同环节中的弱势群体，增强整个跨国供应链的综合性功能；健全的粮食供应链服务体系可以针对外部环境，改善国内市场运行方式，推进企业之间相互合作，优化跨国粮食供应链发展环境。

二、加快跨国粮食供应链物流体系发展，提高粮食流通"四散"

物流体系的发展是降低跨国粮食供应链成本的重要条件之一，参照发达国家粮食供应链发展体系，我国应尽快建立起跨国粮食供应链物流的各节点，合理规划物流整体布局，优化路线之间有效链接。为了减少物流成本和提高物流效率，一些发达国家已经建立起了"四散"物流体系。我国可以围绕构建现代粮食物流市场体系的目标，加强基础设施，完善中心职能，提高粮食"四散化"（散储、散运、散装、散卸）的作用。要强化粮库仓储的配套建设，优化不满足"四散化"需求的仓型结构，根据不同的粮食种类储存要求和进出库的需求，对仓型进行改造，以提高仓位的转运、快速发放能力。加强粮食运输系统建设，加强公路、铁路、水路等设施的建设，扩大三方面的协同作用，实现水、铁、公三种交通方式的衔接与交互，实现粮食运输的无缝对接。通过对粮食的动态管理，实现粮食的动态采集、分析和处理，确保粮食的质量和安全。通过对粮食储备的动态管理，实现粮食的动态采集、分析和处理，确保粮食的质量和安全。

推进技术改造，标准化是促进我国粮食物流系统发展的重要力量，健全粮食标准体系，实现粮食仓储标准化与规范化是完善粮食物流体系的推动力。强化粮食仓储的配套功能，并根据"四散化"的需要，配置先进的储粮设施和检测仪器，把粮情监测、机械通风、环流调节等新技术运用于其中，使粮库实现科学化管理。借助物流优势企业，提高散运工具使用频率，实现跨国粮食散化操作；政府部门可以牵头，与国际粮食贸易体系商讨政策，从相关国际贸易政策上带来物流体系的便捷化，降低粮食交易成本。

三、补齐短板，鼓励支持粮食产业技术创新

随着时代的发展，国际食物消费升级，发展资源约束持续紧张，我国需要鼓励农业技术创新，促进粮食产业向高质量、数字化转型，提高国际大循环体系中粮食的供给规模与质量。要实现农业高质量发展、提高效益和国际竞争力，瞄准农业生产重大需求和未来发展，进行技术集成创新，如智慧农业、植物工厂等。引进数字技术加入粮食生产中，支持粮食产业向高品质、绿色、健康等技术方向发展。利用物联网技术来加强针对气候变化、自然灾害等影响因素的监测，降低粮食生产环节的损失，保证粮食生产的高效率。同时，要强化加工、运输、储存等环节的技术升级，争取全产业链进行技术创新，补齐农业短板，提高我国农业在国际中的地位。

加强种业的创新能力，提高企业市场创新能力。种子就是农业持续高效发展的核心，要减少跨国粮商对我国粮食安全造成的消极影响，必须培育我国自有粮食品种，以达到"中国碗装中国粮，中国粮用中国种"。加大科技创新力度，加强种业的核心竞争能力。加强生物技术与育种技术的研究与应用，加速基因编辑技术的研究与开发，建立完善种业大数据平台，特别是种子质量及市场主体可追溯的信息平台。政府要鼓励企业兼并重组，提升企业核心竞争力；鼓励支持本土大型粮食企业走出国门，在国外建设粮食生产加工基地，积极参与国际竞争；要进一步改善金融市场环境，充分利用农业开发性金融和政策性金融的优势，为我国的粮食企业发展提供有力的融资支持。加强粮食生产和信息技术相结合的创新，培育出具有特色、小众、优质的粮食作物品种。既能积累和加强新品种的科研实力，拓展品种的出口，同时也能提升国内粮食品牌的知名度，降低部分粮食对国际粮食市场的依赖，加强我国粮食贸易的话语权。

另外，要坚持跨国粮食供应链，强化国内粮食技术自主研发能力，借鉴国外粮食生产技术经验，加强针对粮食生产的基础性前瞻研究，提高国内粮食创新体系整体效能。通过与企业之间合作研发技术，沟通技术信息，强化企业自主创新能力，推动国内跨国粮食企业的技术迭代升级，促进我国粮食企业跻身国际先进行列。

四、强化国内市场与国际贸易风险管控

跨国粮食供应链需要考虑安全稳定性，综合考虑市场、贸易、物流、政治

等因素，同时要注重全球粮食安全。所以，要完善跨国粮食的安全政策，敦促国际健全粮食产品的市场价格平稳机制，倡导消除扭曲、有害的贸易政策，培育多元化的国际贸易市场，实现互利共赢目标。另外，加大国内针对跨国粮食企业的信贷、金融、保险等各方面的支持力度，提高农业市场私营部门的韧性；高度重视农业生产环节的保险政策创设，加大重大灾害的救济与再保险投入，立足市场机制与政府调控，降低不稳定不确定因素影响。进一步明确国际粮食贸易信息，制定相应的支持政策与风险预案；谨防国际金融市场与粮价、油价联动风险，加大马六甲海峡等国际贸易运输网络节点的风险管控。

第四节　扩大国内粮食内需战略，释放粮食需求潜力

在双循环发展格局下，扩大内需不仅是增强国内大循环主体地位的内在要求，还能够有效降低外需拉动作用，加强在国际市场中把握发展主动权。所以，要坚持实施扩大国内粮食内需战略，释放粮食需求潜力，鼓励居民扩大食物消费潜力，引导农业企业扩大投资，使双循环发展格局中更多依靠内需特别是消费需求的拉动能力。

一、增强消费对粮食产业发展的基础性作用

当前我国已进入消费需求持续增长、消费结构加快升级、消费拉动经济作用明显增强的阶段。为了适应消费的不断升级，近几年国家为了实现粮食产业的高品质发展，在保证粮食供应的同时，也为了更好地解决人们对食物种类和品质的各种需求，实现粮食产业与消费的"双升级"。我国有着 14 亿人口的规模庞大的消费市场，收入增长提升了居民的消费能力，促进了消费结构升级，粮食消费已经从生活消费向品牌消费转变。我国的粮食供应能力和程度与扩大和提升的消费者需要并不匹配，从而使市场的需求和消费潜能无法得到充分发挥。为进一步满足人民对美好生活的需求，提高人民的幸福感、安全感。近几年，我国深化农村的供给侧结构性改革，促进粮食产业高质量发展。以"粮头食尾""农头工尾"为抓手，推动粮食精深加工，做强绿色食品加工业；延伸粮食产业链、提升价值链、打造供应链，不断提高农产品质量效益和竞争力，实现粮食安全和现代高效农业相统一。以优质粮食工程作为关键，做好粮食市

场和流通方式，推动粮食产业加快迈向高质量发展阶段。要适应和把握消费升级的大趋势，转变由制度、技术、产品创新来满足和创造消费需求，通过制度创新、技术创新和产品创新来满足和创造消费需求，促进我国粮食工业的经济结构优化和升级，激发我国粮食工业发展的内在动力，使我国的粮食工业发展更加持久、更加强劲。建立粮食产业经济增长的新消费点，优化传统消费方式，加快培育网上食品零售、在线技术教育、农家乐等新型消费。加大居民收入分配调节力度，提高劳动报酬在初次分配中的比重，加大税收、社会保障、转移支付等调节精准度，健全多层次社会保障体系，着力提高低收入群体收入，增强居民消费能力和意愿。

二、提高粮食品质，拓展食品加工种类

改善粮食品质是市场经济发展的必然要求，优胜劣汰是市场经济的特征之一。如果粮食品种单一，品质不佳，很难拓展国内外市场。随着生活水平的不断提高，人们对粮食的品质提出了更高的要求，"食不厌精"是当今人们对于食物高品质的心理需求。为了使农民提高生产效益，有效促进农业经济的高效发展，要着重增加粮食生产的附加值，提升粮食的应用价值；建立一条以需求带动国内消费、促进粮食供应均衡的生产链条，避免出现"谷贱伤民"的现象，既能有效地提高粮食的附加值，充分提高粮食的利用率，还能提升粮食的品质，促进粮食的高品质发展。要促进我国粮食品质高质量发展，增加粮食的附加值，必须重视促进我国的粮食生产管理水平的不断提升：①转变我国传统的粗放化经营方式，加强对粮食加工产业化的关注度，对能源消耗量大、环境污染严重及水平低的企业予以淘汰，大力支持和培育新的粮食加工企业，打造粮食加工的品牌化发展，借助企业的品牌优势，提高企业的市场竞争力。②强化粮食生产和加工过程中的各个环节的监管和控制，提高粮食质量，需要在粮食实际的加工生产中，严格控制原材料、辅料等加工工艺。全过程监督粮食加工的安全性和资源的消耗程度，并应改善粮食加工的场所环境，保障加工场所中设备设施等干净、整洁，严格记录好粮食加工的各个环节情况，从而及时发现其中存在的安全隐患；以加大食物加工技术研究为突破口，积极为市场提供健康、多样化的食品，刺激国内居民对食品的购买欲。

三、鼓励企业扩大有效投资

坚持以市场为导向，以强基础、强功能、利长远、利民生、防风险，大力

推动重点项目的发展，既要充分利用好居民的基础，又要充分利用好有效投资的作用。在稳定发展、提高经济发展水平方面，加大有效投入是关键。2021年中央经济工作会议明确指出，基础设施投资可以适度提前。2022年中央经济工作会议中也提出，"实施新的减税降费政策，强化对中小微企业、个体工商户、制造业、风险化解等的支持力度，适度超前开展基础设施投资"。将一体化发展的模式引进乡村振兴发展、产业园区建设、生态环境治理和交通基础设施建设等方面，适当放宽投资限制，综合资源要素的集约节约使用，推动商业方式的改革，建立完善的投资收益分配制度，促进项目外部效益"内部化"。同时，扩大有效投资，政府要作为投资的主力军，发挥投资对优化供给结构的关键作用，加快补齐粮食产业创新能力、基本公共服务、生态环保等短板。并且，要充分认识到民营企业的实际需求，制定切实的措施来支持民营企业的发展，创造良好的投资氛围和良好的政策预期。例如，为民营企业制定更为优惠的金融扶持和税收优惠措施，为其提供资金扶持和政策扶持，"专精特新"企业的贷款、贴息等各类扶持措施更加明晰化、长期化，让企业能够放心投、大胆投、积极投。鼓励民间企业扩大投资，激发民间投资活力，引导社会资本参与农业全面升级和跨国粮食供应链建设。公开国际贸易中的市场地位，增强国内市场主体的投资信心，形成市场主导的投资内生增长机制，深化国内大循环格局下的经济发展。

第八章
中国跨国粮食供应链构建路径优化策略

新形势下准确把握我国粮食安全战略丰富内涵，在保障国家粮食安全这一总体目标下，优化我国跨国粮食供应链路径，并提出具体对策，实现我国跨国粮食供应链优化的具体目标，为保障我国跨国粮食供应链优化提供精准对策支持，提高我国跨国粮食供应链运转效率和效益，切实提升跨国供应链的韧性和稳定性。

第一节 中国跨国粮食供应链优化的目标

一、总体目标：保障国家粮食安全

新时期国家粮食安全的战略内涵是，以粮食安全作为民族振兴的根本保证，我们必须重新认识中国的伟大复兴及其对中美关系的影响，甚至对中国与西方关系的影响。历史上，我国曾在经济、文化和科技领域长期居于世界前列，但在近代却有过一定的滞后。自近代以来，中国人民最大的愿望就是要完成民族的伟大复兴。当前，国内生产总值已经位居全球第二，而要想达到国家的振兴，就需要 GDP 超越美国，成为全球之首，并且人均 GDP 达到发达国家的水准。美国等西方大国都在担忧中国崛起会危及自身的利益，在西方国家的刻意挑动下，中美贸易摩擦频发，而全球的贸易争端也日益激烈。受到冷战对立思想的制约，不能排除西方国家的反对力量会对中国的农产品进行限制。目前，贸易保护主义明显抬头，国际农产品贸易的不稳定因素也越来越多。粮食安全是关系到国计民生的大事，是国家安全和实现民族振兴的基础。我国是人口大国，解决好人民群众的吃饭问题一直是我们国家治理的重中之重。只有保证了国家的粮食安全，才能更好地应对国际上的各种危险和挑战。确保粮食安全，即保证"谷物粮食自给，保证口粮绝对安全"的前提下，稳定地弥补由于国家收入增长和食品消费结构升级所导致的日益严重的食物供求缺口。

粮食供应链安全是国家保障粮食安全的战略力量。粮食问题关系到粮食生产、贸易、流通、消费等各个环节。从供应链的视角来分析，则是生产、商流、物流、资金、信息流等方面的关联。可以说，粮食问题的本质就是粮食供应链问题。粮食供应链的经济目标一直是人们关注的焦点，粮食生产企业将其生产出的半成品或中间产品转变为最终产品，再通过运输和销售部向消费者供应食品，供应商、生产商、分销商、零售商和最后的粮食消费者组成了一条完整的供应链。粮食供应链是粮食生产、流通、消费的纽带，其运行顺畅、高效，是保障居民消费、国家和社会安全与稳定的重要保障。粮食供应链任何一个环节的问题，都会对粮食安全产生重大的影响。

因此，为了共同维护全球粮食供应链的稳定性，必须建立国内和国际双循环的新模式。我国是世界上参与国际供应链最广泛、分工程度最深、最具影响力的国家之一，新一轮的全球供应链重组必然会给我国带来深刻的影响，同时也给我国供应链发展带来了新的机会。中美贸易摩擦和新冠疫情的暴发，给全球粮食供应链造成了一定的冲击。我国国际粮食供应链包括上游的海外供应，中游的国际贸易、国际物流以及下游的国内粮油加工、禽畜产品供应等环节，其供应链中上游的安全与稳定将直接影响下游的粮油市场和禽畜产品供应，在不知不觉中影响着我国的粮食安全。所以，在当前的国际环境下，保证我国粮食的国际供应链的安全和稳定显得非常重要。

为实现保障国家粮食安全这一目标，推动粮食现代化供应链的发展，是推动粮食产业经济发展，构建现代化粮食产业的重要内容，保障全球粮食安全的需要。确保粮食安全总体目标，既要重视粮食生产体系建设，提高粮食生产能力，又要强化"产、购、储、加、销"一体化的粮食供应链建设，确保粮食生产协同高效、安全可控。我们要把优化粮食供应链作为增强粮食保供稳价能力、筑牢国家粮食安全根基的重要举措抓紧抓实。要坚持统筹兼顾，强化整体规划，突出重点领域和关键环节，着力夯实基础，依靠科技创新，以深化农业供给侧结构性改革为主线，着力提高粮食供应链的韧性。

要坚持"藏粮于地、藏粮于技"的方针，加强对农业基础建设的投资，不断提升我国粮食供应系统的综合生产能力和总体质量效益；加强粮食流通体系的韧性，加快建设高效畅通、布局优化、配套便捷的粮食物流骨干通道网络和枢纽体系，全面推进粮食仓储、物流、加工、配送及市场设施现代化装备、智慧化升级；加强科技创新支持，推进新一代信息技术，如大数据、区块链、人工智能、5G 等新一代信息技术的推广，推动新技术、新业态、新模式与粮食"产、购、储、加、销"深度融合；提高粮食保供稳价的管理能力和水平，完善粮食市场监测预警体系，提高粮食保供稳价调控的前瞻性、主动性，着力把风险化解在源头、防控在前端。

稳定提高粮食生产能力，保护和调动粮食种植积极性，创新和完善粮食市场体系，健全和完善国家宏观调控体系，发展粮食产业经济，全面建立粮食科技创新体系，强化依法行政，依法治理，优化粮食供应链体系，加强供应链韧性，确保粮食安全。

二、具体目标

1. 打造全球粮食命运共同体

近几年，由于全球人口的增加和人民的生活水平的不断提高，世界的粮食消费量剧增，导致需求量增大。但是，由于地球环境恶化，气候变暖、荒漠化、水土资源流失、气候异常以及其他各类自然灾害的出现，工业化和城市化对大量土地资源和劳动力资源的吸纳，大量优质耕地资源被配置到非农生产领域，特别是非粮生产领域，从而使全球粮食生产面临严峻的挑战，粮食供应能力受到很大制约，从而使粮食供需出现严重的不平衡，使粮食危机更加严重。毫无疑问，粮食生产是 21 世纪最重大的问题，也是中国乃至整个世界的粮食安全问题。当前全球粮食供应链正面临着挑战。俄、乌是主要的农业出口国，如小麦、玉米、大麦和向日葵等农产品，亚洲和非洲的发展中国家都在采购俄、乌的农产品。在俄、乌等国对其农产品的出口进行限制之后，其他国家很有可能没有能力寻找到别的进口来源地，也买不起高价的粮食。另外，俄罗斯还是世界主要的化肥生产国和出口国，若其他国家缺乏充足的化肥，尤其是钾肥，将导致其粮食产量下降，从而导致全球粮食供应不足，物价飞涨。2021 年化肥的价格普遍上涨，已经提高了粮食的成本。更严重的是，俄乌之间的矛盾还在继续，各国对"粮食安全"的重视程度不断提高，许多国家已经叫停粮食的出口。

当前，世界贸易保护主义盛行，粮食安全是与每一个国家息息相关的。我国必须坚持全面开放政策，以更开放的姿态推动世界粮食贸易。我国的农业与全球的农业联系在一起，它是我国联系亚洲、欧洲、非洲、南美洲及北美洲的纽带，这也是我国在国际粮食安全治理中的一个重要方面，还是我国与其他国家开展双多边合作的重要议题。我国是世界粮食安全治理的主要参与者和领导者，一直以来都是以一个负责任的大国身份为许多国家提供各种资金、技术、人力支持和帮助。

从国家层面来看，我国要坚定不移地推进粮食市场高水平开放。一方面，要充分利用超大规模市场的优势，培育多元化的市场，逐步摆脱对某个市场的过分依赖，减少进口的风险。目前，我国已有140多个粮食进口国，分布在亚洲、南美洲、北美洲、欧洲、非洲、大洋洲，促进全球粮食资源得到了合理的利用，并不断提升国家粮食安全保障水平。另一方面，我国会在南南合作的框架下向其他发展中国家提供帮助，积极维护世界粮食安全。世界粮食安全得到保障，也是对我国粮食安全的"定心丸"。

从企业层面来看，要深入强化国际粮食供应链的管理，加强与国内外粮食企业、货运企业、运营企业的合作，拓展"朋友圈"。企业间在粮食、航运、物流等方面要加强深度合作，以达到优势互补、加强协同作用、提高企业规避市场风险的能力。同时，企业在粮食、航运、物流等方面要积极加强农粮合作，为当地农民提供技术支持，确保农产品供应链的稳定、高效、畅通。

在全球层面，我国与联合国粮农组织、世界粮食计划署、农发基金等国际组织已经建立南南合作伙伴关系，我国粮食安全管理的经验将会通过国际机制使更多的国家受益。

在区域层面，粮食安全是中非合作论坛、中阿合作论坛、中拉合作论坛、澜沧江-湄公河合作以及中国东盟"10+1"等机制下的优先发展领域，表明我国与地区国家在保障粮食安全方面达成了合作共识。在这些机制中，以中国"1"为一方，地区国家"多"为另一方，在"1"与"多"的互动中构建开放、包容的区域粮食安全系统，打造全球粮食命运共同体。

目前，全球粮食体系正处在一个关键的转型阶段，国际与地区间的合作应充分发挥其优势作用，以填补粮食安全管理的不足，提高粮食系统的韧性与弹性。我国是世界上最大的发展中国家，应该按照"一带一路"倡议，针对各国和区域的发展需要，制定粮食安全保障措施，把资金、技术等硬实力与经验、知识等软实力有机结合，维护全球粮食供应链和产业链稳定，从而实现我国与世界粮食命运共同体的建立。中国的粮食安全不能脱离世界，世界的粮食安全也需要中国。各国应继续加强国际合作，共同努力，共同维护全球粮食安全。

2. 构建高质量全球粮食供应链

作为一个人口超过 14 亿的大国，建立具有强大韧性的粮食供应链是保证国家粮食安全的关键。经过多年的不懈努力，我国的粮食综合生产能力得到极大的提高，粮食产量逐年增加，储备充足，进口渠道多样化，产业体系完善，强大的动员组织能力，粮食供应链稳定性、安全性、抗逆性和协同性不断提高，使我国可以承受新冠疫情带来的粮食贸易问题的冲击，为实现联合国 2030 年可持续发展议程中"零饥饿"的目标，提供了宝贵的参考。我国粮食供应链在应对重大风险的过程中表现出韧性，但同时也面临着农业基础设施建设滞后、种业不强、产业链条短等问题。要加强"产、购、储、销"的协调保障体系，加快现代生产体系和流通体系建设。要把粮食生产、收购、储存、加工、销售等各个环节有机地融合起来，形成有效的链接和有效的运作，以保证粮食的稳定供应和市场的稳定运行。同时，要抓好粮食应急保障、现代粮食物流、粮食机械装备升级等重点工程，建立产销合作、决策咨询等机制。健全粮食安全监控预警系统，强化精细管理，确保粮食安全稳定运行。要改革和健全粮食安全管理制度，强化粮食执法监督，保证粮食数量、质量、快速、及时、有效地使用。以"粮头食尾""农头工尾"为核心，以优质粮为重点，大力推进优产、优购、优储、优加、优销"五优联动"，促进粮食产业的创新发展、转型升级和质量提升。要加强粮食生产、销售、加工等方面的技术推广，以促进粮食生产、加工转化率和副产物的利用。提升粮食供应链风险治理能力，推进粮食产业高质量发展。

以多链融合为依托，拓展国内国际粮食流通双循环。建立双循环新的发展模式，使国内粮食物流、加工和分销网络与全球粮食供应链相结合，要携手维护国际粮食安全，推动国际农产品贸易的进一步发展。维护全球粮食供应的安全和畅通，坚决反对将粮食当作政治的筹码，致力于制止全球产业链、供应链恶劣行径，建设高质量的全球粮食供应链。加强与国际有关的管理机构和平台合作，如联合国粮农组织、世界粮食计划署，提高我国粮食工业的发展质量，促进国际合作，确保高层次的全球粮食供应链合作；我国的粮食生产企业应该主动地参与到全球农业产业链、供应链、价值链的建设之中，通过贸易合作、产业投资等方式提高我国粮食产量和流通效率，探讨新的国际粮食合作方式，推动全球农业资源的有序流通，促进农产品供需两个市场的深度融合；要加大对粮食流通的创新扶持，顺应科技、数字化的发展趋势，为全球粮食产业发展注入新动能，以实现全球粮食供应链的高质量发展。

3. 增强供应链稳定性

2020 年 3 月以来，全球范围内的新冠疫情，对全球粮食安全造成了严重的影响。一是各国加强对粮食贸易管控。《2021 年世界粮食安全和营养状况》报告显示，由于新冠疫情和经济衰退的影响，全球有 7.2 亿～8.11 亿人在 2020 年遭受饥荒，有近 23.7 亿人无法获得充足的食物。世界粮食安全形势日益恶化，这意味着到 2030 年实现"零饥饿"的难度会增加。因为新冠疫情的原因，很多国家都叫停粮食进出口，虽然控制了疫情的扩散，但是造成了供应链的断裂，使得粮食市场不能完全发挥其应有的功能。二是全球粮食贸易的不确定性加大。新冠疫情的暴发，给粮食安全生产、供应链物流运输、港口运营带来了巨大的冲击，生产和物流成本也随之上升，粮食价格提高。2020 年末，由于欧美二次暴发新冠疫情，全球大豆生产、物流、装运等不确定因素的增多，给大豆供应链和产业链带来了潜在的风险。全球粮食供应链的稳定性是世界可持续发展的关键。因此，各国应该避免在粮食供应链稳定性方面做出不当的举动。世界粮食计划署驻中国办公室主任屈四喜表示，为解决目前全球各层次粮食安全问题，各国必须加强协作，共同应对各种挑战，加强粮食现代化产业链、供应链建设，提升粮食供应链的稳定性。国际社会应该齐心协力，共同应对疫情的严峻挑战，确保全球粮食安全，促进人类社会的健康发展。

坚持以国内大循环为主体、国内国际双循环相互促进的新发展模式，把握好进口战略的平衡点，不断扩大对外开放。一方面，积极有效利用国际资源，优化供给结构，从更高层次提升国家粮食安全整体水平。有效利用国际市场，以进口来补充我国的不足，并解决我国粮食的结构性短缺问题。要充分考虑到国际上的粮食供应能力，使进口量保持在一个相对稳定的水平上，防止突然的大量进口影响我国的粮食安全。因此，我国应该每年向世界发出明确的或合理的进口预期，允许粮食出口国根据发展趋势，提前做好扩大生产的准备，还能激发粮食出口国在粮食生产上的投入和技术革新。同时，要密切注意国际粮食市场供应状况、价格走势，强化对贸易风险、自然风险和要素供给风险的监测，在国际价格低、供应充足的情况下，适当进口有效提高进口效率。另一方面，国际粮食贸易应保持畅通。各个国家应当制定协调有力的保证粮食供应链稳定的政策，共同努力保证全球粮食流通。在加强新冠疫情防控的同时，各国也应该采取措施，把粮食安全问题的稳定作为整体的防控工作的一部分。这些措施必须考虑到整个社会，特别是弱势群体，确保在发展中国家处于弱势群体的人们能够得到充分的食品和营养。同时，我们也要注意为维护世界粮食供应链的稳定作出贡献的工作人员。

建设粮食现代化供应链对增强粮食安全治理能力意义重大，一是要加快建立现代化的粮食生产系统，增强自然灾害防御能力，适应气候变化，增强可持续发展能力。坚持以"藏粮于地、藏粮于技"的战略，严格遵守"耕地红线"和"永久基本农田控制线"，确保我国粮食和其他主要农产品的供应。建立可持续、更公平和更高质量的粮食储备和供应体系，可持续的农业机械化能够提高粮食产量，降低生产成本，减少粮食损失，对稳定粮食供应起着关键的作用。二是加强粮食流通体系的建设，建立"产、购、储、加、销"一体化的综合物流系统，提高粮食供应链抵御风险的能力。粮食安全的目标由保粮食向保口粮转变，以确保口粮品种的绝对安全为主要内容，以小批量进口的方式调整品种的需求。在稳定和提高我国玉米产量的前提下，适当增加饲料进口。实施"重振大豆"计划，提高我国食用大豆的有效供给，促进大豆进口多样化，确保粮食的可持续稳定供应。三是要推动我国粮食产业的高质量发展，推动我国粮食产业的价值链升级，提高我国粮食产业链的技术创新水平。四是加强粮食供应链风险管理、建立监测预警体系、提高储备管理能力、健全应急管理体系。五是深度参与国际粮食供应链建设，建设国际农产品生产企业，并在"一带一路"倡议下，扩大农产品国际合作，推动建立公平、公正、均衡的多边农业贸易体系。同时，应充分运用数字技术，促进信息交流，增强粮食安全。

4. 加快粮食全产业链全球布局

当前，世界上绝大多数的大中型农业企业都已经或即将进入产业链运营阶段。四大国际粮商通过投资、控股、参股等途径，在发展中国家的粮食生产链条中，占据了全球80％以上的粮食贸易。美国、荷兰、加拿大、澳大利亚等国家的粮食生产链已经发展到一定程度，其产业链由产品链、物流链扩展到价值链、信息链，具有很强的国际竞争力。粮食产业链主要包括种子、化肥、农药、生产、运输、销售环节，其中，处于产业链上游的种子、中游的运输和下游的销售环节是最重要的，其利润是最高的。可以说，只要能把握住这些关键的环节，就能在这场"粮食产业链战争"中，成为最大的胜利者。很多大型国际粮商就是如此，四大国际粮商在世界各地的投资规模日益扩大，其投资方式也从发达国家间转移到了发展中国家。跨国粮商不仅重视产品加工及销售环节，还十分看重在上游中的粮食生产、农药等环节，加大对东道国国内粮食行业的横向和纵向兼并，成为国际市场的操纵者。粮食产业链中的这些关键环节并非产业链中的上游、中游、下游之间的关系的简单叠加，而是一个复杂多维的网络体系，也就是所谓的粮食供应链体系。美国和加拿大等世界主要的粮食出口国，依赖于国内大型的国际粮商，在粮食出口方面建立了相对完整的供应链，日本和印度等国家也已初步建立起了粮食物流体系。欧美等发达国家和大型国际粮商通过资源整合、市场运作、政府扶持等方式，已建立起较为完整的粮食供应链网络。比如美国，它是以大型的国内粮食公司为核心，建立粮食物流基地，扩大粮食物流加工企业的网络，并在这个基础上，构建以粮食流通信息为中心的粮食生产网络，构建有效的、完整的粮食供应链体系。可以认为，粮食供应链的发展水平直接影响到整个粮食产业链的发展，进而影响到整个国家在世界经济中的地位。同时，随着国际贸易与投资的融合，国际粮食企业在世界各地的投资也逐渐增多，其投资方式也从发达国家之间转移到了发展中国家。

虽然巴西、阿根廷、南非等发展中国家在农业产业链的运营上有了很大的进展，但整体水平与发达国家相比仍然较低，这使得粮食产业链成为发达国家对发展中国家在农业和其他领域的财富劫掠的强大工具，"粮食战争"的直接影响，使发展中国家的经济发展受到阻碍。例如大豆，巴西、阿根廷均是全球大豆主要生产国，在天然资源和规模效益方面都比美国有优势，但这种优势并未转化为国际竞争力，而是为国际垄断企业提供了巨大的利润空间，并通过向这些国家供应大量廉价的种子和农业资源，入侵该国的大豆产业链。这种状况的出现，使国外垄断企业在国际贸易中获得利润，从而使东道国国家在国际上的价格竞争中落败。不仅如此，为了加强对本地大豆的掌控，巴西、阿根廷等国家，粮食垄断资本也在大量建立仓储物流基地，从而使南美洲的大豆产业进入了一个低成本、依靠外资的循环。因此，大豆产业链被国际粮食垄断者垄断。造成以美国为代表的世界主要粮食生产和出口大国在国际农业贸易中占有绝对优势，进而使其成为掌握全球供应链的重要战略手段。

要想推动我国农业持续健康发展，避免我国粮食贸易市场被垄断，就必须寻求新的突破。在全球化的大背景下，我国的粮食市场已不是一个独立个体，必须时时关注外界环境的改变。中国的整体实力和国际影响力都有很大提升，但面对的国际局势仍然十分复杂。国外粮食企业已开始在国内展开布局，我国作为人口大国，无论什么时候，粮食安全都是重中之重。尽管我国现有的粮食供应安全已基本得到保证，但从粮食安全长远实施来看，在保证粮食安全的前提下，还需要完善我国粮食供应链的安全保障体系。为了保障我国的粮食安全，除了要提高国内粮食产业发展的质量，还要克服国际贸易逆全球化的影响，促进我国粮食产业全球化布局。中国要整合粮食产业链一体化，完善粮食产业链的布局，积极参加国际市场的竞争，牢牢把握中国人自己的饭碗。这既是我国经济发展的重要基石，也是我国在应对外来冲击时的一个必然选择。

以农业发达的发展中国家为切入点，积极拓展粮食供应链，加快推进粮食产业全球化布局。按照互惠互利、互利共赢、共担风险的方针，把粮食产业"走出去"和共建"一带一路"国家作为重点，重点加强与乌克兰、阿根廷等农业发达国家的合作。建议成立专业团队，切实做好粮食企业"走出去"工作。通过发展粮食产业和基础设施建设，实现在国内经济发展、稳定国内粮源、逐渐增强我国粮食国际贸易中的话语权和影响力的目标。

建设发达的粮食物流体系，保持粮食供应链运行畅通，推进粮食产业链供应链布局。发达的物流系统是推动我国粮食业发展的关键，要强化粮食流通的基础设施，着力实现粮食的"四散化"和运输，建立现代化的粮食仓储和物流系统。建立以大型粮食生产基地为主体的现代化物流园区。通过招商引资、合作共建等手段，改进仓储设施，提升仓储设备的现代化程度，实现粮食流通布局的优化，使粮食流通布局更加合理。通过政府的调控，打破粮食运输的行政壁垒，实现跨地区的粮食自由流动，优化各种运输方式，将粮食主产区和市场联系得更加紧密，保证粮食的运输顺畅，既可以提高流通的效率，又可以减少流通的费用。在一定程度上将粮食物流与发达的商业物流体系相结合，确保粮食安全，提高粮食运输效率，加快构建产业链布局的步伐。

5. 增强国际市场的话语权和定价权

在世界粮食贸易中，一个国家的话语权和定价权决定着其在国际粮食贸易中的地位。目前，国内的粮食生产还处于购销的状态，没有在进口来源地形成种植、加工、储备、配送等完整的生产经营方式，没有真正地获得第一批粮源。相对于拥有全球粮食定价权的大型跨国粮商，我国的粮食生产企业在整个产业链和行业的竞争能力上，仍然有很大的差距，获利能力较弱。全球80％的粮食贸易被四大国际粮商垄断，在粮食收储、物流、航运、金融、贸易等诸多方面，实现对世界粮食贸易的绝对垄断，并在世界范围内占据主导地位，把握全球粮食定价权。我国是全球最大的大豆进口国，拥有世界大豆进口量的60％。但是，我国的粮食业发展速度较慢，尤其是我国的大豆产业已基本被世界各国的粮食贸易商所垄断，大豆的进口量并非取决于"中国需求"，而在于国际的粮食生产者，使得中国进入了"买什么涨什么"的循环。最近几年，由于粮食进口的成本不断增加，世界粮食的价格持续飙升。为了实现供应和价格稳定的目的，我国在进口粮食时，必须承担起国际粮食涨价所造成的问题。粮食问题历来被作为战略博弈的重要筹码。越是危机时期，越能凸显粮食的重要性。我国是世界上重要的粮食进口国，必须强化全球粮食供应链管理，并在国际上充分发挥市场和资源优势，以确保我国粮食安全，不断提高在国际粮食贸易中的主动权和话语权。

首先，一方面要培养具有国际竞争力的大型粮商，增强我国粮食供应链稳定性，提高中国粮商在国际粮市上的话语权和定价权。要引导企业"走出去"，培养具有国际竞争力的中国大型粮商，确保粮食生产的各个环节都能得到有效的控制。四大国际粮商占据了全球谷物交易市场80％的交易量，可见其在国际粮食贸易中的地位举足轻重。我国要树立全球视野，提高战略远见，培养一批规模大、实力强、效益好的大型国际粮商，开展粮食生产、加工、仓储、物流、装备制造等国际合作，形成内外联动、产销衔接、优势互补、相互促进的发展格局，保障粮食安全。中粮集团是中国粮油行业走出国门的"领头羊"，由中国第一大粮油企业成长为全球知名的粮油贸易公司，是近几年中国粮油企业涉足国际粮油市场的一个亮点。中粮集团在 2021 年的世界 500 强榜单中，不仅位列 112 名，而且其营收为 768.556 亿美元，位居国际粮商之首，创下了中粮集团 27 年上市以来的新高。中粮集团的崛起，打破了四大粮商长期以来对全球粮食贸易的垄断。同时，北大荒、首农集团等国内大型粮油公司也纷纷走出国门，实现成为国际粮商的目的。另一方面，要在"一带一路"倡议、区域经济合作伙伴关系等多边协议框架下，积极发展贸易伙伴，全面参与全球粮食产业链、价值链、供应链建设，尽快跻身跨国粮商第一梯队。

其次，推动我国粮食进口的国家和渠道多样化，促进粮食进口的多元化。我国粮食生产面临着诸多不稳定因素，如国际贸易摩擦、恶劣天气等，积极构筑多样化的进口模式，是保证我国粮食供应链安全高效的重要途径。近几年，我国实施"适度进口"的粮食安全战略，大力发展粮食国际贸易，逐渐改变了进口来源国相对单一、容易受制于出口政策和产量变动的国际贸易模式，推动粮食进口的来源、渠道和结构多样化，防止国际粮食价格对国内粮食市场造成影响。面对今后粮食进口的常态化、趋势化，我国应该在WTO、联合国粮农组织的指导下，推进粮食出口管制的规范化、透明化、程序化，并进一步完善出口限制措施。

最后，加强全球粮食供应链管理。新冠疫情暴发再一次证明，在危急时刻，任何禁止或限制粮食出口的行为都会使恐慌和危机更加严重。我国要积极推进全球粮食供应链和物流链的平稳运转，并加强与国际组织、其他国家的多边和双边合作，构建高效协同、精准敏捷、安全有韧性、绿色可持续发展的粮食供应链，保证粮食的国际贸易不受阻碍、粮食物流不受影响。我们要坚定不移地推进粮食生产，提高粮食储备能力，保证粮食基本自给，口粮绝对安全，牢牢把握粮食安全的主动权，保证进口的稳定，防范由国际粮价上涨引起的输入性通货膨胀，提高我国在全球粮食贸易中的话语权和价格权。

第二节　中国跨国供应链的优化策略

粮食供应链是一个由粮食生产、储存、运输、加工、销售等环节构成的链条，关键时刻任何一个环节出问题，都会对粮食的安全供应造成影响。在经济全球化背景下，粮食供应链的有序运行，对保证全球粮食安全稳定至关重要。目前，全球粮食供应链受到新冠疫情、极端天气等诸多因素的影响，扰乱了粮食供应链的供需平衡。并且一些国家的单边主义和贸易保护主义抬头，世界范围内的贸易摩擦也在持续。在面临诸多重大风险挑战的情况下，国际粮食供应链仍要"转得动、产得出、送得出"，帮助企业渡过难关，保障未来粮食供应链畅通。

一、推进粮食进口多元化

1. 积极推进粮食进口来源地多元化

我国目前粮食进口的主要市场高度集中，应积极推动进口来源地的多样化，有利于分散我国粮食贸易中贸易伙伴、产品结构、贸易方式过于集中或单一的风险，确保我国主要粮食品种的供应，要不断提升我国农业对外开放水平和质量。善于利用不同国家和地区的农业丰富资源，因地制宜，因粮施策，梯度规划粮食进口来源地，拓展国际粮食供应链。加强与南美洲、大洋洲、东南亚等传统粮食来源地合作，提升跨国粮食供应链的稳定性。还应注意与黑海地区、亚洲新兴市场国家加强农业生产与技术合作，提高谷物、玉米、大豆、小麦等农产品的生产供应能力，加快建立稳定、多元的粮食供应渠道，实现全球粮食资源的战略配置。

实行进口来源地多样化，稳固粮食供应链结构。例如，泰国是我国稻谷重要进口国，其稻谷出口倾向较高，但是存在可供性较弱的问题。巴西的稻谷出口倾向指数在逐年上升，但距离较远运输成本高，我国可以将巴西作为进口大米的一个选择。巴基斯坦的稻谷出口倾向指数高，且稻谷产量也在逐年增长，我国可以增加从巴基斯坦进口稻谷量。多年来，我国主要从澳大利亚、加拿大以及美国进口小麦，然而进口来源地仍然密集，可以考虑从俄罗斯进口小麦，且当前中俄为新时代全面战略协作伙伴关系，俄罗斯有很强的出口供给能力。我国于2022年2月4日签署俄罗斯所有地区向中国出口大麦和小麦的双边协议，解除政策壁垒，实现粮食贸易互利共赢。除了从巴西、阿根廷、美国等传统的粮源地进口大豆，像俄罗斯、哈萨克斯坦与我国接壤，运输的成本、费用和人力都会相对减少，在一定程度上会降低贸易成本。因此，这些国家能够作为我国大豆进口来源地。2013—2021年，我国从乌克兰进口玉米量占我国进口玉米总量约在60%以上，虽然比率逐年有下降趋势，但是乌克兰供应能力一旦出现问题，特别是如今国际形势复杂多变，会影响我国玉米的安全供给，保加利亚、俄罗斯、缅甸等国家出口倾向不低，可以尝试增加与这些国家的玉米进口量，促进玉米进口市场来源多元化结构和分散进口集中度。

2. 努力实现粮食进口品种替代多样化

在我国实行粮食进口品种替代战略，可以降低国际市场上的价格变动对我国农产品所造成的冲击。可以是在适当的比价关系下，不同谷物间的替代，抑或是不同养殖动物品种使用不同饲料时的产品替代，如2014年、2015年增长速度极快的高粱、大麦进口以及从澳大利亚进口小麦，都可以成为我国饲用玉米的替代品；而DDGS（干酒糟及其可溶物）、豆粕、葵花粕等杂粕作为蛋白饲料的原料也可以互相替代。再如，我国每年对大豆需求量很大，在2020年进口大豆的数量又创历史新高，达到了10 032万吨，同比增长11.7%。尽管2021年大豆进口数量为9 652万吨，较2020年减少3.8%，但是我国大豆对外依存度约80%，所以用油料和蛋白粕进口替代，增加油菜籽、花生、葵花籽等油料进口，研究全面放开豆粕、菜籽粕、葵花籽粕等蛋白粕的进口国家限制，降低饲料养殖行业对豆粕的过度依赖，通过增加蛋白粕进口，降低我国对进口大豆的依赖。

二、完善跨国粮食物流设施建设

拥有安全稳定高效的国际物流体系，是保障粮食安全与经济运行，推进高质量发展的重要保障，物流链、产业链、供应链三条链相互联系，对于经济发展有着重要的作用和意义。因此，完善跨国粮食物流设施对粮食是否可以流转畅通非常重要。

1. 做好通道基础设施建设

我国粮食流通速度的快慢与跨国物流基础设施建设是否完备与便利是息息相关的，与发达国家相比，国内目前的基础设施建设略显滞后。为推动粮食通道基础设施的建设，我国可以与共建"一带一路"国家进行积极磋商，共同探讨建立国际粮食物流的通道，一起为国际粮食物流的发展出谋划策。首先，我国政府可以建立一个成熟的合作伙伴关系，如亚太经合组织、东盟、WTO等，并与其他合作组织成员就如何建立国际粮食物流通道进行探讨。建立国际粮食供应体系，并列入"一带一路"运输体系的联运体系，在共建"一带一路"主要农业大国建立铁路、水路、公路和铁水联运、铁公联运、公水联运、铁公水联运等方面的合作。强化国家与国家技术标准系统的对接，加快港口基础设施的建设和协作，推进建立国际粮食流通一体化的协调机制，实现"一站式"通关、直接换装、多式联运等环节的有机结合，减少国际粮食运输费用，降低物流成本。其次，要鼓励基础设施建设投资的多样化，基础设施建设周期长，耗资巨大，仅依靠国家投入远远无法适应建立跨国粮食供应链的需求。为此，政府不仅要在亚洲基础设施投资银行、丝路基金等方面建立专门的基础建设投资基金，而且要大力吸引民间资本，支持大型粮食企业和物流巨头等民营企业在边境地区积极进行仓储、运输、铁路、公路、港口和信息等基础设施建设。积极发展国际粮食物流，如铁路、公路和多式联运，减少国际粮食运输周期，减少国际粮食物流费用，提升国际粮食物流服务水平。将构建跨国粮食供应链系统纳入"一带一路"交通基础设施互联互通网络建设规划，将共建"一带一路"主要农业大国的铁路、水路和公路及铁水联运、铁公联运、公水联运、铁公水联运等粮食物流通道合理布局到规划中。加强共建"一带一路"国家技术标准体系的对接，推动口岸基础设施的建设与合作，推进建立统一的跨国粮食供应链协调机制，促进"一站式"通关、直接换装、多式联运的有机衔接，降低跨国粮食物流成本。要加强对基础物流的支持力度，提供政策支持和制度上的优惠，使物流服务体系更具计划性和制度化，使物流服务体系更加健全，从而推动国际物流的发展。在主要的粮食出口大国中，要建立完善的粮食物流体系、港口枢纽、海陆运输等运输基础设施，完善粮食采购、仓储、运输、配送等职能，形成一个稳定的粮食流通渠道；加快国际物流信息化的建设。推动粮食物流信息化、智能化建设，准确把握国际粮食交易与物流动态，强化风险控制，提高粮食运输的效率。

2. 应用 5G 物流技术

进入 21 世纪，我国在信息技术领域开始逐渐处于厚积薄发的状态，尤其是最近几年，5G 技术已初具规模，并逐步实现了对发达国家的反向出口。基于 5G 技术的信息技术如云计算、大数据等，已经在人口管理、工矿企业管理等方面逐渐得到了广泛的应用，因此能够为国际粮食物流的发展奠定信息技术基础。我国需要整合国内外的物流信息，来改变目前的粮食物流供应链的运行与发展模式。将科技和传统的粮食物流建设有机地结合在一起，建立统一的国家物流信息平台。农产品物流信息平台应包含农产品的国内外市场信息、农产品供求双方的价格信息、物流信息查询平台等。通过这个信息平台，为生产、加工、销售等主体提供一个高效的平台，以最大限度地满足交易主体的物流信息需求。通过建立一个低成本、便捷、高效率、公信力强的信息平台，可以有效地推动农产品国际物流的可持续、健康发展。将 5G 和大数据技术融合，可以快速上传数据到云端并且做出数据分析，使用涵盖各种传感器在内的电子信息技术，能有效地保证粮食在运输、加工、包装、销售等各环节的质量。同时，由于某些贮存状况的突然变化所引起的粮食质量变化，能够及时地得到纠正，从而使有关人员能够采取适当及时的补救办法，保障高质量的粮食物流。5G 技术保证了粮食国际物流系统的建立，保证了粮食国际物流信息的畅通，工作人员可以在任何时候查看和分析，从而达到对粮食国际物流的全过程监测。

3. 着力打造龙头物流企业

要提高国际资源配置效率，提升供应链现代化水平，大力培育现代物流龙头企业，形成国内国际两种市场、两种资源相互促进的新发展模式。龙头企业对于带动行业的发展至关重要，很多发达国家的实践就是很好的证明，如美国联邦快递公司带动了美国国际物流产业的发展，杜邦公司带动了美国化工产业的发展。它们给我国带来了启示，在国内农产品物流行业中，龙头企业肩负着开拓市场、技术创新、管理创新等多种职责，是促进我国农产品流通的重要动力。随着大数据、人工智能、5G 等新技术的不断涌现，物流中的智慧物流、供应链创新、多式联运、网络货运等物流新形态、新模式如雨后春笋一般涌现，进而优化物流组织形式，提升全要素生产效率和整体效益，促进物流业的快速发展。加快发展创新技术和新模式的步伐，促进物流产业有效地连接国内外生产要素，充分发挥物流打通粮食供应链"大动脉"的作用机制。龙头企业要按照我国今后粮食发展趋势制定计划，全面分析粮食流通方向和方式，基础设施布局并进行整体规划。为进行审慎的政策制定和合理的计划，必须建立由行业组织牵头下的专家小组，重要项目一定要通过专家委员会的评定，使其在粮食供应链中优化资源配置，提高我国的粮食生产效率和经济效益。同时，我国政府部门要从国家发展战略角度出发，通过财政部、商务部、农业农村部、国家发展改革委等部门的支持，在政策、财税、金融等方面给予支持，加快建设布局合理、技术先进、绿色环保、安全有序的粮食物流新体系，实现国内国际"双循环"的有效畅通。

三、建立跨国粮食供应链预警机制

在我国农业经济迅速、有效发展的同时，建立健全的供应链预警和管理体系，会有效地提高粮食的国际流通效率。但实际上，由于我国农产品供应链发展处于初级阶段，发展模式比较粗放、供应链管理制度不完善、意识淡薄、规范化和风险机制不完善等原因，存在一系列的农产品供应问题。因此，在农业生产过程中，必须建立起一套科学、高效的供应链管理系统，以提高农产品的风险预警能力。

1. 实施粮食供应链层次预警机制

农产品供应链是一个完整的体系，其运行的不同阶段和节点所面临的风险也不尽相同。农产品供应链风险预警的目的就是防止出现突发事件，为了进一步提高预警效果，必须全面明确预警目标，并做到分层预警。一方面，在完善和优化粮食供应链的过程中，要对风险进行全面的预警，并对每个环节进行严格的把控。从小的目标开始，逐渐向大的目标转变，有效地提高系统的预警效果。另一方面，在农产品供应链的风险预警中，也要做到精确地分级预警，按照不同的风险等级对我国粮食安全的影响程度，对各个环节、各个层次的安全等级进行分类。根据某些警情可能对我国粮食安全造成的危害程度，将其分为以下三个等级："严重""中度""轻微"，并分别设定一个合理的数值区间，以建立一个快速响应的粮食贸易生产链条的安全预警系统。还可以通过建立基于信用评估的国际粮食安全风险评估体系，构建分级管理的粮食安全风险应急机制，建立粮食供应链安全信息互联共享和统一调度平台，以增强国际粮食供应链安全风险预警能力。

2. 完善粮食供应链预警分析系统

构建能够实现信息共享的数据采集与监控平台，并在此基础上建立农产品供应链的风险信息采集、传输、共享等风险管理体系。建立一个基础信息库，内容包含国内以及国外农产品生产、储备、加工、价格、贸易等农产品供应链各个节点的信息资料。该平台应当具有全球粮食贸易、境外农业投资、国际粮油市场动态等方面的信息，并建立一个权威的官方信息发布系统。对我国主要的粮食贸易伙伴，一方面要实时监控其国家政治、经济、贸易冲突等方面的风险；同时要对其农作物种植面积、粮食生产成本、产量、天气影响、政策变化等潜在的风险进行监控；利用大数据、人工智能等现代技术，整合我国粮食安全合作伙伴的信息，形成一个覆盖全球的监控网络，建立一个权威的、跨行业的、实时更新的粮食贸易风险评估数据库。同时，粮食供应链预警分析系统中，应包含对国内相关信息的监控。若粮食贸易伙伴国或我国出现极端天气、粮食产量出现波动时，要及时启动风险识别机制。

3. 健全粮食供应链预报系统

要以信息采集为依据，及时做出预警评估，以指导和服务预防风险，必须建立健全的预警机制。通过对风险预警分析的及时公布，为决策部门和企业提供可靠的预测，从而对贸易的安全性进行预测。在发布预警的过程中，有关部门要根据危险程度，适时地对我国的粮食出口进行相应的调整。一旦有"严重警示"，就不能通过常规程序，必须由中央政府来控制进出口，以保证政策的时效性，保障进口的安全性。当国家粮食主产区发生重大自然灾害，造成粮食大面积减产时，必须采取紧急进口等措施。对粮食供应链的安全风险进行全链评价，并根据不同的突发事件所导致的安全风险进行场景化，并据此制定相应的应急方案。对可能对供应链产生影响的各种危险因素进行分析，并对可能导致粮食供应链异常波动的倾向性、苗头性问题进行预报，有针对性地改进、评估和监控供应链中的薄弱环节，为政府在粮食供应链中的突发事件作出决策提供依据。对供应链各环节的风险进行识别与预测，对发生中断频率高的各环节及内容进行记录，对影响供应链中断的因素进行分类，并计算其影响程度。为此，我国政府应建立一套长效的国际粮食供应链风险管理体系，对国际粮食供应链的安全风险进行全面调查和研究，并进行前瞻性的战略分析；尽快建立我国粮食供应链的风险信息库，并对其进行及时预警；尤其要加强农产品进口规模、进口时机的监测，重点关注可能造成行业损失的"非必须进口"，建立重大农产品进口风险监测与应急响应机制，筑起国家粮食安全的"防线"。

四、培育具有核心竞争力的跨国粮商

目前，全球四大粮商已经形成了全球范围内的市场垄断，并且对国际经济和政治局势产生了一定的影响。要把握国际粮食市场博弈的重点，构建商品价格调节机制，建立我国大型跨国粮商，提升我国对国际粮价的影响力。打造本土国际大粮商，要以国有大型企业为重点，完善现代企业制度，推进农业生产经营体制机制创新，加大科研支持力度，完善行业协会服务功能。要培育出有竞争力的国际粮商，才能在农产品国际市场竞争中更好地保障国家利益。

1. 加大政府对跨国粮商的支持力度

四大国际粮商在国际粮食贸易中拥有绝对垄断地位，占据了世界农产品七成以上的市场。我国农业生产规模虽居全球首位，但消费量却相当庞大，尤其是大豆、玉米等农产品的进口量每年都在增长，打造国际大粮商的任务刻不容缓。第一，要打造更多的世界一流的粮食跨国企业，首先要从国有企业的相关体制改革入手，加速国企改革制度的实施。我国涉农涉粮企业在国外已经具备了较强的基础和合作能力，像中粮集团、北大荒农垦集团、首农集团等公司，都在积极响应国家"走出去"的号召，积极探索国际市场，开启新的国际大粮商打造之路。这些企业不仅关系到国家的经济命脉，更是肩负着国家粮食安全的重任。打造国际粮商时要注意：要代表国家掌控国内外产业资源，拥有价格和利润分配的主动权。同时，要对我国的粮食企业相应的外部投资和内部管理制度进行调整。第二，我国的粮食企业开展跨国经营，必须得到强有力的政府支持，其中包括强化企业境外投资的金融服务，提供跨国经营的信息服务，建设和完善人才培训服务，加强海外保险服务，提供法律服务等。第三，我国政府还必须采取诸如外交等措施来保障农业公司在国外的权益：①在国际上进行双边合作，签订双边协议，如避免双重征税协议、投资保护协议等，可以减少商业投资风险，避免双重征税，享受最惠国待遇。②通过区域协调机制直接投资，一方面能消除投资时遇到的阻碍和各种问题，另一方面在区域内为粮食企业的海外投资提供保障。区域协调政策将对本地区的粮食跨国公司的投资行为产生巨大的促进作用，如涉及我国的包括亚太经合组织、上海合作组织、东盟"10＋1"自由贸易区等，通过参与外资制度的制定，为我国的粮食企业"走出去"创造良好的条件。③强化政府的管理，以实现国内生产、市场流通、对外贸易等方面的全面计划；国家和地方要制定相应的扶持政策，以促进我国粮食企业的国际化，并在外资审批的基础上，通过外资的融资、利润和外汇收入的标准化，为我国"走出去"创造有利的环境。

2. 构建粮食企业国际战略联盟

国内仅有中粮集团在规模上与四大国际粮商相当，要做到"百花争艳"需要培育有竞争力的国际大粮商。但是，我国的粮食生产企业投资规模较小，缺乏高附加值的投资，并购力度不足，技术开发水平低下，产业链短，导致企业的国际化水平和影响力与四大国际粮商存在差距，在国际市场的话语权依然微弱。我国的中小型粮食生产企业要进行资源的整合与重组，同时要积极地进行跨国收购，与各国、各区域、行业巨头进行战略合作。从四大国际粮商的战略布局中，我们可以借鉴它们在全球范围内的稳扎稳打的步履，通过整合全球优势资源，利用廉价劳动力、农业资源、地理位置等经验，逐步渗透到农业产业供应链的核心环节，掌握农产品的主动权和定价权。国际资源整合，不但提升大型的跨国粮食公司实力，扩大其国际影响力，同时，也增强了所在国在国际粮食贸易中的定价权和话语权，在无形之中建立起粮食企业国际战略联盟。之所以我国缺乏核心竞争力的跨国粮商，就是因为我国的粮食生产企业缺乏资源整合能力。因此，我国可以向国外的粮食企业汲取经验，来实现跨国经营。

要致力于打造国际知名的品牌，我国大型跨国粮商应该具备的特点，即自觉地担负起与产业定位相符的大国社会责任，让东道国和我国人民真正获益。为东道国提供农业生产信息、产业技术等方面的支持，使其与各利益相关方加强合作，有效促进东道国当地农民的收入，并在社会上树立良好的形象，赢得当地政府、民众和国际社会的尊敬。

3. 培育和吸引优秀国际人才

国家"十四五"规划中，提到"积极开展重要农产品国际合作，健全农产品进口管理机制，培育国际大粮商和农业企业集团"。2020年10月发布的《中国的粮食安全》白皮书中，提到要大力支持我国粮食企业"走出去""引进来"、加强国际合作，充分发挥国内外市场和资源优势。人才在粮食物流体系建设中具有核心作用，我国粮食企业要想"走出去"，必须制定合理的人才策略，培育高素质的人才，以达到战略与人才的高度匹配。一方面可以吸引当地人才。企业开展跨国业务，可以招募本地的杰出人才，将雇员本土化，从而便于用本地语言和当地风俗与顾客进行交流，激发客户和雇员对公司的忠诚。要将人才转化为资源，充分发挥其潜能，就必须构建良好的企业文化系统，为员工创造良好的工作环境，缔造开放的氛围，这样才能充分发挥员工的潜力，在实现自身价值的同时，为公司做出应有的贡献。此外，还应当根据员工的贡献值来构建报酬与奖励机制。公司内部要建立与员工的职称相匹配的培训制度，外部要进行招聘和选拔机制，以便更好地引进国际人才，不断地提升员工的专业能力和综合素质，从而确保企业的人力资源系统能够有效地运行，向公司输送持续性的人才。另一方面，加强对人才的支持、保护和培养，加强"人才兴粮"战略的深入推进，促进粮食供应链的高质量发展。健全激励机制，为优秀人才提供物质和精神上的激励，以提高他们的成就感；建立以技术带头人为核心的创新人才队伍，重点解决粮食供应链中的共性和重大技术问题，力争突破国际技术壁垒；健全我国粮食产业的综合培训体系，包括短期培训和长期培训、自我提升和委托培训相结合，培养一批熟悉外贸政策、精通国际贸易、善于对外交流的复合型人才；要充分发挥教育和育人的作用，深化粮食工业职业教育的改革和创新，强化不同学校、企业的深入合作，共同培育粮食工业的后备人才。

五、积极维护中国国际粮食供应链

在国内国际双循环的大背景下，供应链是国内国际双循环的重要支撑。特别是在新冠疫情冲击下，供应链流通受到阻碍，国际贸易投资萎缩，供应链是市场主体、粮食能源安全、产业链供应稳定的核心。我国要坚决贯彻扩大内需的战略，供应链在保持经济和社会稳定的全局中扮演着非常重要的角色。

1. 提升国际粮食供应链安全的战略地位

自改革开放以来，我国粮食供应链已经与国际贸易紧密结合，世界百年未有之大变局将会对我国粮食安全保障所形成的资源配置格局产生深刻影响。尤其是在社会经济快速发展的今天，各种突发事件都会给国家和社会带来不同程度的损害，同时也会影响粮食供应链中的某些节点。比如美国 2012 年发布《全球供应链安全国家战略》，将供应链安全上升为国家安全战略，并且随着逆全球化和贸易保护主义的抬头，尤其是新冠疫情的暴发，使得全球农业贸易政策的不确定因素更为突出。各国未来或许会更多反省自身对中国的供应链的依赖性，会加速修正和改善自身的产业链，有些发达国家正在重新构建"去中国化"。因此，要把国际粮食供应链的安全问题纳入国家整体安全框架中去，建立高质量、高效率、可持续发展的国际粮食供应链安全保障体系。

2. 加强粮食供应链长远战略布局

加强国际供应链安全管理，国际贸易供应链顺畅。通过提高国际贸易合作与海关协作能力，打通国际物流的渠道障碍，保障国际供应链正常流通。要加强各国产能供需信息的沟通与合作，推动建立供应链产能协调多边合作框架；积极推进全球粮食供应链安全治理体系的建设，并探讨其治理机制、决策机制、结构和模式。提高我国的粮食供应能力，加强粮食生产技术手段的创新，提高粮食供应的效率，占领世界粮食供应链的关键节点，继续完善我国的粮食供应结构，深化流通制度的改革，稳定国际粮食的供应和流通。增强我国粮食供应链的国际竞争力，核心是要加强自身建设。因此，要在共建"一带一路"国家之间进一步拓宽"走出去"之路，积极发展粮食国际贸易，深入参与全球粮食产业链、供应链、价值链的构建，拓宽粮食"朋友圈"，与国际上的优秀粮食企业建立密切的上下游合作关系，促进国际粮食安全的稳定、合理地发展，为维护全球粮食安全贡献中国粮食企业的力量。

参考文献

艾伦·哈里森，雷姆科·范赫克，2007. 物流管理与战略：通过供应链竞 [M]. 任建标，杜娟，译. 北京：中国人民大学出版社.

曹宝明，刘婷，虞松波，2018. 中国粮食流通体制改革：目标、路径与重启 [J]. 农业经济问题（12）：33-38.

陈德龙，2002. 供应链构建的机制分析 [J]. 物流技术（3）：72-73.

陈秧分，王介勇，张凤荣，等，2021. 全球化与粮食安全新格局 [J]. 自然资源学报（6）：1362-1380.

陈志成，孔志坚，2016. 构建中国（云南）与中南半岛粮食贸易大通道的策略思考 [J]. 全球化（2）：92-103.

程国强，2021. 强化粮食供应链韧性 [J]. 粮食与饲料工业（5）：66.

程国强，朱满德，2020. 新冠疫情冲击粮食安全：趋势、影响与应对 [J]. 中国农村经济（5）：13-20.

戴翔，张二震，张雨，2020. "双循环"新发展格局与国际合作竞争新优势重塑 [J]. 国际贸易（11）：11-17.

丁冬，杨印生，2019. 中国粮食供应链关键风险点的识别及防范 [J]. 社会科学战线（5）：247-250.

丁倩兰，张水旺，梅瑜，等，2020. 贸易摩擦背景下跨国供应链重构对策研究 [J]. 时代经贸（7）：36-40.

丁声俊，2021. 对大变局下构建粮食"双循环"新格局的思考 [J]. 中州学刊（1）1：39-45.

董晨阳，王震，2021. 基于供应链控制塔的粮食供应链研究 [J]. 经济管理文摘（12）：168-170.

樊琦，刘满平，2012. 国际粮食金融化趋势与我国粮食安全对策 [J]. 宏观经济管理（7）：32-33，51.

樊胜根，张玉梅，陈志钢，2019. 逆全球化和全球粮食安全思考 [J]. 农业经济问题（3）：

4-10.

冯莎，刘艺卓，2021. "双循环"下我国粮食贸易促进策略 ［J］. 中国外资 (9)：42-45.

高詹，2009. 中国港口粮食物流现状及发展趋势分析 ［J］. 粮食科技与经济 (4)：26-28.

郭百红，2019. "一带一路"倡议下中国境外农业经济合作与利益共享机制 ［J］. 改革与战略 (5)：163-171.

国信证券，2022. 粮食安全深度报告：粮食安全可控，新技术推升农业强国 ［EB/OL］. https://renrendoc.com/paper/278482684.html.

韩建军，曾辉，2019. 我国海上粮食通道关键节点安全效率动态分析：基于非期望 SBM 模型 ［J］. 粮食科技与经济 (1)：60-63.

韩振国，杨静，李晶，2020. 新中国 70 年农业"走出去"的历程探究 ［J］. 世界农业 (6)：104-109，119.

郝瑞锋，2020. "一带一路"背景下我国与中亚五国农产品贸易潜力探析 ［J］. 商业经济研究 (12)：151-154.

黄先明，王奇，肖挺，2021. 疫情冲击下的粮食贸易政策不确定性与全球治理 ［J］. 国际贸易 (6)：47-55.

姜长青，2014. "文革"后期中国的粮食进出口调控 ［J］. 古今农业 (3)：14.

江楚雅，2022. 中粮集团营收 6 600 亿利润总额超 230 亿 坐拥 16 家上市公司持续国际化布局 ［N］. 湖北长江商报，01-18.

蒋和平，尧珏，蒋黎，2020. 新时期我国粮食安全保障的发展思路与政策建议 ［J］. 经济学家 (1)：110-118.

冷志杰，赵佳，马伊茗，2019. 粮食供应链管理的模式创新研究 ［J］. 中国粮食经济 (5)：44-47.

李节传，2005. 20 世纪 60 年代中加小麦贸易对中国的重要意义 ［J］. 当代中国史研究 (2)：88-94，128.

李宁，陈会玲，钟钰，2020. 国际大粮商"一带一路"发展模式及其对中国的借鉴 ［J］. 世界农业 (8)：20-29.

李巍，赵岚，2020. 从新冠疫情看我国大豆供应的对外依赖问题 ［J］. 世界知识 (10)：57-59.

李武忠，2022. 李武忠：俄乌战争暴露全球粮食供应的脆弱 ［EB/OL］. https://www.huaxia.com/c/2022/03/14/1050207.shtml.

李喜贵，2021. 国际粮商发展经验对培育我国大粮商的启示 ［J］. 中国经贸导刊 (中) (4)：29-31.

梁远，毕文泰，2021. 信息追溯标签信任度对消费者农产品购买行为的影响研究：以可追溯鸡蛋为例 ［J］. 山东农业大学学报 (社会科学版) (1)：31-37.

刘宏松，2020. 新冠疫情下的全球化与全球治理的强化路径 [J]. 上海交通大学学报（5）：78-86.

刘慧，2022. 俄乌冲突搅动国际粮食市场 [N]. 经济日报，03-03.

刘美秀，杨艳红，2013. 我国粮食对外贸易政策变迁与粮食进出口贸易的发展 [J]. 农业经济问题（7）：84-87.

刘云，2020. 坚持"三链同构"促进粮食产业高质量发展 [N]. 河南日报，07-24.

吕越，马嘉林，田琳，2019. 中美贸易摩擦对全球价值链重构的影响及中国方案 [J]. 国际贸易（8）：28-35.

牛盾，2009. 中国农产品贸易发展三十年 [N]. 农民日报，01-16.

农业部贸易促进中心，2016. 粮食安全与"非必需进口"控制问题研究 [J]. 农业经济问题（7）：53-59.

庞燕，李义华，2008. 国际供应链发展动因及其风险因素分析 [J]. 物流经济（2）：58-59.

裴长洪，杨志远，2021.2021 年世界贸易复苏趋势与中国未来机遇 [J]. 国际贸易（12）：9-18.

乔翠霞，王潇成，宁静波，2021.RECP 框架下的农业规则：机遇与挑战 [J]. 学习与探索（9）：98-106.

邱平，冀浏北，刘雍容，等，2019. 完善粮食物流布局打造"一带一路"粮食物流国际通道 [J]. 粮油食品科技（3）：90-96.

时寒冰，田苗，陈江生，2015. 粮食金融属性增强与我国粮食安全 [J]. 中共中央党校学报（2）：77-82.

宋军，2019. 解体与重构：全球供应链变革及其对中国的启示 [J]. 区域金融研究（12）：5-14.

孙红霞，赵予新，2020. 基于危机应对的我国跨国粮食供应链优化研究 [J]. 经济学家（12）：107-115.

孙晓，孙家庆，丁瑶，2021. "双循环"战略下保障我国国际粮食供应链安全的思考 [J]. 农业经济（11）：130-131.

孙玉娟，孙浩然，2020. 粮食安全视域下中国进口粮食贸易研究 [J]. 价格月刊（3）：41-52.

孙玉琴，2014. 中国农业对外投资与合作历程回顾与思考 [J]. 国际经济合作（10）：42-45.

田军，田晨，赵俊英，2020. 网络环境下粮食供应链信息集成化管理研究 [J]. 管理工程师（5）：22-30.

王宏广，2022. 俄乌冲突致全球粮食安全风险加剧 [N]. 环球时报，03-30.

王廷勇，2020. 中国粮食进口格局的现状、成因及策略建议 [J]. 对外经贸实务（9）：47-50.

王文涛，肖琼琪，2018. 改革开放以来中国粮食贸易从调剂余缺到适度进口的战略演变

［J］. 湖南师范大学社会科学学报（6）：30-39.

王新华，2014. 改革开放以来我国粮食贸易政策演变及启示［J］. 粮食科技与经济（8）：
　　10-13.

王迅，陈金贤，2008. 供应链管理在不同历史时期的演化过程和未来趋势分析［J］. 科技管
　　理研究（10）：194-195.

王英姿，黎霆，2013. 国际粮商的农业供应链管理及其对我国的启示：以美国嘉吉公司为例
　　［J］. 中国发展观察（2）：160-162.

吴晓丹，2021. 传承和平、和睦、和谐的理念［N］. 解放军报，07-26.

谢晓芳，2017. 我国农产品供应链信息管理创新与应用［J］. 改革与战略（6）：116-118.

邢嘉，2015. 我国粮食物流运输的发展［J］. 粮食流通（5）：1-3.

徐伟平，王瑞港，2021. 2020 年中国玉米市场形势回顾及 2021 年展望［J］. 农业展望（3）：
　　3-10.

许淑君，马士华，2000. 从委托-代理理论看我国供应链企业间的合作关系［J］. 计算机集成
　　制造系统（6）：17-19.

杨刚强，王海森，2021. 确保粮食适度进口稳定与安全［EB/OL］. https：//baijiahao. baidu.
　　com/s？id＝1708393670505814168&wfr＝spider&for＝pc.

杨静，刘武兵，刘艺卓，2020. 我国农产品进口格局特征及进口多元化分析［J］. 新疆农垦
　　经济（1）：47-53.

杨丽娟，杜为公，2021. 从封闭走向开放：新中国 70 年粮食进出口贸易政策的变迁与逻辑
　　［J］. 江苏农业科学（5）：243-248.

杨明，陈池波，钱鹏，等，2020. “双循环”背景下中国粮食安全：新内涵、挑战与路径
　　［J］. 国际经济合作（6）：103-114.

杨清清，2020. 林毅夫详解“双循环”三大问题：为何以国内大循环为主体？出口还重要
　　吗？对企业有何影响？［EB/OL］. https：//static. nfapp. southcn. com/content/202010/22/
　　c4189891. html.

于宏源，汪万发，2021. 绿色“一带一路”建设：进展、挑战与深化路径［J］. 国际问题研
　　究（2）：132-151.

余燕，赵明正，赵翠萍，2021. 中国与“一带一路”沿线国家粮食生产合作潜力研究［J］.
　　区域经济评论（6）：115-124.

袁源，2020. 中国能确保：谷物基本自给，口粮绝对安全［N］. 中国金融报，09-07.

原帼力，帕丽哈扎提·阿不拉，2021. 我国与“一带一路”沿线国家农产品贸易格局及竞合
　　关系研究［J］. 商业经济研究（11）：137-140.

张琛，孔祥智，2021. “双循环”新发展格局与中国粮食安全［J］. 湖北大学学报（哲学社
　　会科学版）（9）：160-167.

中国粮食经济与安全丛书

中国跨国粮食供应链构建的现实逻辑与路径优化

张治棠，2021. 我国协同联动，增强粮食供应链韧性［EB/OL］. https://m. gmw. cn/baijia/2021-09/07/1302558704. html.

张亨明，章皓月，朱庆生，2021. "双循环"新发展格局下我国粮食安全隐忧及其消解方略［J］. 改革（9）：134-144.

张蛟龙，2021. 新冠疫情下的全球粮食安全：影响路径与应对战略［J］. 世界农业（4）：4-12.

张帅，2021. 探寻全球粮食安全治理的有效模式［N］. 中国社会科学报，09-16.

赵德余，2010. 粮食市场调控的多重政治目标及其政策工具的选择：建国初期的经验［J］. 中国市场（8）：83-89.

赵娴，冯宁，邢光乐，2021. 现代流通体系构建中的供应链转型与创新：内在逻辑与现实路径［J］. 供应链管理（8）：69-79.

赵颖文，许钰莎，刘强，2021. "双循环"战略背景下我国粮食安全的基本形势辨析及其发展应对［J］. 农业经济与管理（4）：39-47.

赵予新，2016. "一带一路"框架下中国参与区域粮食合作的机遇与对策［J］. 农村经济（1）：14-19.

智研咨询，2021. 2021 年中国大豆产量、需求量、进出口贸易及价格走势分析［EB/OL］. https://www. chyxx. com/industry/202112/989726. html.

中华粮网，2022. 2021 年我国小麦进口量分析［EB/OL］. http://nyncj. nanjing. gov. cn/fww/fxyc/202203/t20220302_3307406. html.

钟钰，陈萌山，2020. 全球疫情蔓延下的粮食安全及应对策略［J］. 理论学刊（5）：85-92.

周曙东，2015. 世界主要粮食出口国的粮食生产潜力分析［J］. 农业经济问题（6）：91-103.

朱明德，2004. 世界粮食流通的新格局与中国的粮食安全问题［J］. 南京财经大学学报（3）：16-20.

竹子俊，2014. 粮食适度进口时代来临［J］. 中国对外贸易（6）：62-63.

邹力行，2014. 中国与南美国家农业合作新思路［J］. 国际经济评论（6）：145-155.

A 股 IPO 先知道，2022. 2021 中国粮食进口量再创新高，食物自给率持续下降"大进小出"已成常态！［EB/OL］. https://www. sohu. com/a/517683449_121123898.

Amrik S. Sohal，Marcia Perry，2006. Major business-environment influences on the cereal products industry supply chain［J］. International Journal of Physical Distribution & Logistics Management（1）：36-50.

Bottani E，Monica L，Vignali G，2009. Safety management systems：Performance differences between adopters and non-adopters［J］. Safety Science（2）：155-162.

Coleman W D，Grant W，Josling T E，2004. Agriculture in the new global economy［J］. Agriculture in the New Global Economy.

FAO, IFAD, UNICEF, et al., 2018. The state of food security and nutrition in the world 2018 [EB/OL]. http://www. fao. org/state-of-food-security-nutrition/en/.

International Organization for Migration (IOM), 2018. World migration report 2018 [EB/OL]. http://www. iom. int/wmr/world-migration-report-2018.

Qian J, Ito S, Mu Y, et al., 2018. The role of subsidy policies in achieving grain self-sufficiency in China: A partial equilibrium approach [J]. Agricultural Economics (1): 23-35.

Than Naing Soe, 2012. Myanmar rice price falls as Chinese demand slows [EB/OL]. http://www. mm-times. com/index. php/business/21256-myanmar-rice-price-falls-as-chinese-demand-slows. heml.

Thiesse F, Alkassab J, Fleisch E, 2009. Understanding the value of integrated RFID systems: a case study from ap-parel retail [J]. European Journal of Information Systems (6): 592-614.

Wamba S F, Lefebvre L A, Lefebvre E, et al., 2006. Enabling intelligent B-to-B eCommerce supply chain management using RFID and the EPC network [C]. //Proceedings of the 8th international conference on Electronic commerce, ACM Press.

后　记

　　本书的写作得到河南工业大学及河南省人文社会科学重点研究基地——河南工业大学粮食经济研究中心的支持。得到河南工业大学经济贸易学院孙中叶教授、吕玉花教授、马松林副教授及粮食经济研究团队和世界农业经济研究团队成员的热情帮助和悉心指导，在撰写过程中还得到博士研究生王培旭、王凯及硕士研究生石萌、赵梦雨、吴媛、李丽萍等同学的帮助，提供搜集和整理数据资料方面的支持。在此，借本书出版之机，谨向上述帮助过的领导、专家、同事和同学表示诚挚的感谢！

　　本书的出版得到了河南工业大学粮食经济研究中心的大力支持，由于编写时间仓促，加上著者水平有限，本书难免有疏漏之处，敬请专家学者批评指正。

关浩杰

2022 年 4 月于郑州

图书在版编目（CIP）数据

中国跨国粮食供应链构建的现实逻辑与路径优化 /
关浩杰著 . —北京：中国农业出版社，2024.4
　（中国粮食经济与安全丛书）
　ISBN 978-7-109-31946-2

　Ⅰ．①中… 　Ⅱ．①关… 　Ⅲ．①粮食－供应链管理－研
究－中国 　Ⅳ．①F326.11

中国国家版本馆 CIP 数据核字（2024）第 093080 号

中国跨国粮食供应链构建的现实逻辑与路径优化
ZHONGGUO KUAGUO LIANGSHI GONGYINGLIAN GOUJIAN DE XIANSHI LUOJI
YU LUJING YOUHUA

中国农业出版社出版
地址：北京市朝阳区麦子店街 18 号楼
邮编：100125
责任编辑：姚　佳　王佳欣
版式设计：杜　然　责任校对：周丽芳
印刷：北京通州皇家印刷厂
版次：2024 年 4 月第 1 版
印次：2024 年 4 月北京第 1 次印刷
发行：新华书店北京发行所
开本：720mm×960mm　1/16
印张：12
字数：202 千字
定价：72.00 元